Hauke Friederichs
Bombengeschäfte

Hauke Friederichs

BOMBEN GESCHÄFTE

Tod made in Germany

Mit einem Interview mit Helmut Schmidt

Residenz Verlag

Bibliografische Information der Deutschen Bibliothek
Die Deutsche Bibliothek verzeichnet diese Publikation in der Deutschen
Nationalbibliografie; detaillierte bibliografische Daten sind im Internet
über http://dnb.d-nb.de abrufbar.

www.residenzverlag.at

© 2012 Residenz Verlag
im Niederösterreichischen Pressehaus
Druck- und Verlagsgesellschaft mbH
St. Pölten – Salzburg – Wien

Fotos: Hauke Friederichs (außer S. 84: Alexander Lurz)
Umschlaggestaltung: www.boutiquebrutal.com
Grafische Gestaltung/Satz: www.boutiquebrutal.com
Schrift: Utopia, Akzidenz Grotesk
Lektorat: Dr. Rainer Schöttle
Gesamtherstellung: CPI Moravia Books

ISBN 978-3-7017-3280-7

Für meine Frau Martina, die mich immer unterstützt.

*Und für Liesbeth und Kurt, die mir ihre Erlebnisse im
Zweiten Weltkrieg schilderten und mir klarmachten,
wie es denen ergeht, um die herum der Krieg tobt.
Sie werden immer Vorbilder bleiben.*

INHALT

„Ich hatte nie die Absicht, Panzer nach Saudi-Arabien zu liefern"

Helmut Schmidt im Gespräch mit dem Autor

In einem Interview mit „Wehr und Wirtschaft" haben Sie 1970 als Verteidigungsminister gesagt, die Bundesrepublik müsste sich künftig bei der Lieferung von Kriegsmaterial an Staaten außerhalb des NATO-Bereichs zurückhalten. Das ist ja nun eine ganze Zeit lang her.
Helmut Schmidt: Das ist über 40 Jahre her.

Würden Sie sagen, dass Ihre Aussage von 1970 auch heute noch ein guter Rat für Bundesregierungen wäre?
Schmidt: Ohne Einschränkung, jawohl.

Die aktuelle Bundesregierung beteuert immer wieder, dass sie eine restriktive Rüstungsexportpolitik betreibt. Haben Sie den Eindruck, dass diese Aussage die aktuelle Rüstungs-exportpolitik treffend wiedergibt?
Schmidt: Nein. Die Theorie und die Praxis klaffen weit auseinander. Tatsächlich ist Deutschland heute als Exporteur von Waffen und von Kriegsgerät wahrscheinlich unter allen Staaten der Welt an dritter Stelle.

Die Entscheidung der Regierung Merkel, eine Voranfrage für die Lieferung von 270 Leopard-2-Panzern nach Saudi-Arabien zu genehmigen, wird als Abkehr von der bisherigen Rüstungsexportpolitik bewertet. Wie sehen Sie das?
Schmidt: Das ist ein Bruch eines alten Tabus. Und es bedeutet gleichzeitig eine Neuausrichtung der Exportpolitik. Angeblich geschieht die Lieferung von Panzern an Saudi-Arabien mit dem Einverständnis der israelischen Regierung. Eine solche Zustimmung Israels hat es früher nicht gegeben. Aber selbst mit Einverständnis Israels hätten wir damals keine Panzer geliefert.

11

Warum hätten Sie als Kanzler keine U-Boote an Israel und Panzer an Saudi-Arabien geliefert?

Schmidt: Wir hatten damals einen Grundsatz, der bei Entscheidungen im Bundessicherheitsrat galt. Er hieß: Keine Waffen und Kriegsgeräte zu liefern an andere Mächte, sondern nur an unsere Bündnisgenossen. Nach diesem Grundsatz haben wir uns damals gerichtet.

Die Regierung Merkel schweigt zu der genehmigten Voranfrage für den Panzerexport nach Saudi-Arabien. Wie erklären Sie sich die strikte Geheimhaltung?

Schmidt: Das ist die Angst vor der Öffentlichkeit. Saudi-Arabien ist ein besonderer Fall. Sie wollten immer deutsche Panzer haben, schon zu meiner Zeit als Bundeskanzler. Sie haben auch den Eindruck erweckt, als ob wir ernsthaft mit ihnen verhandeln. Ich hatte nie die Absicht, Panzer nach Saudi-Arabien zu liefern. Ich hätte auch nie dem Export von Unterseebooten nach Israel zugestimmt, die in Wirklichkeit dafür bestimmt sind, umgebaut zu werden als Träger für nukleare Waffen.

Die Geheimhaltung wird von der Bundesregierung bei Rüstungsexporten sehr gepflegt. Selbst genehmigte Rüstungsexporte werden nicht öffentlich gemacht oder begründet. Halten Sie das für den richtigen Weg?

Schmidt: Nein, das finde ich nicht vernünftig. Ich bin für Transparenz in solchen Dingen. Die Tatsache, dass der Bundessicherheitsrat eine Anfrage abgelehnt hat, die muss nicht veröffentlicht werden. Aber die Exportanträge, die er genehmigt hat, die bedürfen der Veröffentlichung.

Die Regierung Schröder beschloss im Jahr 2000 neue Richtlinien zu Rüstungsexporten. Darin heißt es, dass grundsätzlich keine Waffen an Staaten exportiert werden sollen, in denen systematisch Menschenrechte verletzt werden und die in einem Spannungsgebiet liegen. Beides dürfte wohl auf Saudi-Arabien zutreffen.

Schmidt: Das trifft nicht nur auf Saudi-Arabien zu. Andere muslimische Staaten des Nahen Ostens haben ähnliche Probleme. Auch der Iran im Mittleren Osten gehört zu den problematischen Ländern dazu.

1981 waren Sie zum Staatsbesuch in Riad. Der „Spiegel„ schrieb damals, dass, wenn die Saudis keine Panzer bekämen, die Gefahr bestünde, der Regierung vor den Kopf zu stoßen. Wie haben die Saudis reagiert, als Sie deren Wünsche nach Panzern nicht erfüllt haben?

Schmidt: Das liegt so lange zurück; ich kann mich nicht mehr an alle Details erinnern. Auf jeden Fall ist das Verhältnis zu Saudi-Arabien in Ordnung geblieben. Der damalige Verteidigungsminister Prinz Sultan hat zwar später immer weiter gebohrt – er wollte unbedingt deutsche Panzer bekommen.

Weshalb wollten die Saudis damals überhaupt deutsche Panzer haben?

Schmidt: Das wussten die Saudis, glaube ich, selbst nicht genau.

Von wem fühlte sich Saudi-Arabien bedroht?

Schmidt: Der Irak unter Saddam Hussein war ein Konkurrent Saudi-Arabiens um die Vormacht im Mittleren Osten. Später kam der Iran hinzu. Es war ein Rüstungswettlauf von drei Staaten, die sich gegenseitig nicht grün waren. Wir haben uns daran nicht beteiligt.

Bereits 1999 haben Sie darauf hingewiesen, dass Deutschland wegen der Verkäufe von alten Waffen aus Beständen der DDR zu einem der größten Hauptlieferanten von Rüstungsgütern aufgestiegen sei, und prophezeit, wenn alle Altbestände verkauft seien, werde Deutschland ein wichtiger Lieferant von Rüstungsgütern bleiben. Wie erklären Sie sich diese Entwicklung?

Schmidt: Von unserem Grundsatz im Sicherheitsrat, Waffen nur an unsere Verbündeten zu liefern, wichen spätere Regierungen nach und nach ab. Das Kriegsgerät aus der alten DDR wurde von niemandem innerhalb des atlantischen Bündnisses gebraucht. Die Waffen gingen fast ausschließlich an Staaten, mit denen wir nicht verbündet waren. Dazu kommt die Effizienz von Firmen wie Heckler & Koch, die ihre Waffen an zahlreiche Staaten außerhalb des NATO-Gebiets geliefert haben. Durch Kleinwaffen von Heckler & Koch und branchengleichen Firmen sind mehr Menschen umgekommen als in Nagasaki und Hiroshima durch die Atombomben. Das Interesse deutscher Rüstungsunternehmen am Export ihrer Waffen ist durchaus legitim und verständlich. Aber wir waren entschlossen, dem nicht nachzugeben.

In Ihrem Buch „Außer Dienst" schreiben Sie, dass die Welt im 21. Jahrhundert einer prinzipiellen Neudefinition der Rüstungsbegrenzung bedürfe. Sehen Sie auch eine Chance für eine weltweite Begrenzung konventioneller Rüstungsgüter?
Schmidt: Ich bin sehr skeptisch. Generell halte ich eine internationale Kontrolle des Handels von konventionellen Waffen für notwendig. Aber sie wird nicht kommen.

Die Vereinten Nationen versuchen mit dem Arms Trade Treaty den weltweiten Rüstungshandel stärker zu reglementieren. Wie bewerten Sie den Versuch der Vereinten Nationen, den globalen Rüstungsmarkt zu kontrollieren?
Schmidt: Maschinenpistolen und Maschinengewehre haben mehr Menschen getötet als Massenvernichtungswaffen. Es wäre dringend wünschenswert, dass die Verhandlungen zu einem Erfolg führen. Meine Erfahrung lehrt etwas anderes.

(Das Gespräch fand am 31. Mai 2012 in Hamburg statt.)

EINLEITUNG

Das Geschäft mit dem Tod

„Es sind nicht Waffen, die töten, sondern Menschen". Diesen Spruch hört man oft in der Welt der Waffen. Ihn verwenden Vertreter der deutschen Rüstungsindustrie ebenso wie Michail Kalaschnikow, der Erfinder der legendären AK-47. Menschen, die ihr Geld mit Rüstungsgütern verdienen, tun oft so, als unterschieden sich ihre „Produkte" nicht wesentlich von Bohrmaschinen oder Staubsaugern. „Sie können auch mit einem Küchenmesser jemanden töten", sagte ein Rüstungslobbyist in Berlin im vertraulichen Gespräch. Ein ganz ähnliches Argument bemühte bereits der CSU-Politiker Erich Riedl, parlamentarischer Staatssekretär im Wirtschaftsministerium, bei einer Parlamentsdebatte über Rüstungsexporte im Jahr 1989: „Sie können auch mit einer Säge oder mit einem Hammer jemanden umbringen, ohne dass die Hersteller der Säge oder des Hammers dafür verantwortlich gemacht werden können."

Im Gegensatz zu harmlosen Werkzeugen sind Kriegswaffen aber sehr wohl zum Töten entwickelt worden. Und die Waffenhersteller wissen, dass auch sie in der Öffentlichkeit verantwortlich gemacht werden können, wenn mexikanische Soldaten mit deutschen Gewehren unbewaffnete Studenten erschießen, wenn libysche Streitkräfte ihre Panzer mit deutschen Sattelschleppern in die Nähe von Rebellenstädten bringen oder wenn saudische Kampfjets, die teilweise in der Bundesrepublik produziert wurden, Aufständische im Jemen bombardieren.

Auch deswegen sprechen die Waffenschmieden ungern über Rüstungsexporte und so gut wie nie über den Einsatz ihrer Waffen im Krieg, bei der Niederschlagung von Aufständen oder gar bei Völkermorden. Auch die Bundesregierung, die jeden Rüstungsexport ins Ausland genehmigen muss, schweigt meist strikt zu diesem Thema. Sie behauptet, dass deutsche Waffen nicht in Spannungsgebiete geliefert werden und dass die Menschenrechte ein wichtiges Kriterium bei der Genehmigung von Rüstungsexporten sind. Ein Blick auf die Liste der Empfänger von deutschem Kriegsgerät zeigt, dass beides nicht stimmt: Pakistan, Irak, Saudi-Arabien, Südkorea, Bahrain und zahlreiche andere Länder, die in Spannungsgebieten liegen oder in denen Despoten sich mit brutalen Methoden an die Macht klammern, gehören zu den Kunden der deutschen Rüstungsindustrie.

Deutsche Rüstungskunden und die Menschenrechte

Alle Angaben mit Ausnahme der Waffeneinkäufe sind Negativwerte – umso höher der Wert in einem Index ausfällt, desto schlechter ist der Rang.

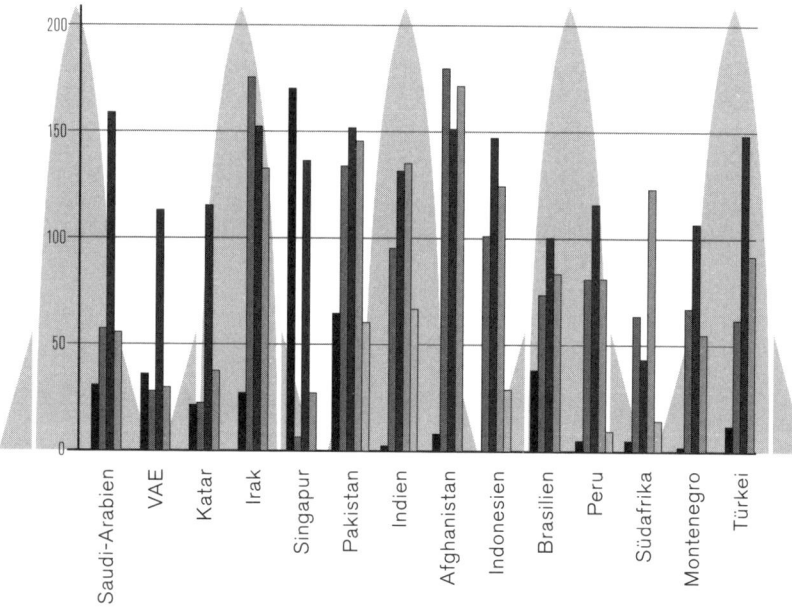

■ Waffeneinkäufe in der BRD in Mio. Euro nach dem Rüstungsexportbericht 2010
■ Platz im Korruptionsindex von Transparency International 2011
■ Platz im Pressefreiheitsindex von Reporter ohne Grenzen 2011
◧ Rang im Human Development Index der UNDP 2011
☐ Rang im Welthungerindex der Welthungerhilfe 2011

Den Waffenschmieden aus Kiel, Kassel, Düsseldorf, München oder Stuttgart ist es in den vergangenen Jahrzehnten gelungen, still und heimlich ihre Ausfuhren auszuweiten. Die Bundesrepublik gehört heute zu den größten Rüstungsexporteuren der Welt.

Die Rüstungsfirmen, die sich selbst als Sicherheits- und Verteidigungsindustrie bezeichnen, betonen in der Öffentlichkeit, dass sie vor allem für die Bundeswehr und die Verbündeten Deutschlands produzieren. So war es auch gedacht, als mit der Wiederbewaffnung der Bundesrepublik 1955 das nach dem Zweiten Weltkrieg verhängte Verbot der Waffenproduktion aufgehoben wurde. Innerhalb von nicht einmal 60 Jahren gelang es den deutschen Herstellern von Kriegsmaterial, überall auf dem Globus Kunden zu gewinnen und im Panzer- und U-Bootbau sowie manch anderem Bereich zum Weltmarktführer aufzusteigen. Zu den wichtigsten Abnehmern deutscher Waffen gehören heute auch Südkorea, die Vereinigten Arabischen Emirate und Saudi-Arabien. Mehr als 70 Prozent der in Deutschland produzierten Rüstungsgüter gehen bereits ins Ausland.

Die Bundesregierung hat im Jahr 2010 insgesamt 16.145 Einzelanträge für die Ausfuhr von Rüstungsgütern genehmigt – auch unterentwickelte Staaten, Länder, in denen Bürgerkrieg herrscht und in denen Menschenrechte missachtet werden, waren unter den Empfängern. Über solche Kunden schweigen die Waffenhersteller meist. Die Firma Krauss-Maffei Wegmann etwa gibt gerne Auskunft darüber, wie ihre „geschützten Fahrzeuge" das Leben von deutschen Soldaten in Afghanistan retten. Über die Verhandlungen mit Saudi-Arabien über die Lieferung von 270 bis zu 800 Leopard-Kampfpanzern an das Regime in Riad schweigt sich das Münchner Unternehmen allerdings aus.

Schon bei der Namensgebung für ihr Kriegsgerät sind die deutschen Rüstungsschmieden vorsichtig: Einen wuchtigen Kampfpanzer haben sie nach dem eleganten Raubtier Leopard benannt, den modernsten Schützenpanzer nach dem Puma. Die amerikanischen Firmen sind weniger sensibel und nennen eine ihrer bewaffneten Drohnen „Reaper" – also Sensenmann. Die Rakete, die der „Sensenmann" verschießt, trägt den Namen „Höllenfeuer". Zwei unbewaffnete Drohnen, die eine deutsche Firma für die Bundeswehr herstellt, wurden hingegen Aladin und Luna getauft. Dank der sprachlichen Verniedlichung der tödlichen Produkte durch Waffenproduzenten und Militärs klingt der Krieg nicht mehr so brutal: Bomben, die ganze Häuserblocks in Schutt und Asche legen können, heißen Wirkmittel. U-Boote und Korvetten werden als „Solutions" – Problemlösungen – bezeichnet. Und ein Anbieter von Panzerfäusten umschreibt seine Waffen als „maßgeschneiderte Produkte".

Geheimhaltung und fehlende Transparenz führen dazu, dass in Deutschland über Rüstungsexporte kaum öffentlich diskutiert wird. Das könnte sich demnächst ändern. Eine Kampagne hat im Sommer 2012 ein „Kopfgeld" auf die Eigner von Krauss-Maffei Wegmann ausgesetzt und damit für große Aufmerksamkeit gesorgt. Die Aktivisten stellen die Eigner des Panzerbauers an den digitalen Pranger, nennen Namen und Wohnort. Ihr Ziel ist es, einen Panzerexport nach Saudi-Arabien zu verhindern – auch mit umstrittenen Methoden.[1] Die Opposition hat das Thema ebenfalls längst aufgegriffen. Grüne und Linkspartei wollen die deutschen Rüstungsexporte zum Thema im Bundestagswahlkampf 2013 machen. Was geht mich das Waffengeschäft an?, mag sich mancher Deutsche fragen. Doch auch in diesem Punkt bestimmt der Wähler mit. Denn die Bundesregierung, die 2013 gewählt wird, entscheidet über die Rüstungsexporte aus der Bundesrepublik.

Dieses Buch soll einen Beitrag zu einer Diskussion über deutsche Rüstungsexporte leisten, ohne die Waffenproduktion generell zu verteufeln. Auf Recherchereisen in Afghanistan hat der Autor es durchaus zu schätzen gelernt, dass die Bundeswehr über Fahrzeuge verfügt, in denen die Insassen vor Explosionen geschützt sind. In Saudi-Arabien und Pakistan hat er aber auch erfahren, wie problematisch mancher deutsche Rüstungsexport ist. Das Buch gibt einen Einblick in eine sehr spezielle Industriebranche. Es nimmt den Leser mit auf eine Reise in die Welt der Waffen, eine Welt, in der ein Mittelständler aus der süddeutschen Provinz beim Aufbau einer Gewehrfabrik in Saudi-Arabien hilft, in der die Bundeswehr Hunderte Panzer an Schwellenländer verkauft, in der die Kanzlerin in Indien für den Kauf von Kampfjets wirbt – eine Welt, in der es kaum internationale Regeln gibt.

Unterwegs im afghanischen Unruhedistrikt Chahar Darrah:
Deutsche Soldaten fahren in gepanzerten Wagen vom Typ Eagle und Dingo 2.

❶ PLANET DER WAFFEN

Transportpanzer für Algerien, Raketen für Indien, Beobachtungs- und Aufklärungssysteme für Malaysia, ein Gefechtsübungszentrum für Russland, U-Boote für Israel, gepanzerte Militärfahrzeuge für Australien, Bergepanzer für Kanada, Flugkörperwarnsysteme für Südkorea[2] – 2010 und 2011 waren wieder einmal ausgezeichnete Jahre für die deutsche Rüstungsindustrie. Sie warb neue Großaufträge ein und exportierte Kriegsgerät im Wert von mehreren Milliarden Euro ins Ausland. Bei der Auswahl der Kunden zeigten sich die Waffenschmieden der Bundesrepublik nicht wählerisch. Unter den Abnehmern deutscher Rüstungsgüter waren Menschenrechte verletzende Monarchen, korrupte Präsidenten und die Opposition unterdrückende Diktatoren.

Die wichtigsten Rüstungskunden der BRD
2006–2010 (Daten von Sipri)

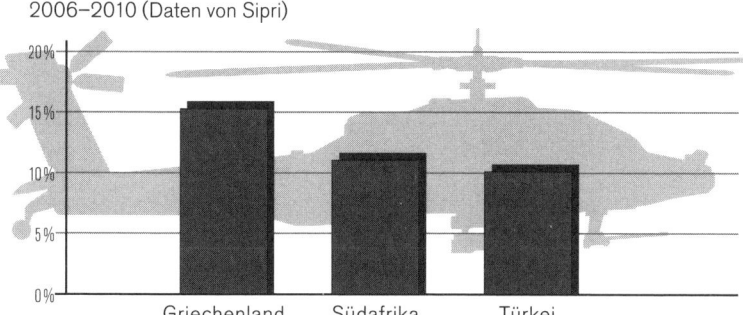

Seit mehr als einem Jahrzehnt liegt Deutschland auf Platz 3 der größten Rüstungsexportnationen, lediglich die Vereinigten Staaten und Russland verkaufen noch mehr Waffen ins Ausland. Von 2005 bis 2011 stammten 10 Prozent aller international exportierten Rüstungsgüter aus der Bundesrepublik. Die deutsche Rüstungsindustrie liefert ihre Produkte in die ganze Welt. Die Waffenhersteller von Flensburg bis zum

Bodensee weiten ihre Auslandsgeschäfte zunehmend aus: 70 Prozent der in Deutschland hergestellten Rüstungsgüter gehen bereits in den Export. Die Zeiten, in denen die deutschen Rüstungshersteller vor allem für die Bundeswehr und die NATO-Partner produzierten, sind lange vorbei. Deren Nachfrage reiche für eine Auslastung der Unternehmen bei Weitem nicht mehr aus, sagen Vertreter der Rüstungsindustrie. Wichtige Kunden konnten in Asien und im Nahen Osten gewonnen werden: Pakistan, Singapur, Saudi-Arabien, die Vereinigten Arabischen Emirate, Oman, Katar und viele andere Staaten gehören zu den Abnehmern von Waffen „made in Germany". Trotz Wirtschaftskrise, trotz einbrechender Börsenkurse und trotz sinkender Wehretats der NATO-Staaten sind Rüstungsexporte für deutsche Unternehmen ein Bombengeschäft.

Die größten Rüstungsexporteure

2007–2011 nach Sipri (Anteil am globalen Waffenhandel in Prozent)

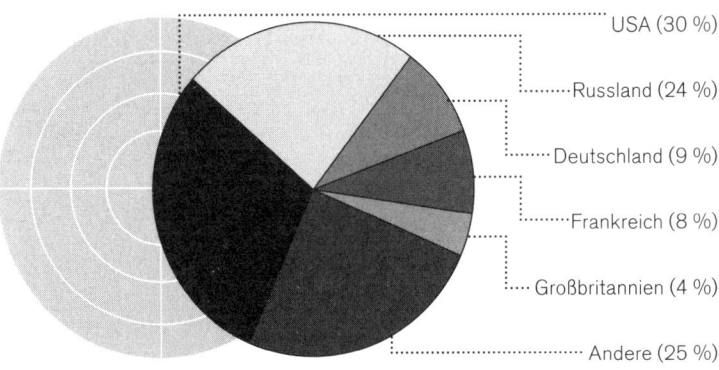

USA (30 %)

Russland (24 %)

Deutschland (9 %)

Frankreich (8 %)

Großbritannien (4 %)

Andere (25 %)

Quelle: Sipri Fact Sheet – Trends in international arms transfers 2011, März 2012, S. 4.

Ein Ende dieses Trends ist nicht in Sicht. Beim Lesen der Tageszeitungen, beim Hören und Sehen der Radio- und Fernsehnachrichten zum Jahresbeginn 2012 dürfte mancher Rüstungsmanager erneut in Hochstimmung verfallen sein. In zahlreichen Medien wurde von Aufrüstungsplänen verschiedener Regierungen, von Milliardenausgaben für Militär und Waffen berichtet: Russland wolle seine Streitkräfte bis 2020 für rund 575 Milliarden Euro modernisieren. Neue Panzer sollen her, Fregatten und U-Boote. Die Vereinigten Arabischen Emirate suchten nach neuen Schützenpanzern, Indonesien nach Kampfpanzern. China werde bis 2015 seinen Verteidigungshaushalt verdoppeln. Die Regierungen von Japan und Malaysia prüften den Kauf neuer Kampfflugzeuge ... Die Liste ließe sich noch lange weiterführen.

Genehmigungspflicht und Geheimhaltungspraxis

Im Jahr 2010 genehmigte die Bundesregierung den Export von Rüstungsgütern im Wert von 4,75 Milliarden Euro. Aktuellere Zahlen liegen bis Mitte 2012 nicht vor. Die Regierung, die jährlich einen Rüstungsexportbericht erstellen soll, präsentiert die Fakten zu den politisch brisanten Waffenexporten meist mit 12 bis 18 Monaten Verspätung. Im Dezember 2011 wurde zuletzt der Rüstungsexportbericht für 2010 veröffentlicht. Das geschah kurz vor der parlamentarischen Weihnachtspause, als das politische Berlin bereits in den Winterschlaf gefallen war.

Regierungssprecher Steffen Seibert verkündet am 7. Dezember 2011 vor der Bundespressekonferenz in Berlin einen Rückgang der Rüstungsausfuhren. Vor ihm sitzen Journalisten von Tageszeitungen, Nachrichtenagenturen, von Radio und Fernsehen. „Das Genehmigungsvolumen ging im Vergleich zum Vorjahr 2009 um 5,7 Prozent zurück", sagt der Regierungssprecher, der früher die *heute*-Nachrichten im ZDF moderierte. Die genehmigten Rüstungsausfuhren hätten im Jahr 2009 noch bei rund fünf Milliarden Euro gelegen. Das klingt nach einer frohen Botschaft: Ein wenig Frieden vor dem Weihnachtsfest. Doch Seibert verschweigt zunächst die entscheidenden Zahlen. Erst nach hartnäckigem Nachfragen der Journalisten räumt er ein, dass der Export von

Kriegswaffen deutlich angestiegen ist: 2010 verdienten die deutschen Firmen 2,12 Milliarden Euro mit dem Verkauf von Kriegswaffen wie Panzern, Gewehren, Granaten und Patrouillenbooten ins Ausland – 2009 waren es noch 1,34 Milliarden Euro. Zur Kategorie Rüstungsgüter hingegen zählen auch Radargeräte, Funkanlagen oder Elektronik. Solche Geräte brauchen Armeen auch zur Kriegsführung – sie sind aber nicht unmittelbar zum Töten von feindlichen Soldaten geeignet.

Die Väter und Mütter der Verfassung hatten nach den Erfahrungen des Zweiten Weltkriegs für die Bundesrepublik eine zurückhaltende Waffenproduktion vorgesehen. Im Grundgesetz heißt es in Artikel 26, Absatz, 2: „Zur Kriegsführung bestimmte Waffen dürfen nur mit Genehmigungen der Bundesregierung hergestellt, befördert und in Verkehr gebracht werden." Dazu zählen automatische Gewehre, Panzer, Granaten, Artillerie und anderes tödliches Gerät. Auch das Kriegswaffenkontrollgesetz schreibt vor, dass der Export derartiger Rüstungsgüter jeweils der Zustimmung der Bundesregierung bedarf. Damit trägt die Regierung für die Ausfuhr deutscher Waffen eine politische Verantwortung. Wenn Panzer, Maschinengewehre oder Hubschrauber von Herstellern aus der Bundesrepublik zu Menschenrechtsverletzungen, Massakern oder Militärputschen genutzt werden, gerät die Regierung in Deutschland leicht in die Kritik.

Auch deswegen schweigt die Regierung meist zu den von ihr genehmigten Waffenausfuhren. Die Entscheidungen über brisante Rüstungsexporte werden im geheim tagenden Bundessicherheitsrat von der Kanzlerin und acht weiteren Mitgliedern des Kabinetts getroffen.[3] Was in diesem Gremium entschieden wird, dringt nur selten nach draußen. Die Bundesregierung unter Kanzlerin Angela Merkel weigert sich, aktuelle Waffenexporte zu bestätigen, bevor der Rüstungsexportbericht erschienen ist – nicht einmal im Kabinett wurde 2011 über den aktuellen Bericht diskutiert. „Der Rüstungsexportbericht stand auf der Tagesordnung des

Kabinetts, aber unter den Punkten, die ohne Aussprache beschlossen werden", teilte der Regierungssprecher mit. Und der Bericht nennt lediglich bei Großwaffensystemen neben dem Empfängerland auch den Typ der gelieferten Kriegsgeräte. Bei Kleinwaffen wie Sturmgewehren und Granatwerfern, Munition und Teilen für Panzer oder gepanzerte Geländewagen schweigt der Rüstungsexportbericht sich über die konkrete Bezeichnung der gelieferten Waffen und deren Hersteller aus.[4] 2010 nennt der Bericht für das Empfängerland Saudi-Arabien unter anderem Flugkörper, Simulatoren, Leuchtmunition, Darstellungsmunition, Teile für Schnellboote und Patrouillenboote, Luftaufklärungssystem und Teile für Kampfflugzeuge, Tankflugzeuge, Triebwerke, Bordausrüstung, Munition für Gewehre, Maschinenpistolen und Militär-Lkw. Welchen Wert die einzelnen Ausfuhren hatten, wird nicht verraten.

Bei der Erfassung der Rüstungsgüterexporte bestehen in Deutschland große Lücken: Welche der genehmigten Ausfuhren wirklich stattfinden, weiß niemand. Die tatsächlichen Exporte von Rüstungsgütern werden statistisch nicht erfasst. Lediglich die Auslieferungen von Kriegswaffen wie Maschinengewehre, Korvetten oder Schützenpanzer werden beim Statistischen Bundesamt registriert.[5]

Die Ausfuhr von sogenannten Dual-Use-Gütern nennt der Rüstungsexportbericht nicht. Zu ihnen zählen beispielsweise Lastwagen, die sowohl von zivilen Kunden als auch vom Militär genutzt werden, oder Motoren, die Landmaschinen wie Schützenpanzer antreiben können. Für den Kriegseinsatz eignen sich Dual-Use-Güter dennoch. So sollen georgische Truppen 2008 im Krieg gegen Russland mit Raketenwerfern gekämpft haben, die auf Lastwagen vom Typ Mercedes Actros 3341 montiert waren. Ohne die Fahrzeuge aus Deutschland hätten die Georgier ihre Geschütze nicht an die Front bringen können. Die Raketenwerfer vom Typ LAR-160 stammen nach Recherchen des Berliner Informationszentrums für Transatlantische Sicherheit (BITS) aus Israel. Sie werden von Israel Military Industries (IMI) hergestellt und können von Deutschland geächtete Streumunition verschießen – was Georgien im Krieg gegen Russland auch tat. Die IMI bietet ihren Raketenwerfer auf Mercedes-Trucks weltweit zum Kauf an.[6] Die Bundesregierung stellte auf parlamentarische Nachfragen zum Kriegseinsatz der Mercedes-Laster lediglich fest: Diese Fahrzeuge stünden weder auf den internationalen Güterkontrolllisten noch auf den deutschen Listen für Rüstungsgüter: „Derartige Lkw sind überall auf der Welt im Nutzfahrzeughandel erhältlich."[7] Dem Export steht also nichts im Weg.

„Bitte haben Sie Verständnis dafür, dass es gänzlich außerhalb unserer Kontrolle und Verantwortung ist, welche Verkäufe insbesondere gebrauchter Fahrzeuge über Dritte getätigt werden oder welche Aufbauten über Dritte auf Mercedes-Benz Lkw Chassis montiert werden", teilt Daimler mit. „Daimler stellt seine Fahrzeuge prinzipiell im Baukastensystem her. Dies bedeutet, dass jedes Grundbaumuster für zivilen Zweck und Einsatz konzipiert wird. Erst durch militärische Sonderausstattungen bzw. Panzerungen kommen die Fahrzeuge in die Genehmigungspflicht."

Daimler zählt mit seinen Lastwagen und Jeeps in der Welt der Waffen zu den bekannten Marken. Dennoch wird der Name Daimler in der Öffentlichkeit kaum mit der Rüstungsproduktion in Verbindung gebracht. Und auch der Konzern selbst sieht sich als Automobilunternehmen, das auch militärische Nutzfahrzeuge herstellt, „aber keine bewaffneten", heißt es bei Daimler. „Eine mögliche Schutzausführung dient dem Schutz der Insassen und ist per se nicht aggressiv oder offensiv."

Vergessen wird oft auch, dass dem Konzern mit dem Stern mehr als ein Viertel von Europas zweitgrößtem Rüstungshersteller gehört, der European Aeronautic Defence and Space Company – besser bekannt unter ihrem Kürzel EADS.[8] Der Konzern hat seine Zentrale in den Niederlanden, produziert aber auch in Bayern und Baden-Württemberg. Bei der Gründung des europäischen Konzerns brachte Daimler seine Tochter DASA, die DaimlerChrysler Aerospace AG, ein. Die DASA war an verschiedenen Rüstungsprojekten der Bundeswehr maßgeblich beteiligt, unter anderem am „System Infanterist", ein Programm für den Soldaten der Zukunft.[9]

Stern am Hindukusch: Ein Wolf-Jeep von Mercedes-Benz steht in Kabul im Camp Warehouse bereit für den nächsten Einsatz.

Die Organisation Kritische Aktionäre Daimler bezeichnet den Autobauer als größten Rüstungskonzern Deutschlands. Sie kritisiert, dass die Truppen des libyschen Diktators Muammar al-Gaddafi im Krieg gegen die Rebellen 2011 über Lastwagen und Unimog-Fahrzeuge von Daimler verfügten.[10] Nach Angaben der Kritischen Aktionäre verkaufte Daimler seine Militärfahrzeuge außerdem auch an Ägypten, Algerien, Angola, den Irak, Kuwait, Marokko, Pakistan, Saudi-Arabien, Syrien, Tunesien, die Türkei und die Vereinigten Arabischen Emirate.[11] Gleich in mehreren dieser Staaten kam es während des „Arabischen Frühlings" zu Protesten gegen die Despoten an der Staatsspitze. Demonstranten wurden von

Sicherheitskräften misshandelt und getötet. Dabei wurden auch Waffen aus Europa – und aus Deutschland – eingesetzt.

Über EADS und dessen deutsche Rüstungstochter Cassidian verdient Daimler auch an Rüstungsgeschäften mit autokratischen Regimen mit. Cassidian verkauft seine Überwachungstechnik weltweit – auch nach Saudi-Arabien. Dort errichtet die EADS-Tochter eine gewaltige Grenzanlage mit Boden-Überwachungsradar, Hochleistungskameras und Sensoren.[12] Ein Milliardenauftrag. „Bei diesem international stark umkämpften Vertrag, der in den kommenden fünf Jahren abgewickelt wird, handelt es sich um das weltweit größte Projekt, das jemals als Gesamtlösung vergeben wurde", teilt EADS stolz mit.[13]

Selten bekennt sich ein Rüstungsunternehmen so offen zu einem Deal. Transparenz gibt es bei Rüstungsexporten nicht. Verlässliche, aktuelle Zahlen bieten weder die Vereinten Nationen noch die Europäische Union und auch nicht die Bundesregierung.[14] Die UN haben versucht, für mehr Offenheit zu sorgen. Sie betreiben ein Register über den Handel mit Großwaffensystemen wie Kriegsschiffen, Jets und Haubitzen. Die Begeisterung der Staatenwelt für das Register hält sich jedoch in Grenzen.[15] Saudi-Arabien und andere Kunden der deutschen Rüstungsindustrie boykottieren das Waffenregister.[16] Lediglich 72 Staaten reichten 2009 Berichte über ihre Rüstungstransfers ein.[17] Darunter war auch die Bundesrepublik. Die Daten zu deutschen Waffenausfuhren stellt sie aber meistens – wie beim Rüstungsexportbericht auch – mit großer zeitlicher Verzögerung bereit. In Deutschland informiert die Regierung die Öffentlichkeit über einzelne Rüstungsexporte erst, wenn diese bereits von Journalisten oder Aktivisten der Friedensbewegung enthüllt wurden. Das Verschweigen geht so weit, dass nicht einmal die Abgeordneten des Bundestages von der Regierung über anstehende Rüstungsexporte informiert werden. Dass dies anders geht, zeigen zwei Beispiele aus befreundeten Staaten: In den Vereinigten Staaten muss der Kongress jedem Rüstungsdeal bei Kleinwaffen ab einer Höhe von einer Million

Dollar zustimmen – und bei schweren Waffen in Höhe von
14 Millionen an Staaten außerhalb der NATO. In Großbritannien werden die Parlamentarier jedes Quartal über genehmigte Waffenausfuhren informiert. In Deutschland weigert
sich die Regierung, die zuständigen Bundestagsausschüsse
über aktuelle Genehmigungen zu unterrichten und wird
auch deshalb derzeit von drei Parlamentariern der Grünen
vor dem Bundesverfassungsgericht in Karlsruhe verklagt.[18]

Umso wichtiger sind die jährlichen Berichte des Stockholm International Peace Research Institute (Sipri). Die
Wissenschaftler aus Schweden sorgen für ein wenig Transparenz in der verschwiegenen Welt der Waffen. Sipri, 1966
vom schwedischen Staat als unabhängiges Forschungsinstitut gegründet, hat international einen hervorragenden Ruf.
Dessen Statistiken führen die Bundesrepublik seit Jahren
unter den größten Rüstungsexporteuren der Welt.[19] Die deutsche Ausfuhr von Kriegsmaterial stieg laut Sipri zwischen
2007 und 2011 im Vergleich zu den vorherigen fünf Jahren
um 37 Prozent an. Mehr als die Hälfte aller deutschen Waffenausfuhren gingen an Länder außerhalb Europas.[20]

Andere Studien bestätigen Deutschlands dauerhaften
Aufstieg in die Champions League der Rüstungsexporteure. Auch der renommierte Bericht „Conventional Arms
Transfers to Developing Nations", der vom amerikanischen
Kongress veröffentlicht wird, sieht die Bundesrepublik und
die dort ansässigen Rüstungsunternehmen auf dem dritten Rang.[21] Die Bundesregierung beteuert dennoch, dass
Deutschland für restriktive Rüstungsausfuhren stehe und
stets verantwortungsvoll agiere.[22] „Wir werden uns dafür einsetzen, den Abschluss neuer Abrüstungs- und Rüstungskontrollabkommen international zu unterstützen"
– so steht es im 2009 geschlossenen Koalitionsvertrag von
Union und FDP. Und weiter: „Abrüstung und Rüstungskontrolle verstehen wir nicht als einen Verlust an Sicherheit,
sondern als zentralen Baustein einer globalen Sicherheitsarchitektur der Zukunft. Wir wollen die Chance nutzen, den
globalen Trend neuer Aufrüstungsspiralen umzukehren

und wieder in eine Phase substanzieller Fortschritte auf den Gebieten der Abrüstung und der Rüstungskontrolle eintreten."[23] Dennoch nehmen die deutschen Waffenausfuhren in Konfliktgebiete zu.

Neue Absatzmärkte

An welche Staaten deutsche Rüstungsfirmen ihre Waffen liefern, zeigt seit Ende 2011 eine digitale Karte im Internet. Die Bundeszentrale für politische Bildung und die Rüstungsexperten vom Internationalen Institut für Konversion in Bonn (BICC) haben gemeinsam das Informationsportal „Krieg und Frieden" online gestellt, um Informationslücken zu schließen.[24] Dicke blaue Kreise zieren überall auf der Welt die Empfängerländer deutscher Rüstungsgüter – auch Staaten in Nordafrika, im Nahen Osten und Südostasien. Je mehr deutsche Rüstungsgüter an ein Empfängerland ausgeführt wurden, desto dunkler ist der Blauton, desto größer ist der Kreis. Ein besonders intensives Blau weist die Region des Nahen Ostens auf.

Vor zehn Jahren sah die deutsche Rüstungsexportpolitik noch ganz anders aus. Damals stellte Bernhard Moltmann, einer der bedeutendsten deutschen Rüstungsexperten und Mitarbeiter der Hessischen Stiftung Friedens- und Konfliktforschung fest: „Eine vergleichsweise zurückhaltende Rüstungsexportpolitik gehört zu den Konstanten deutscher Friedenspolitik und zur Normalität außenpolitischer Präsenz. Es besteht kein Anlass, dies aufzugeben. Doch wächst in der politischen Öffentlichkeit der Verdacht, dass dieser Konsens schleichend demontiert wird."[25] Zurückhaltend können die deutschen Waffenexporte heute nicht mehr genannt werden. Rüstungsgeschäfte, die vor wenigen Jahren noch unmöglich erschienen, werden heute von der Bundesregierung genehmigt. Staaten, die in Krisen- und Kriegsregionen liegen, erhalten schwere Waffensysteme aus Deutschland. Selbst der Export von Kampfpanzern an autokratische Regime ist kein Tabu mehr.

Im Sommer 2011 deckte das Nachrichtenmagazin *Spiegel* auf, dass die Bundesregierung eine Voranfrage von Krauss-Maffei Wegmann für die Ausfuhr von Kampfpanzern nach Saudi-Arabien positiv beantwortet hat. Dieser Fall bescherte dem Thema Waffenausfuhren eine ungewohnte Aufmerksamkeit. Weder der Bundesregierung noch der Rüstungsindustrie dürfte das gefallen haben. Minister und Manager versichern immer wieder, die deutsche Rüstungsexportpolitik sei verantwortungsbewusst und restriktiv. Die Rüstungsgeschäfte mit dem Empfängerland Saudi-Arabien widersprechen dieser Behauptung ganz offenkundig. Das Auswärtige Amt stuft die Menschenrechtslage in dem Königreich als schlecht ein, berichtet von öffentlichen Auspeitschungen, Haftstrafen für politische Gegner, Unterdrückung von Frauen und Anhängern anderer Religionen.[26] Die „Politischen Richtlinien zu Rüstungsexporten" der Bundesregierung schließen Exporte an totalitäre Regime wie Saudi-Arabien eigentlich aus: „Genehmigungen für Exporte von Kriegswaffen und sonstigen Rüstungsgütern werden grundsätzlich nicht erteilt, wenn hinreichender Verdacht besteht, dass diese zur internen Repression im Sinne des EU-Verhaltenskodexes für Waffenausfuhren oder zu sonstigen fortdauernden und systematischen Menschenrechtsverletzungen missbraucht werden."[27] Dennoch genehmigte die Bundesregierung im Jahr 2009 Rüstungsausfuhren im Wert von 168 Millionen Euro nach Saudi-Arabien und 2010 von 152,5 Millionen.[28] Wie so oft in der Welt des Waffenhandels passen Ankündigungen und Wirklichkeit einfach nicht zusammen.

Die veränderte Rüstungsexportpolitik unter Kanzlerin Merkel stößt auf Kritik bei einem ihrer Vorgänger – vor allem die genehmigte Ausfuhr der Panzer nach Saudi-Arabien. „Ich hätte das nicht getan", sagt Altkanzler Helmut Schmidt. Er hält die Abkehr von der restriktiven deutschen Waffenexportpolitik für einen Fehler. 1981 hatte Schmidt die Saudis, die Leopard-2-Kampfpanzer kaufen wollten, zunächst hingehalten und dann das Geschäft nicht genehmigt.

Der Altkanzler erklärt, er sei während seiner Amtszeit dem Grundsatz gefolgt, Waffen nur an Verbündete zu liefern.[29] Dieser Grundsatz war über Jahrzehnte hinweg Konsens in der deutschen Politik, zu den „Partnern" zählten aber auch Israel, Südafrika während der Apartheid oder südamerikanische Militärdiktaturen, kritisierten Menschenrechtsgruppen. Dennoch stellte die Gemeinsame Konferenz Kirche und Entwicklung (GKKE) noch in ihrem Rüstungsexportbericht 2001 fest: „Deutschland hat über Jahrzehnte hinweg eine vergleichsweise zurückhaltende Rüstungsexportpolitik verfolgt, gestützt auf entsprechende Vorschriften des Grundgesetzes und daraus folgender Gesetze." In den folgenden Jahren änderte sich die deutsche Rüstungsexportpolitik deutlich. Die GKKE, in der verschiedene Forschungseinrichtungen und kirchliche Gruppen zusammenarbeiten, bekam beim Erstellen des alternativen Rüstungsexportberichts immer mehr zu tun. Die GKKE kritisiert zehn Jahre später, in ihrem Bericht für das Jahr 2011, einen Wandel der deutschen Rüstungsexportpolitik und die Zunahmen der Ausfuhren an Schwellen- und Entwicklungsländer.[30]

Bereits 1999 hatte Helmut Schmidt festgestellt, dass Entwicklungsländer jedes Jahr durchschnittlich für militärische Zwecke sechsmal so viel ausgeben, wie sie an Hilfszahlungen empfangen. Der Altkanzler wies darauf hin, dass Deutschland wegen der Verkäufe von alten Waffen aus Beständen der DDR zu einem der größten Hauptlieferanten von Rüstungsgütern aufgestiegen ist. Er prophezeite: Auch wenn alle Altbestände verkauft seien, werde Deutschland ein wichtiger Lieferant von Rüstungsgütern bleiben.[31] Schmidt sollte recht behalten.

Längst sind neue Absatzmärkte für deutsches Kriegsgerät in Südamerika, Südasien und vor allem im Nahen Osten entstanden. Auf Rüstungsmessen in Indien und den Vereinigten Arabischen Emiraten bieten deutsche Rüstungsmanager ihre Produkte feil, führen Panzer und Kampfflugzeuge vor. „Wir versuchen, in der aktuellen Krise auch auf neue Märkte vorzudringen, um uns breiter aufzustellen", sagte der Chef von Krauss-Maffei Wegmann, Frank Haun, dem *Handelsblatt*. „Sonst sind wir langfristig nicht mehr in der Lage, so viel Geld in unsere Entwicklung zu stecken, um das gewünschte hohe technologische Niveau zu halten."[32]

Die Länder mit den höchsten Militärausgaben
in Mrd. $ (nach Schätzungen von Sipri)

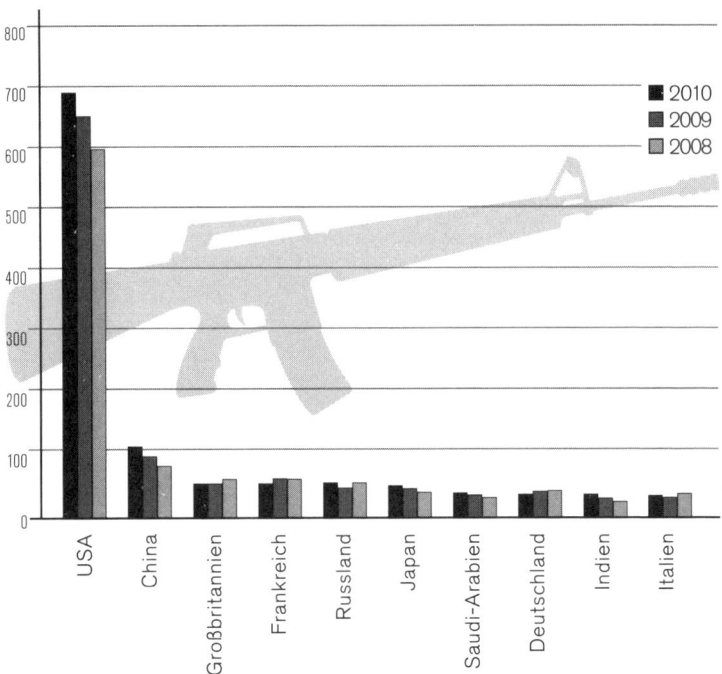

Sehr erfolgreich auf dem Weltmarkt sind die Panzerbauer Rheinmetall und Krauss-Maffei Wegmann. Gemeinsam stellen sie den Leopard 2 her und so manchen anderen deutschen Exportschlager. „Der Leopard 2 ist der leistungsfähigste Kampfpanzer der Welt und zugleich das Waffensystem mit der größten internationalen Verbreitung", wirbt Rheinmetall. Der Konzern aus Düsseldorf ist nach Umsatz das größte deutsche Rüstungsunternehmen. Dessen Sparte

Defence erhöhte den Umsatz im Jahr 2011 um 7 Prozent auf 2,14 Milliarden Euro. Für mehr als 4,5 Milliarden warb die Sparte neue Aufträge ein.[33] 2012 will Rheinmetall nach Presseberichten sein zweites Standbein, die profitable Autozuliefersparte, an die Börse bringen, um mit den Einnahmen das Rüstungsgeschäft weiter zu internationalisieren. In den vergangenen Jahren hat das Unternehmen unter anderem Firmen in Südafrika und den Golfstaaten gekauft oder gegründet, um neue Märkte zu erschließen.

Zu den Großen im internationalen Rüstungsgeschäft zählt ebenfalls ThyssenKrupp Marine Systems. Dessen Schiffbaubetriebe, vor allem die Howaldtswerke-Deutsche Werft (HDW) in Kiel mit ihren U-Booten und Blohm + Voss Naval in Hamburg mit den Fregatten sind international gefragte Anbieter. Ein umstrittenes Gedicht von Günter Grass über Israels und Irans atomare Bewaffnung lenkte im April 2012 die Aufmerksamkeit auf ein besonders heikles Rüstungsgeschäft von HDW.[34] Die Werft beliefert Israel mit Hightech-Waffensystemen. Rüstungsexperten und mancher Politiker der Opposition befürchten, dass Israel die in Kiel gekauften U-Boote mit nuklearen Marschflugkörpern bestücken will.[35]

Gegen Waffenlieferungen aus Deutschland in den Nahen Osten spricht ein weiteres Kriterium der „Politischen Richtlinien". Es sagt aus, dass keine Waffen in Spannungsgebiete geliefert werden sollen. Schon vor dem Arabischen Frühling bestanden im Nahen Osten jedoch zahlreiche „Spannungen". Israel und Iran drohen sich gegenseitig mit Angriffen. Die Regierung in Teheran unterstützt die Israel feindlich gesinnten Organisationen in den Palästinensergebieten und im Libanon. Aus dem Gaza-Streifen beschießen Radikale immer wieder Israel mit Raketen. Die israelische Armee reagiert darauf mit Militärschlägen. Ende Dezember 2008 griff Israel mit Kampfjets, von Kriegsschiffen unterstützt, die Hamas im Gaza-Streifen an. Kurz darauf folgte eine Invasion von Bodentruppen. Im Irak herrscht immer noch Bürgerkrieg. Dort kämpfen Aufständische gegen die Regierung in

Bagdad. In Bahrain schlug der Herrscher 2011 mit saudischer Unterstützung schiitische Proteste gegen seine Regierung nieder. Und ganz im Süden der arabischen Halbinsel, im Jemen, bekriegen sich Soldaten des Präsidenten und Kämpfer der Islamisten. Zudem kämpfen Rebellen des Houthi-Clans gegen die ihnen verhasste Zentralregierung. 2009 griffen die saudischen Streitkräfte aufseiten der Regierung in den Bürgerkrieg im Nachbarland ein. Die dabei von der saudischen Luftwaffe eingesetzten Tornado-Kampfjets wurden von der Panavia Aircraft GmbH hergestellt, die auch in Deutschland produziert. Die Gesellschaft wurde im März 1969 gegründet, EADS Deutschland ist heute der größte Anteilseigner.[36] Panavia Aircraft hat seinen Firmensitz im bayerischen Hallbergmoos im Münchner Umland.[37] Der Flugzeugrumpf des Tornados wurde in Deutschland hergestellt.[38] Rüstungstechnik aus der Bundesrepublik war damit an dem Kampfeinsatz beteiligt. Nach einem saudischen Luftangriff im November 2009 sagte ein Sprecher der Houthi dem britischen Sender BBC, durch die Attacke seien Frauen und Kinder getötet und verletzt worden. Ein anderer Vertreter des Clans berichtete von weiteren Bombenabwürfen und Raketeneinschlägen.[39]

Kritiker von Rüstungsexporten verweisen neben dem bereits zitierten Artikel 26, Absatz 2, der die Waffenproduktion in Deutschland einschränkt, häufig auf eine weitere Passage des gleichen Grundgesetzartikels. In Absatz 1 heißt es: „Handlungen, die geeignet sind und in der Absicht vorgenommen werden, das friedliche Zusammenleben der Völker zu stören, insbesondere die Führung eines Angriffskrieges vorzubereiten, sind verfassungswidrig. Sie sind unter Strafe zu stellen." Dieses Friedensgebot wurde in das Kriegswaffenkontrollgesetz übernommen. In Paragraf 6 heißt es unter anderem: Die Genehmigung für Rüstungsausfuhren sei zu versagen, wenn die Gefahr besteht, dass die gelieferten Waffen „bei einer friedensstörenden Handlung" verwendet werden. Auch das war eine Lehre aus der deutschen Geschichte. Die Rüstungsindustrie lieferte das Material für zwei verheerende deutsche Angriffskriege im 20. Jahrhundert.

Bereits vor und zwischen den Weltkriegen galten die Kanonen von Krupp und die Karabiner von Mauser als absolute Premiumprodukte auf dem Rüstungsmarkt. Mehr als 65 Jahre nach dem verlorenen Zweiten Weltkrieg, der Entmilitarisierung Deutschlands und dem Verbot, hierzulande Waffen herzustellen, haben Hersteller von Panzern, Gewehren und Kriegsschiffen von der Nordsee bis zum Bodensee wieder Weltrang erlangt. Das Versprechen manches Großindustriellen nach 1945, nie wieder Waffen produzieren zu wollen, geriet schnell in Vergessenheit. Vergeblich forderte der Sozialdemokrat Carlo Schmid 1948, im Grundgesetz müsse „eine klare und unverklausulierte Erklärung" abgegeben werden, „dass in Deutschland keine Kanonen mehr gebaut werden sollten, weder für uns, sondern auch für andere nicht".[40] Bereits mit der Wiederbewaffnung Westdeutschlands 1955 begannen zahlreiche Konzerne erneut, Waffen herzustellen. Selbst Rüstungsmagnaten wie Flick und Krupp, die sich in Nürnberg bei den Kriegsverbrecherprozessen verantworten mussten, weil sie den deutschen Vernichtungskrieg ermöglicht und Zwangsarbeiter beschäftigt hatten, durften wieder Rüstungsgüter produzieren.[41] Namhafte Firmen wie Thyssen, Krauss-Maffei, Daimler-Benz, Siemens, Bosch, Dornier, Messerschmidt und Blohm & Voss waren an der Wiederaufrüstung Westdeutschlands beteiligt.[42] Bereits 1960 begannen westdeutsche Firmen erneut mit dem Waffenexport. Zahlreiche ehemalige hochrangige Offiziere der Wehrmacht wurden von den Waffenherstellern eingestellt, um das Auslandsgeschäft voranzubringen – mit nachhaltigem Erfolg. 70 Jahre nach Ausbruch des Zweiten Weltkriegs ist Deutschland der größte Rüstungsexporteur der Europäischen Union.[43]

Die politische Weltlage sorgt dafür, dass der Bedarf an Waffen nicht zurückgeht. Erstmals seit sechs Jahren wurden 2011 wieder mehr Kriege und bewaffnete Konflikte registriert als im Vorjahr. Die Arbeitsgemeinschaft Kriegsursachenforschung der Universität Hamburg (AKUF) zählte 36 bewaffnete Konflikte und 25 Kriege.[44] So überrascht es nicht, dass die Geschäfte der 100 größten Rüstungsunternehmen der Welt ausgezeichnet laufen. Sie machten 2010 gemeinsam einen Umsatz von 411 Milliarden US-Dollar und verdienten rund 60 Prozent mehr als im Jahr 2002, errechneten die Experten von Sipri. Die Anschläge vom 11. September 2001 und der sich daran anschließende Krieg gegen den Terror haben eine gewaltige Rüstungsspirale in Gang gesetzt. Zwischen 2001 und 2010 stiegen die Militärausgaben weltweit um 50 Prozent auf einen neuen Rekordstand von 1,63 Billionen US-Dollar. Die Produzenten von konventionellen Waffen wie Panzern, Sturmgewehren, Kampfjets und Kriegsschiffen verdienten kräftig an den Konflikten des jungen 21. Jahrhunderts – vor allem an den Kriegen in Afghanistan und Irak.[45]

Entwicklung des Konfliktgeschehens

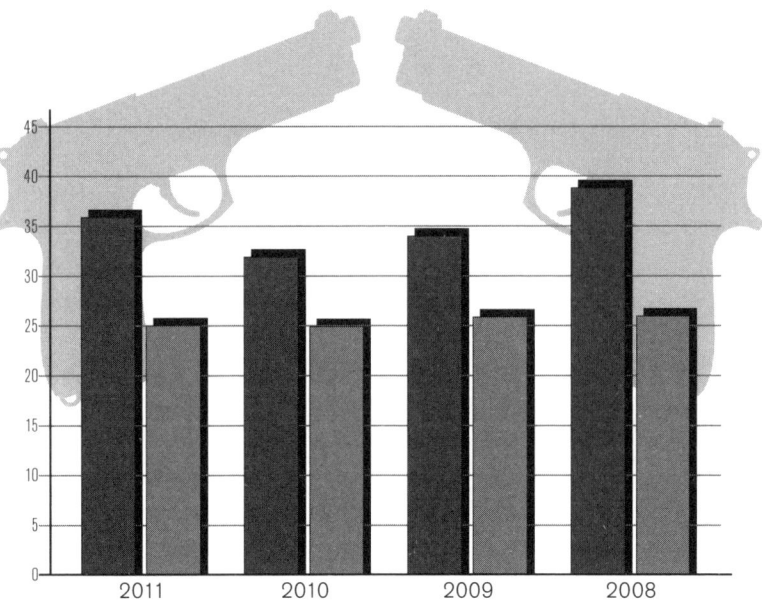

■ Bewaffnete Konflikte
■ Kriege / Quelle: Arbeitsgemeinschaft Kriegsursachenforschung

Ein Weltmarkt ohne Regeln

Mit dem Krieg verdienten Rüstungsproduzenten schon immer gutes Geld. Gewehre verschleißen und müssen erneuert werden. Munition wird verschossen und neu bestellt. Panzer fahren auf Minen, werden von Raketen zerstört oder veralten. Flugzeuge stürzen ab, werden abgeschossen oder vom Fortschritt im Luftkampf überholt. Um Kriege zu führen, braucht man drei Dinge: Geld, Geld und nochmals Geld. Das wussten bereits die Kriegsunternehmer im Dreißigjährigen Krieg. Geld brauchen auch die Kriegsherren im 21. Jahrhundert: Wer über Einnahmen aus Rohstoffen verfügt, kennt keine Aufrüstungsprobleme: Waffen und Munition lassen sich notfalls auch auf dem Schwarzmarkt beschaffen. Der Anteil des illegalen Waffenhandels liegt nach Angaben von Experten jedoch lediglich bei ein bis drei Prozent weltweit. 99,9 Prozent der deutschen Rüstungsexporte werden nicht von geheimnisvollen Dealern abgewickelt, sondern in ganz normalen Büros und Amtsstuben, stellte die damalige Grünen-Politikerin Angelika Beer in den 1980er-Jahren fest.[46] Seitdem hat sich nichts geändert. Damals wie heute war und ist die Kontrolle der Rüstungsexporte mangelhaft.

Waffen sind kein Produkt wie jedes andere, dennoch gibt es für deren Handel auf internationaler Ebene kaum Regeln, keine multinationale Behörde, die den Rüstungshandel überwacht. Kritiker spotten, dass der Handel mit Bananen strenger reglementiert sei als der Handel mit Gewehren, Granaten, Panzern und Bombern. Alle Versuche, hier verbindliche Regeln zu schaffen, die für alle Länder auf dem ganzen Globus gelten, sind bisher gescheitert. Lediglich für besonders heimtückische Waffen wie Anti-Personen-Minen, Streumunition, Phosphorbomben und Massenvernichtungswaffen wurden Abkommen auf den Weg gebracht, die Produktion und Handel einschränken oder verhindern sollen. Sie gelten aber nur für die Staaten, die ihnen beigetreten sind. So weigerten sich die Vereinigten Staaten, Russland, China, Indien, Pakistan, Israel und einige andere

Länder, den Vertrag für das Verbot von Streumunition zu unterschreiben. [47] Das Ottawa-Abkommen von 1998 über das Verbot des Einsatzes, der Lagerung, der Produktion und der Weitergabe von Anti-Personen-Minen haben bis Ende 2011 mittlerweile 159 Staaten ratifiziert. 40 weitere Länder, darunter bedeutende Herstellerstaaten von Minen, weigern sich, dem Abkommen beizutreten. [48] Mit dem Arms Trade Treaty wagen die Vereinten Nationen einen neuen Versuch, den Handel mit konventionellen Waffen zu reglementieren. Im Juli 2012 sollen die Verhandlungen auf einer großen UN-Konferenz mit einem Vertrag abgeschlossen werden. [49]

Deutsche Rüstungsunternehmen unterliegen beim Export dem Kriegswaffenkontroll- oder dem Außenwirtschaftsgesetz. Die deutschen Vorgaben gelten im internationalen Maßstab zwar als streng – Kontrollen finden aber fast ausschließlich in Amtsstuben in Deutschland statt, überprüft werden hauptsächlich von Rüstungsunternehmen eingereichte Unterlagen. Bei Verstößen zeigt die Bundesregierung nicht immer ein großes Interesse daran, Fälle aufzuklären. Als in Georgien Sturmgewehre von Heckler & Koch auftauchten, ohne dass die Regierung einen Export in das Land genehmigt hatte, verlangte die Opposition im Bundestag nach Informationen. Die Bundesregierung teilte mit: „Aufgrund der letzten Reaktionen von georgischer Seite auf deutsche Auskunftsersuchen erschien eine weitere Verfolgung der Angelegenheit nicht aussichtsreich. Daher hat die Bundesregierung darauf verzichtet, die georgische Seite erneut mit der Angelegenheit zu befassen." [50] Wie die Sturmgewehre von Heckler & Koch nach Georgien gelangten, bleibt bis heute unklar.

Es gibt viele legale Schlupflöcher in den deutschen Gesetzen, die Rüstungshersteller klug nutzen. Das Gründen von Tochterfirmen oder die Beteiligung an Joint Ventures im Ausland ermöglicht es, Waffen im Ausland zusammenzubauen. Geliefert werden aus Deutschland dann nur noch Teile, für deren Export leichter eine Genehmigung zu bekommen ist als für komplette Waffen. Ein Gewehr, dem wesentliche Bestandteile wie der Schlagbolzen fehlen, wird beim Export nicht wie eine funktionstüchtige Waffe behandelt. Die nationalen Gesetze kommen mit der Globalisierung nicht mit. In der Sprache der Bundesregierung drückt sich das so aus: „Entsprechend dem Territorialitätsprinzip setzen Verstöße gegen das AWG oder das KWKG grundsätzlich Tathandlungen auf deutschem Boden voraus. Rechtmäßigkeit von Handlungen ausländischer Tochterunternehmen deutscher Unternehmen richtet sich deshalb nach dem Recht des jeweiligen Landes, in dem das Tochterunternehmen seinen Sitz hat."[51] Aus dem Bürokratendeutsch übersetzt bedeutet das: Das deutsche Kriegswaffenkontroll—gesetz gilt nicht für Töchter deutscher Rüstungsunternehmen im Ausland. Dort wird das jeweilige nationale Recht für alle Exporte angewandt. Lediglich beim Transfer von Rüstungstechnologie von deutschen Unternehmen ins Ausland hat die Bundesregierung ein Mitspracherecht. Das klingt in der Theorie kompliziert – und das ist es auch in der Praxis. Die Rechtsabteilungen der Rüstungsunternehmen seien deutlich größer als die der Ministerien und Behörden, sagt ein Rüstungslobbyist in Berlin. Juristen seien heute bei den Waffenherstellern genauso wichtig wie Ingenieure. Den größten Wert hätten aber die Experten in den Exportabteilungen, die enge Kontakte zu den Genehmigungsbehörden hielten und vorfühlten, welche Waffenausfuhr geht und welche nicht.

In den vergangenen Jahren, in der Kanzlerschaft von Angela Merkel, ging recht viel. Die fehlende Transparenz bei Waffenausfuhren versuchen Wissenschaftler, Menschenrechtsorganisationen und Aktivisten der Friedensbewegung mit ihren Recherchen auszugleichen. Zu nennen sind vor allem die bereits erwähnten Sipri aus Schweden und das Internationale Konversionszentrum aus Bonn. Auch Organisationen wie Human Rights Watch, Oxfam und Pax Christi haben sich des Themas angenommen. „Rüstungstransfers unterliegen weltweit meist einer strikten Geheimhaltung, sodass nur selten genauere Angaben über tatsächliche Lieferungen und deren Empfänger bekannt werden", sagt Matthias John von

Amnesty International Deutschland. Der Berliner Rüstungs-
fachmann von Amnesty und andere Experten, aber auch
einige wenige Journalisten recherchieren brisante Rüstungsdeals und machen diese öffentlich. In den vergangenen
Jahren hatten sie viel zu tun. Der Handel mit Waffen bleibt
ein Bombengeschäft.

2 DIE MESSE FÜR DIE MILITÄRS

Für ihre Messe haben die Veranstalter der DSEi einen besonders schön gelegenen Ort ausgewählt. Ihre Welt der Waffen präsentieren sie im Exhibition and Conference Centre London. Das ExCel in den Royal Victoria Docks gilt als einer der wichtigsten Messeorte Großbritanniens. Hier finden zahlreiche Wettkämpfe der Olympischen Spiele und Paralympics 2012 statt, aber auch Mode- und Designschauen und die größte Bootsausstellung Englands. Das Center liegt malerisch direkt an der Themse, ganz in der Nähe des schicken Büro- und Geschäftsviertels Canary Wharf.

Das ExCel lockt im September 2011 wieder Tausende Besucher aus der ganzen Welt an. Diesmal geht es nicht um teure Yachten oder schicke Kleidungsstücke. Die Defence & Security Equipment International (DSEi) gehört neben der International Defence Exhibition and Conference (IDEX) in Abu Dhabi, der Eurosatory bei Paris, der DEFEXPO in Neu Delhi und der AUSA in Washington zu den größten und bedeutendsten Rüstungsmessen der Welt. Das Logo der Messe zeigt den weißen Schriftzug DSEi auf blauem Grund mit einem markanten Fadenkreuz als Punkt über dem „i". Alle zwei Jahre organisieren die Briten die Rüstungsmesse – für die Branche gehört die Waffenschau an der Themse zu den absoluten Pflichtterminen.

Vor den großen Toren steht einer der modernsten Kampfjets, ein Traum der Militärs: Der F-35 Lightning II, hergestellt vom amerikanischen Rüstungsriesen Lockheed Martin, dem nach Umsatz größten Waffenhersteller der Welt, gemeinsam mit dem britischen Konzern BAE Systems und Northrop Grumman aus den USA, Platz zwei und vier unter den Rüstungsschmieden auf dem Globus. An der Produktion sind 1300 Zulieferer aus 47 Nationen beteiligt.[52]

Bestellt wurde der Jet bereits von neun Staaten, darunter die USA, Großbritannien, Australien, Kanada, die Türkei und Italien. Der Verkauf ins Ausland war von Anfang an beim F-35 eingeplant.[53] Weitere Kunden werden gesucht – auch auf der DSEi.

Neuer Erfolgsschlager? Für den F-35 Lightning II werden auf der Rüstungsmesse DSEi in London weitere Käufer gesucht.

Besucher der Messe zücken ihre Mobiltelefone und fotografieren den Jet. Ein Waffennarr aus Asien filmt mit einem Camcorder jede Naht und jede Schraube des Flugzeugs. Nicht nur Militärs, auch ausländische Geheimdienste seien auf den Waffenmessen aktiv, heißt es. Der F-35 kostet pro Stück je nach Typ zwischen 125 und 180 Millionen Dollar. Mehr darüber können die Besucher der DSEi in den Hallen 4, 6 und 8 erfahren; dort residieren BAE, Northtrop Grumman und Lockheed Martin vier Tage lang.

Seriöse Geschäftsleute

An dem Kampfjet schieben sich auf Einlass wartende Gäste vorbei. In einer langen Schlange stehen übergewichtige Geschäftsleute im Dreiteiler hinter schneidigen Offizieren in Ausgehuniformen mit Gold auf der Schulter, dahinter kräftige junge Männern mit Bürstenschnitt. Nur sehr wenige Frauen streben auf das ExCel-Center zu, die meisten von ihnen tragen dezente Kostüme oder Hosenanzüge. Einige wenige Besucherinnen kommen in knappen Kleidchen mit etwas zu tiefen Ausschnitten. Sie begleiten Männer mit schweren Goldketten um den Hals und breiten Uhren am Handgelenk. Sie wirken wie Exoten in einer Umgebung, die ganz betont auf Seriosität setzt. Die Botschaft der DSEi lautet: Die Rüstungsindustrie ist eine solide, verantwortungsbewusste Branche, die auf der Messe gezeigten Waffen sind Produkte wie andere auch. Die Hersteller der Panzer, Kampfjets, Fregatten, Bomben und Granaten nennen sich selbst Verteidigungs- und Sicherheitsindustrie.

Die in der Schlange wartenden Messebesucher blättern in Rüstungsfachblättern oder unterhalten sich über die großen Deals, die anstehen. Es wird viel über Saudi-Arabien gesprochen, das für 60 Milliarden Dollar in den Vereinigten Staaten Kampfjets und Helikopter einkaufen will. Auch Indien ist Thema auf der DSEi. Die Regierung in Neu Delhi will eine große Zahl von Kampfjets anschaffen: Die Rüstungsfirmen EADS, Saab und Dassault Aviation konkurrieren um den Milliardenauftrag. Der damalige deutsche Verteidigungsminister Karl-Theodor zu Guttenberg hatte auf der Luftfahrtmesse in Bangalore in Indien für den Eurofighter geworben, in dem jede Menge deutsche Technik steckt. Auch Kanzlerin Merkel hat sich bei Treffen mit indischen Regierungsmitgliedern für den EADS-Jet stark gemacht. – Ein halbes Jahr nach der DSEi wird die indische Regierung verkünden, sich für die Rafale aus Frankreich entschieden zu haben. Für 126 Flugzeuge soll Indien rund 12 Milliarden Dollar bezahlen.[54]

Einige Besucher wischen sich mit Taschentüchern den Schweiß von der Stirn. Die Septembersonne strahlt vom

43

Londoner Himmel. Im Schatten des F-35-Jets liegt „Meteor" auf dem Boden, eine Luft-Luft-Rakete des Herstellers MBDA, eines europäischen Gemeinschaftsprojekts mit Standorten in Frankreich, Großbritannien, Italien und Deutschland. Das Unternehmen liefert Hightech-Waffen für den modernen Krieg – wie den Angriff einiger NATO-Staaten auf den libyschen Despoten Gaddafi. Auch mit Geschossen von MBDA wurde der Diktator aus dem Amt gesprengt. Die Geschäfte laufen gut. Auf der DSEi gibt MBDA bekannt, dass die britische Armee neue Anti-Panzer-Raketen geordert habe.[55] Der deutsche Unternehmensteil kündigt an, stärker auf den Export setzen zu wollen. MBDA Deutschland drängt auf den indischen Markt und bietet dort die Lenkflugkörpersysteme Taurus und Pars 3 LR an.[56] Pars steht für Panzerabwehr-Raketensystem, es wird unter anderem vom Kampfhubschrauber Tiger verwendet, der von 2012 an bei der Bundeswehr eingeführt wird. 2006 bestellte die Bundeswehr 680 dieser Lenkflugkörper bei MDBA. Insgesamt soll die Entwicklung und Anschaffung von Pars 3 die Bundesrepublik rund 400 Millionen Euro kosten.[57] Die Grünen hatten vergeblich versucht, die Bestellung der Raketen zu stoppen.[58]

Ein leichter Wind treibt Geräuschfetzen auf das ExCel-Center zu. Ganz schwach sind Pfeifen, Geschrei und Durchsagen der Polizei zu hören. Demonstranten protestieren gegen die Waffenschau der Superlative. Ihre Parolen erreichen die Mitarbeiter der Waffenhersteller und deren Gäste nicht. Polizisten haben das Gelände weiträumig abgeriegelt; wer keinen Besucherausweis mitbringt, wird nicht hineingelassen. Niemand stört das Branchentreffen.

1391 Aussteller aus 46 Nationen präsentieren Kampfpanzer, Aufklärungsdrohnen, Boden-Luft-Raketen, Mörser, Handfeuerwaffen und Roboter. Mehr als 29.000 Besucher drängen sich an vier Tagen im September durch die engen Gänge, klettern in Schützenpanzer hinein und wuchten Panzerfäuste auf ihre Schultern, visieren mit Sturmgewehren imaginäre Ziele an der Hallendecke an, schleppen schwere Tüten mit Hochglanzprospekten von Stand zu Stand. Auf dem Hauptgang, der die riesigen Messehallen miteinander verbindet, verteilen Hostessen „The DSEi Daily", ein tägliches Magazin, das über Neuheiten auf der Messe, Vertragsabschlüsse und sonstige Höhepunkte des Branchentreffens berichtet. Aus 55 Ländern kommen die Delegationen des Militärs und der Verteidigungsministerien in das ExCel-Center nach London. Bei den Olympischen Spielen sollen hier unter anderem Boxer gegeneinander um Medaillen kämpfen. Auf der Messe wetteifern ergraute Herren im Dreiteiler mit Uniformierten aus Peru, Angola oder Irland um die wenigen Sitzplätze zwischen den Bagelständen, den Asia-Imbissen und den Coffeeshops. Hier trifft sich das Fußvolk der Rüstungsindustrie. Vorstände und Geschäftsführer empfangen ihre Gäste in repräsentativeren Räumen, im Restaurant auf dem Messegelände, wo ein Sternekoch am Herd steht, oder in der West Quay Bar, wo mehrere Champagnersorten angeboten werden.

Zur Eröffnung der Messe spricht ein prominenter Politiker. Der britische Verteidigungsminister Liam Fox sagt, dass Großbritannien die strengsten Rüstungsexportkontrollen der Welt habe – das Gleiche nimmt auch die Bundesregierung in Berlin für sich in Anspruch. Fox betont, welche große Bedeutung die Ausfuhren der Verteidigungsbranche für die britische Wirtschaft hätten. Die Exportkontrolle müsse flexibel bleiben. Der Arabische Frühling habe gezeigt, wie schnell sich die Umstände in einem Land ändern können. Er bekommt dafür verhaltenen Beifall der Rüstungsmanager und Militärs. Mehr Applaus bekommt der Verteidigungsminister, als er die Industrie dafür lobt, wie ausgezeichnet sie die Armee in Afghanistan ausrüste. Und dann betont er auch noch, wie großartig sich der Eurofighter Typhoon im Libyen-Krieg bewährt und die hohen Erwartungen noch übertroffen habe.[59] Wenige Wochen nach der Messe tritt Fox zurück, unter anderem, weil er einen Freund auf Dienstreisen mitgenommen und in Amtsgeheimnisse eingeweiht haben soll.

Der libysche Diktator Gaddafi wird wenige Monate nach der Messe von Rebellen getötet. Ihm trauert in der Welt der Waffen niemand nach. Die Führung des neuen Libyens kann bereits wieder ohne Auflagen Kriegsgerät bestellen. Wegen der üppigen Einnahmen aus den Rohstoffgeschäften rangiert die zahlungskräftige Regierung in Tripolis ganz weit vorn in der Zielgruppe für die kommenden großen Rüstungsdeals. Auf den nächsten Rüstungsmessen werden die Libyer von den Waffenherstellern umworben werden. Im September 2011 sind es vor allem die Delegationen aus Arabien, die die großen Rüstungsfirmen auf der DSEi hofieren. Die arabischen Herrscher investieren Milliarden in ihre Aufrüstung. Dank der gigantischen Einnahmen aus dem Ölgeschäft sind den Einkäufern kaum Grenzen gesetzt. Bahrain, Oman, die Vereinigten Arabischen Emirate und Saudi-Arabien haben Abordnungen nach London geschickt. Vor allem das Regime in Riad kauft nur das Neueste, Beste, Teuerste. Die Delegationsmitglieder sind leicht zu erkennen, sie tragen wallende weiße Gewänder oder Ausgehuniformen in Khaki. Auch in Halle 1 sind sie unterwegs.

Kampferprobtes Kriegsgerät

Dort parken Panzer, Lastwagen, Jeeps, Spezialbagger und geschützte Transportfahrzeuge. BAE Systems, Großbritanniens größtes Rüstungsunternehmen, weltweit die Nummer zwei, stellt hier seine aktuellen und künftigen Verkaufsschlager aus. Um den CV90 steht eine Traube von Messebesuchern herum. Der Rumpf des Panzers ist mit anthrazitfarbenen Platten bedeckt; sie sollen für eine ganz besondere Tarnung des Ungetüms sorgen. Wie bei den modernen Kampfflugzeugen mache es die Stealth-Technik dem Feind sehr schwer, den CV90 auf dem Radar zu orten, erzählt ein britischer Offizier einem Begleiter. Das Motto von BAE Systems heißt: „Wenn der Feind dich nicht sieht, kann er dich nicht bekämpfen." Auf einem Schild neben dem Panzer wirbt BAE Systems mit dem Prädikat „Combat prooven" – „kampferprobt". Für die Einkäufer zählt das, sie wollen Kriegsgerät, das sich im Einsatz bewährt hat.

Getarnt für das feindliche Radar: Der Panzer CV90 werde die Kriegsführung revolutionieren, behauptet der Hersteller BAE Systems.

Das bietet auch der Warrior, also „Krieger" getaufter Schützenpanzer, von Lockheed Martin. Seit mehr als 30 Jahren ist der Panzer auf dem Markt und gehört damit wortwörtlich zum alten Eisen. Lockheed hat deswegen ein umfassendes Modernisierungspaket entwickelt: Die Panzerung soll verbessert, die Feuerkraft erhöht und die Mobilität gesteigert werden – und all das zu einem niedrigen Preis, verspricht der Hersteller. Ein wenig klingen die Lockheed-Martin-Mitarbeiter wie die Mechaniker in einer Tuning-Werkstatt für Sportautos. Ihre Argumente überzeugen das Ministry of Defence. Die britischen Streitkräfte wollen rund eine Milliarde Pfund in die Modernisierung des Schützenpanzers investieren.[60] Bis 2040 sollen die Warrior dann noch rollen – in den aktuellen Einsätzen und in den Konflikten, die da noch kommen mögen. Zu den Partnern des Modernisierungsprogramms gehört auch die deutsche Nummer eins der Rüstungsproduktion: Rheinmetall aus Düsseldorf.[61] Das Unternehmen hat in der ganzen Welt bei Militärs und Rüstungsexperten einen ausgezeichneten Ruf, wenn es um Kanonen, Panzerungen und Munition geht. Den Warrior stattet Rheinmetall mit dem Geschützturm aus. Auch für einen deutschen Schützenpanzer wird auf der DSEi geworben: Rheinmetall bietet mit seinem Partner Krauss-Maffei Wegmann (KMW) den gemeinsam entwickelten Puma an.[62] Der Panzer wird gerade bei der Bundeswehr eingeführt. Der Puma gilt als absolutes Premiumprodukt auf dem Markt, aber auch als ziemlich teuer. Rund sieben Millionen Euro zahlt die Bundeswehr pro Exemplar; bei diesen Preisen hat sich bisher noch kein anderer Kunde gefunden.

Auch die Bundeswehr scheut die steigenden Kosten. 410 Puma hatte die Bundeswehr bestellt, nun will Verteidigungsminister de Maizière nur noch 350 Stück abnehmen. Im Juli 2012 verkündete sein Sprecher auf der Bundespressekonferenz, dass mit den beteiligten Firmen eine Reduzierung vereinbart worden sei.[63] Die Financial Times Deutschland berichtete, dass dadurch die Kosten des Rüstungsprojekts um rund 340 Millionen Euro auf insgesamt fast vier Milliarden Euro sinken dürften. Richtig sparen werde der Bund damit aber nicht, denn als Ausgleich wird das Verteidigungsministerium bei den Puma-Herstellern mehr Boxer und andere Fahrzeuge abnehmen als bisher geplant. Am 6. Dezember 2010 übergab das Konsortium von Rheinmetall und KMW die ersten Fahrzeuge an die Truppe. Den Puma gibt es auf der DSEi lediglich hinter Glas in Miniaturgröße zu bestaunen, im Maßstab 1:50 am Stand von KMW. Gemeinsam mit Rheinmetall und anderen deutschen Rüstungsschmieden baut KMW außerdem den Kampfpanzer Leopard 2, die Panzerhaubitze 2000, das Transportfahrzeug Boxer und das Armoured Multi Purpose Vehicle (AMPV) – ein „konsequent auf militärische ‚Out of Area'-Einsätze ausgelegtes Führungs- und Funktionsfahrzeug", wie die Hersteller werben.[64]

Vor den Panzern in Halle 1 stehen britische Soldaten, die den Besuchern Fragen zum ausgestellten Kriegsgerät beantworten. Auch die französische Armee hat Soldaten nach London entsandt, die Transportpanzer und Waffen auf der Messe vorführen, um ihre Rüstungsfirmen zu unterstützen. Bei einer Präsentation laufen Panzergrenadiere des französischen Heeres in voller Ausrüstung mit Waffen im Anschlag durch eine Halle. Verwundert bleiben Messebesucher stehen, schauen dem Spektakel zu. Ein Offizier steht mit einem Mikrofon in der Hand auf einem Schützenpanzer und kommentiert die Aktionen der Soldaten. Ein Infanterist sinkt plötzlich zu Boden. Er sei getroffen worden und müsse nun aus der Gefahrenzone gebracht werden, sagt der Offizier am Mikrofon. Schon laufen die Kameraden des am Boden liegenden Infanteristen vor, packen ihn an der Schutzweste und ziehen ihn aus dem imaginären Gefahrenbereich. Dann lobt der Offizier ein wenig die Ausstattung der französischen Soldaten und lädt ein, einen in Frankreich produzierten Schützenpanzer näher zu betrachten. Die Präsentation endet – vive la France.

Verkaufsförderung made in Germany

Die Bundeswehr hat die „Braunschweig" nach London entsandt. Die Korvette hat an den Royal Victoria Docks festgemacht. Beim „Open Ship" besichtigen die Messegäste das Schiff, drängen durch die Gänge an Bord, befragen die Mannschaft zu Waffen, Manövrierfähigkeit und Geschwindigkeit. Die Korvette der Klasse 130 schaukelt mit anderen Kriegsschiffen vor dem Messezentrum auf der Themse. Die Braunschweig gehört zu den modernsten Korvetten der Welt, gebaut bei Blohm + Voss in Hamburg. Rund 250 Millionen Euro kostet eines dieser Schiffe. Solche Preise können nur wenige Staaten auf der Welt bezahlen.

Ein Staat, der solche Ausgaben nicht scheut, ist Südafrika. Das Land kaufte vier Korvetten vom Typ MEKO-A 200 in Deutschland.[65] Südafrika belegt im Human Development

Index des Entwicklungsprogramms der Vereinten Nationen (UNDP) nur Platz 123 und liegt damit im letzten Viertel. Der südafrikanischen Regierung fehlen die Finanzmittel, um Medikamente für die Abertausenden Aidskranken im Land zu beschaffen – dennoch gibt sie Milliarden für Waffen aus. Der Deal mit den deutschen Schiffbauern liegt nun eine Weile zurück, und die deutschen Werften brauchen neue Abnehmer. Da die Bundeswehr bei Rüstungsausgaben spart und die deutsche Marine immer kleiner wird, suchen sie nach Käufern im Ausland. Neben der Braunschweig haben Kriegsschiffe der britischen, norwegischen und französischen Marine festgemacht. Im Hintergrund ragen alte Kräne in den Himmel, Möwen fliegen kreischend vorbei.

Werft mit Tradition: Bei Blohm + Voss in Hamburg wurden Kriegsschiffe für den Kaiser, für den Führer und später für die Bundesmarine gebaut.

Vom Kai mit den Kriegsschiffen gelangen die Besucher über eine Treppe in Halle 7. Dort hängt die deutsche Flagge von der Decke, versehen mit dem Schriftzug „German Defence Technology". Zur Verteidigung sind aber längst nicht alle

Waffensysteme gedacht, die hier am deutschen Pavillon gezeigt werden. Unter den deutschen Ausstellern haben Rheinmetall und Krauss-Maffei Wegmann die imposantesten Stände. KMW präsentiert einen Dingo 2, ein geschütztes Transportfahrzeug, mit dem die Bundeswehr in Afghanistan unterwegs ist. Bisher sei noch kein deutscher Soldat in einem Dingo gestorben, sagt ein Mitarbeiter des Münchner Unternehmens. Er nennt das Fahrzeug einen „Lebensretter". KMW hat griffige Botschaften parat, die gar nicht nach Krieg klingen.

Auch Rheinmetall führt seinen potenziellen Kunden einige Highlights aus der aktuellen Produktion vor. Der Geschützturm eines Panzers ist zu sehen, Dutzende Hand- und Artilleriegranaten, Panzermunition und elektronische Optik. Im Obergeschoss des Standes sitzen Verkäufer mit Kunden an kleinen Tischen zusammen und sprechen über die Details. Rheinmetall präsentiert sich auf der Messe unter dem Motto „Force Protection is our Mission" – „Schutz der Einsatzkräfte ist unsere Mission". Auf der DSEi kündigt der deutsche Rüstungshersteller ein „neues schweres Maschinengewehr für das neue Jahrhundert" an. Das MG soll bei der Bundeswehr einen in die Jahre gekommenen Vorgänger ersetzen.

Der deutsche Pavillon wird von der Gruppe Wehrtechnische Messen (GWM) organisiert, eine Unterabteilung des Bundesverbands der Deutschen Sicherheits- und Verteidigungsindustrie (BDSV). „Hauptziel der GWM ist es, im Rahmen eines deutschen Gemeinschaftsstandes die hohe Leistungsfähigkeit der deutschen wehrtechnischen Unternehmen konzentriert und übersichtlich auf einer gemeinsamen Fläche auf bedeutenden internationalen Messen zu präsentieren", verkündet die GWM über sich selbst.[66] Auf der Messe in London bietet die GWM geladenen Besuchern deftige deutsche Küche und leichte Häppchen in einem separaten Raum an. Dort können die Deutschen und ihre internationalen Gäste vom Messetrubel pausieren und ungestört über Geschäfte sprechen.

Der Slogan „made in Germany" ist auf dem weltweiten Waffenmarkt ein starkes Verkaufsargument. Die Gruppe Wehrtechnische Messen (GWM) wirbt 2012 auf Messen in Katar, Jordanien, China, Indien, Brasilien und Pakistan für deutsche Wertarbeit.

Im deutschen Pavillon präsentieren sich ganz unterschiedliche Firmen – die meisten produzieren nicht ausschließlich Rüstungsgüter. Zu diesen Mischkonzernen mit mehreren Standbeinen gehört Rohde & Schwarz. Das Unternehmen aus München zeigt auf der DSEi seine Produkte für das Militär. Darunter sind die Funkgeräte R&S M3TR und R&S M3SR, entwickelt für Heer, Marine, Grenzschutz und Polizei. Auf der Messe verkündet das Münchner Unternehmen, dass seine Geräte an Bord zweier britischer Flugzeugträger zum Einsatz kommen sollen. In mehr als 70 Ländern bietet Rohde & Schwarz seinen Service an, rund 8400 Mitarbeiter beschäftigt das Unternehmen und es erwirtschaftete im Geschäftsjahr 2010/2011 einen Umsatz von 1,6 Milliarden Euro. Bekannt ist Rohde & Schwarz für seine Mess-, Rundfunk- und Kommunikationstechnik. Dass Rohde & Schwarz beim Militärfunk zu den Weltmarktführern gehört, wissen nur Insider.

Reporter unerwünscht

Wie begehrt deutsche Waffen in der ganzen Welt sind, zeigt sich auch an einem kleinen Stand am Rand des deutschen Pavillons: Dort präsentiert Heckler & Koch aus Oberndorf in Baden-Württemberg seine Gewehre und Maschinenpistolen. Zwei große Würfel mit dem Logo des Unternehmens drehen sich über dem Stand, knallrot leuchten darauf die Buchstaben HK. Sie stehen in der Welt der Militärs für Qualität made in Germany.

Die graumetallischen Wände hängen voller Waffen: Drei Varianten des G36 werden gezeigt, das Standardgewehr der Bundeswehr, 750 Schuss in der Minute. Daneben hängen die Sturmgewehre HK416, Kaliber 5,56 mm x 45, 850 Schuss in der Minute, und HK417, Kaliber 7,62 mm x 51, 600 Schuss pro Minute. Mit beiden Sturmgewehren versucht Heckler & Koch, den wichtigen US-Markt zu erobern, noch mit geringem Erfolg, Großaufträge blieben aus. Bisher nutzen diese beiden Gewehre lediglich Spezialeinheiten wie die Navy Seals, die

Osama bin Laden jagten. Doch in den nächsten Jahren brauchen auch das Heer und die Marines neue Sturmgewehre. Amerikanische und europäische Unternehmen bewerben sich um den Großauftrag. Die Konkurrenz ist hart. Heckler & Koch könnte einen Großauftrag gut gebrauchen. 2010 richtete das Oberndorfer Unternehmen eine Fabrik in New Hampshire ein, um das Geschäft in den Vereinigten Staaten auszuweiten. In Großbritannien hat Heckler & Koch bereits seit Jahrzehnten eine Niederlassung. Einen prestigeträchtigen Auftrag für ein neues Gewehr, Kaliber 7,62, vergab das britische Verteidigungsministerium (MoD) dennoch an die Konkurrenz, obwohl Heckler & Koch mit dem HK417 in die letzte Auswahlrunde gekommen war. Ein kleiner und kaum bekannter Gewehrbauer habe die Tester im Gegensatz zu den Deutschen überzeugt, berichtete im Dezember 2010 das Waffenmagazin *Combat Arms*.[67]

In Deutschland und innerhalb der NATO sollen nun das Maschinengewehr MG4 und die Maschinenpistole MP7 für Absatz sorgen. Mit ihnen sind die deutschen Truppengattungen ausgerüstet, die in Afghanistan eingesetzt werden.[68] Beide Waffen gehören zum Aufrüstungsprogramm Infanterist der Zukunft. „Die Maschinenpistole MP7 ist leicht zu handhaben", schwärmt das Bundeswehr-Magazin *Y* über das Produkt aus dem Hause Heckler & Koch. „Was hat Ihnen an der MP7 besonders gefallen?", fragt die Redaktion einen Soldaten, der mit der MP in Afghanistan unterwegs war. „Dass die Waffe trotz ihrer kleinen Größe und feinen Mechanik fast nie eine Störung hatte", antwortet der Oberfeldwebel. Und ergänzt: „Die MP7 ist eine kleine, kompakte Waffe, die bis 100 Meter Kampfentfernung super ist." Die Bundeswehr ist ein wichtiger Referenzkunde für Heckler & Koch. Wenn die Truppe neue Produkte aus Oberndorf einführt, dann verkaufen sich die Waffen leichter im Ausland. Die jordanischen Spezialkräfte wurden bereits als Kunde gewonnen. Sie haben die MP7 für ihre Sonderkommandos angeschafft. Jordanien gehört seit Langem zu den Kunden von Heckler & Koch.[69]

Die Schießgeräte locken auf der DSEi zahlreiche Fans, Kunden und Interessierte an. Soldaten in Ausgehuniformen und zivile Einkäufer stehen vor dem Stand an, um die Waffen aus der Nähe ansehen zu können. Reporter sind hier nicht willkommen. Wie der Wettkampf auf dem US-Markt läuft, ob auf der DSEi neue Geschäfte geschlossen wurden, welche Waffe besonders gefragt ist – dazu gibt es bei Heckler & Koch keine Auskunft für Journalisten. „Wir haben kein Interesse an der Presse", sagt ein Mitarbeiter energisch. „Die Presse in Deutschland ist links, eine neutrale Berichterstattung gibt es nicht." Er schimpft so laut, dass sich britische Soldaten erschreckt umdrehen, mit den bewunderten Gewehren in den Händen.

Um mehr Informationen über Heckler&Koch-Waffen zu bekommen, muss man nur wenige Meter weiter gehen. Direkt neben dem deutschen Pavillon hat ein pakistanischer Konzern seinen Stand aufgebaut. Auch dort werden Sturmgewehre und Maschinenpistolen ausgestellt, die in Oberndorf entwickelt wurden. Grün-weiß ist der Stand der Pakistan Ordnance Factory (POF) gehalten, in den Landesfarben Pakistans. Die Firma gehört dem Militär, sie wurde 1951 gegründet, um die Armee auszurüsten. Die POF beschäftigt etwa 26.000 Angestellte, Heckler & Koch momentan rund 700. Die Pakistan Ordnance Factory produziert in der Nähe von Islamabad seit den 1970er-Jahren das Sturmgewehr G3 aus Deutschland. Die POF baut neben dem G3 noch die Maschinenpistole MP5 nach, die ebenfalls von Heckler & Koch entwickelt wurde.

Der Stand der POF wirkt mindestens dreimal so groß wie der von Heckler & Koch. Drei weiße Säulen erinnern an orientalische Prachtbauten. Das G3 hängt am Stand der POF in einer Glasvitrine neben mehreren Maschinenpistolen. Vor der Vitrine liegt ein roter Teppich. Darauf steht Naeem Ahmed, Verkäufer der POF, in glänzenden Lackschuhen, lavendelfarbenem Hemd und eng geschnittenem Anzug. „Qualität aus Deutschland, hergestellt in Pakistan", sagt er und meint das G3. Die pakistanische Armee setze das Gewehr im Kampf gegen die Taliban ein, erzählt Naeem Ahmed.

Über den Export möchte der POF-Mitarbeiter ungern sprechen. Auf seiner Visitenkarte steht zwar „Export Division". Naeem Ahmed sagt aber, die POF produziere ausschließlich für die pakistanische Armee. „Exporte sind Aufgabe des Verteidigungsministeriums", sagt er. Eine kleine Broschüre, die am Stand ausliegt, verrät mehr: Die Pakistan Ordnance Factory exportiere ihre Waffen in mehr als 40 Länder: „POF-Produkte sind in der ganzen Welt bekannt für ihre Leistungsfähigkeit und Qualität."

Die POF aus Pakistan bietet nicht als einziges Unternehmen Nachbauten von Heckler-&-Koch-Waffen auf der DSEi an. Eine Halle weiter hängen wieder G3-Gewehre an einem Stand. Diesmal bei der Makina Ve Kimya Endüstrisi Kurumu (MKEK) aus der Türkei. Auch die staatliche Rüstungsschmiede MKEK produziert G3 und MP5 in Lizenz. Ein Mitarbeiter sagt, dass er und seine Kollegen mit großem

Sturmgewehre, Maschinenpistolen und Granaten: Die türkische Firma MKEK präsentiert auf der DSEi ihre Produkte.

Interesse verfolgen, dass nun Saudi-Arabien das G36 von Heckler & Koch nachbaut. Das sei auch für die MKEK interessant. Er gibt dem Reporter eine CD-Rom mit einem Imagefilm. Die MEK präsentiert sich darin als Hersteller von zahlreichen Waffentypen und Zubehör, von A wie Artillerie bis Z wie Zielfernrohr. Zu sehen sind auch türkische Soldaten, die mit dem G3 aus einem Außenposten heraus schießen. Ob die Aufnahmen auf einem Übungsplatz oder im Kampfgebiet gemacht wurden, auf wen oder was die Männer feuern, ist nicht zu sehen. Generell reden die Mitarbeiter an den meisten Ständen nicht über den Export. Das gilt besonders für die Unternehmen, die vor allem für ihre zivilen Produkte bekannt sind. Mancher Aussteller auf der DSEi möchte außerhalb des Waffenbusiness nicht als Rüstungsunternehmen wahrgenommen werden. Viele bekannte europäische und amerikanische Autobauer sind auf der Messe mit Militärfahrzeugen vertreten, darunter Iveco, Jeep, Mercedes Benz und Renault.

Kriegsspiele fürs Publikum

Am Ende der Messe, in Halle 11, präsentieren die Hersteller von Drohnen und Robotern einen besonderen Action-Bereich. Sie haben ein Gelände aufgebaut, das an Afghanistan erinnern soll. Häuser aus Kunststoff stehen da, ein Autowrack, Mauern, die Deckung geben. Schauspieler in Uniform oder Talibankostüm – darunter ehemalige Militärs – spielen dort ein Kampfszenario nach. Sie schießen mit Platzpatronen, steuern kleine Drohnen und wuchtige Roboter durch die Kriegslandschaft. Die Guten, also die in den Uniformen, gewinnen. Bomben werden entschärft, kein Zivilist kommt zu Schaden – denn es kommen keine Unbewaffneten in dem Kriegsspiel vor. In den Vorführungen sieht der Krieg so einfach aus. Der Einsatz von Robotern sei die Zukunft des Krieges, da sind sich Militärs und Industrievertreter im Publikum einig.

Unbemannte Kriegsführung: Der Einsatz von Robotern soll die Verluste von Soldaten reduzieren. Dieses Exemplar hilft beim Entschärfen von Sprengfallen.

Sie tauschen sich nicht nur auf der DSEi aus. Abends, wenn die Messetore schließen, treffen sich Waffenverkäufer und Kunden in Pubs auf ein Bier oder in den feinen Londoner Clubs zum Champagner-Empfang. Wer das Messegelände verlässt, wird von den Männern der privaten Sicherheitsdienste gebeten, die blauen Bänder, an denen man den Besucherausweis um den Hals trägt, abzunehmen. „Warum?", fragen einige der Besucher verwundert. „Es dient Ihrer eigenen Sicherheit, Sir", antwortet einer der Security-Leute. Ein erfahrener Messegast erzählt in der Bahn, wie es zu dieser Sicherheitsmaßnahme kam. In den vergangenen Jahren seien DSEi-Besucher außerhalb des Messegeländes von Friedensaktivisten beschimpft worden. „Spinner", sagt ein anderer Mann, der sich im Gedränge der Bahn in das Gespräch einmischt. „Nicht Waffen töten Menschen, Menschen töten

Menschen", prustet ein Dicker heraus, die Gruppe lacht. „Bis morgen", sagen die Männer und steigen aus. Keiner trägt mehr den Besucherausweis der DSEi um den Hals.

Vier Tage lang dauert die Messe, am letzten Tag gehen viele Mitarbeiter der Rüstungsfirmen feiern. Dann prosten sich die Herren und Damen der Exportabteilungen zu, stoßen auf gute Vertragsabschlüsse an und verabreden sich für den Oktober. Im Herbst trifft sich die Waffenbranche erneut, dann in Paris zur Milipol. Spätestens im Februar sieht man sich in Abu Dhabi wieder, auf der IDEX. In der Woche nach der DSEi verbreitet die Messeleitung Jubelstimmung: In einer Mitteilung an die Presse feiert sie „die erfolgreichste DSEi aller Zeiten". Fast 20 Prozent mehr Fachbesucher als 2009. Und schon beginnt die Werbung für die DSEi 2013, die erneut eine der größten Rüstungsmessen der Welt werden soll.

3 KRIEG IST GUT FÜRS GESCHÄFT

Südlich von Misrata schlugen die Eurofighter-Piloten am 12. April 2011 zu. Sie hatten in der Nähe der Stadt am Mittelmeer libysche Panzer am Boden ausgemacht und gingen zum Angriff über. Ein Kampfflugzeug nahm sein Ziel ins Visier, klinkte Bomben aus und verwandelte zwei der Panzer in Wracks.

In Libyen habe der Eurofighter erstmals in einem Kriegseinsatz bewiesen, dass er nicht nur den Luftkampf, sondern auch die Luft-Boden-Rolle beherrscht, also den Kampf gegen Panzer, Radaranlagen und Flugabwehrgeschütze, sagten Vertreter der britischen Armee und Mitarbeiter von EADS. Mehr als 300 Kampfeinsätze seien die Eurofighter im Libyen-Krieg geflogen und hätten dabei rund 70 Bomben abgeworfen, erklärte das britische Militär im September 2011.

Eine internationale Allianz, angeführt von Frankreich, Großbritannien und den Vereinigten Staaten, hatte mit Kampfjets, Marschflugkörpern und Schiffsartillerie in den Kampf zwischen Muammar al-Gaddafi und den Rebellen eingegriffen. Im Februar 2011 war der Konflikt zwischen dem Diktator und seinen politischen Gegnern eskaliert. Gaddafi ließ Soldaten und Paramilitärs auf Demonstranten schießen. Allein in Tripolis sollen am 20. und 21. Februar rund 200 Regimegegner getötet worden sein. Im Osten organisierte sich der Widerstand gegen den Despoten, ein nationaler Übergangsrat bildete sich und rekrutierte Kämpfer. Ein Bürgerkrieg begann. Am 17. März 2011 reagierte der Sicherheitsrat der Vereinten Nationen auf die Gewalt in Libyen und erließ die Resolution 1973. Diese ermächtigte die Mitgliedsstaaten der UN, eine Flugverbotszone einzurichten und Angriffe auf Zivilisten auch mit militärischen Mitteln zu stoppen. Daraufhin griffen Frankreich, Großbritannien,

Italien und die Vereinigten Staaten mit Unterstützung von Belgien, Kanada, Norwegen, Schweden, Spanien und anderen NATO-Staaten auf Seite der Rebellen in den Bürgerkrieg ein. In die Allianz der Gaddafi-Gegner reihten sich zudem Katar und die Vereinigten Arabischen Emirate ein.

Die Truppen des libyschen Diktators Muammar al-Gaddafi hatten bereits fast die Rebellenhochburg Bengasi erreicht, als französische Kampfjets die Angreifer am 19. März zerstörten. Am selben Tag begann die Anti-Gaddafi-Allianz, eine Seeblockade zu errichten. Schnell weiteten die in Libyen engagierten NATO-Staaten die Luftangriffe aus.

Deutschland beteiligte sich nicht an dem Krieg, löste vorübergehend seine Kriegsschiffe im Mittelmeer aus NATO-Verbänden heraus. Die Bundesregierung hatte sich bereits beim Beschluss der Resolution 1973 im Weltsicherheitsrat enthalten. In Deutschland entwickelte Waffen und hergestellte Rüstungsgüter wurden dennoch im Libyen-Krieg eingesetzt – auf allen Seiten.

Die libysche Feuertaufe

Sechs Tage nach dem Angriff auf die Panzer schlugen britische Eurofighter erneut erfolgreich zu. Sie zerstörten eine Kommunikationseinrichtung der libyschen Armee. Auch wenn deutsche Kampfjets nicht an den Attacken in Libyen teilnahmen, verfolgte die Luftwaffe der Bundeswehr die Missionen der Eurofighter über Nordafrika mit großem Interesse. Sie stellte fest: „Der Einsatz britischer Eurofighter im Libyen-Konflikt hat gezeigt, dass sich erfolgreiche Luftstreitkräfte auf eine Vielzahl denkbarer Szenarien einstellen müssen." Gerade die Mehrzweck-Kampfflugzeuge müssten „wahre Alleskönner" sein. Angriffe auf Bodenziele waren für den Jet aber nicht vorgesehen, als er in den 1980er-Jahren entwickelt wurde.

Der Eurofighter wurde für den Einsatz im Kalten Krieg entworfen. Konzipiert wurde das Kampfflugzeug zum Einsatz gegen sowjetische MiG-Jets. Erste Entwürfe hatte der deutsche Rüstungskonzern Messerschmitt-Bölkow-Blohm (MBB) vorgelegt, zunächst noch unter dem Namen Taktisches Kampfflugzeug 90. MBB ging später in der DASA auf und wurde von dessen Mutterkonzern Daimler an EADS abgegeben. 1986 wurde die Eurofighter Jagdflugzeug GmbH gegründet, die das neue Kampfflugzeug zur Marktreife brachte. Die Gesellschaft gehört heute den EADS-Töchtern Cassidian aus Deutschland und CASA aus Spanien sowie dem britischen Unternehmen BAE Systems und Alenia Aeronautica aus Italien.[70]

Der Eurofighter habe im libyschen Kampfgebiet eine gute Figur gemacht, stellten britische Piloten fest. In den Konzernzentralen von EADS, BAE und Alenia Aeronautica wurden der Libyen-Krieg und der Einsatz der eigenen Flugzeuge intensiv begleitet. Schließlich soll der Eurofighter Typhoon zukünftig stärker in den Export gehen. Bisher haben neben den Entwicklerstaaten Deutschland, Italien, Spanien und Großbritannien nur Österreich und Saudi-Arabien den Eurofighter gekauft. Die Konkurrenz ist groß: Allein im westlichen Europa werden drei leistungsstarke Jets gebaut. Den militärischen Flugzeugmarkt beherrschen jedoch Rüstungsunternehmen aus den Vereinigten Staaten und Russland. Die Eurofighter-Hersteller können davon ausgehen, dass mit den ersten Kampfeinsätzen ihres Jets das Interesse im Ausland steigen wird.

Denn Staaten, die neue Kampfjets anschaffen wollen, schauen sich die Einsätze des Eurofighters in Libyen ganz genau an. EADS kann nun wie die Konkurrenz aus den USA, Frankreich und Schweden mit dem Gütesiegel „battle prooven" werben. Die schwedische Luftwaffe setzte in Libyen erstmals den Kampfjet Gripen von Saab ein. Die französischen Streitkräfte ließen die Rafale von Dassault Aviation zum Angreifen aufsteigen. Und die Amerikaner griffen auf mehrere Jet-Typen zurück, die von Boeing und Northrop Grumman produziert werden.[71]

Während der Krieg gegen Libyen lief, entschied Indien über den Kauf eines neuen Kampfjettyps und verhandelte auch mit der Eurofighter Jagdflugzeug GmbH. Beim Werben in Indien konnte EADS auf die Hilfe der Bundesregierung zählen. Die Bundeswehr stellte einige Jets samt Besatzung bereit, die in Indien den Eurofighter vorführten.[72] Auch die Schweiz prüfte zum Zeitpunkt der ersten Angriffe auf Tripolis noch, bei welchem Hersteller die Eidgenossen neue Jagdflieger ordern wollten. Um den Auftrag der Eidgenossen hatte sich das Eurofighter-Konsortium ebenfalls beworben. Bessere Verkaufsargumente als erfolgreiche Kriegseinsätze gibt es in der Welt der Waffen nicht. Dänemark, Katar, Oman, Südkorea und die Vereinigten Arabischen Emirate gelten als potenzielle Kunden für den Eurofighter. In Abu Dhabi warb im Juni 2012 Verteidigungsminister Thomas de Maizière für den Eurofighter. Er sprach bei seinem Staatsbesuch über den Verkauf von 60 Kampfjets, meldete die Nachrichtenagentur dpa. Demnach habe der Minister berichtet: „Die Gespräche sind vielversprechend."[73] Um den Milliardenauftrag bewerben sich aber auch erneut Konkurrenten aus Frankreich und den USA. Medienberichte mutmaßen, dass BAE Systems, das für den Export der Maschine zuständig ist, bereits mehreren Interessenten Angebote vorgelegt habe.

„Eurofighter besteht libysche Feuertaufe", lobte ein britisches Rüstungsmagazin nach den ersten Angriffen des Jets auf Bodenziele.[74] Die Operation in Libyen habe der Armee die Möglichkeit gegeben, den britischen Steuerzahlern zu zeigen, dass die Investitionen in den Eurofighter richtig gewesen seien, heißt es in einem Artikel. Direkt neben dem Text steht eine Anzeige für den Eurofighter Typhoon mit den Logos der Produzenten: Alenia Aeronautica, BAE Systems und Cassidian, der EADS-Tochter. „Die ultimative Wahl", steht unter dem Bild eines Jets, der auf den Leser zuzurasen scheint. 100.000 Arbeitsplätze seien durch das Eurofighter-Programm gesichert. Schutz und Abschreckung biete der Jet, werben die Hersteller, „mit der Garantie der absoluten Überlegenheit gegen alle aktuellen Bedrohungen".[75] Die EADS-Tochter Cassidian produziert das Mittelteil des Jets in den Werken in Augsburg, Lemwerder und Manching.

Cassidian ist zudem für das Flugregelsystem, die Radarsignatur und den Waffenrechner zuständig. Ohne die Technik aus Deutschland könnten die Eurofighter-Piloten keine Rakete oder Bombe ins Ziel bringen. Auch die Bordwaffe des Eurofighter-Jets stammt von einem deutschen Hersteller. Die Maschinenkanone Mauser BK-27, produziert von Rheinmetall Waffe und Munition im baden-württembergischen Oberndorf, steckt in jedem Eurofighter-Jet. „Die kompakte und leichte Waffe zeichnet sich aus durch hohe Treffgenauigkeit, Zuverlässigkeit und eine umfangreiche Munitionsfamilie", wirbt Rheinmetall. Das Unternehmen bietet auch die passende Munition für die Maschinenkanone an. Die Geschosse eigneten sich auch zum Bekämpfen von gehärteten Zielen am Boden. Bewährt hat sich die Kanone in einem anderen europäischen Jet, der bei zahlreichen Kampfeinsätzen von NATO-Staaten und anderen Nationen verwendet wurde: Der Panavia Tornado hat ebenfalls eine Maschinenkanone von Rheinmetall an Bord.

„Sehr positive Rückmeldungen"

Auch den Tornado-Kampfjet setzten die Briten in Libyen zu Angriffen auf Bodenziele ein. In dem Jagdbomber steckt neben der Bordkanone weitere deutsche Technik. 1999 wurde der letzte Tornado gebaut und an Saudi-Arabien ausgeliefert. Das Tornado-Programm, das die Panavia Aircraft GmbH mit Sitz in München betreut, läuft aber weiter, solange noch Maschinen im Einsatz sind. An Panavia Aircraft ist EADS Deutschland mit 42,5 Prozent beteiligt. Auch der wichtigste Kampfhelikopter des Eurocopter-Konzerns, ebenfalls eine Tochter von EADS, war in Libyen im Einsatz. Anfang Juni 2011 flogen erstmals Tiger-Helikopter der französischen Armee Angriffe gegen Fahrzeuge der libyschen Truppen.[76] Mit dem Tiger, einem deutsch-französischen Gemeinschaftsprojekt, können Bodenziele präziser angegriffen werden als mit Bombern oder Jets.[77]

Deutsche Munitions- und Raketenhersteller waren am Libyen-Krieg beteiligt. Da die von Frankreich, Großbritannien, Italien und Spanien eingesetzten Flugzeuge und Kampfhubschrauber unter anderem Munition vom europäischen Rüstungskonzern MBDA verschossen, profitierte auch dessen deutsche Tochter von dem Krieg. An MBDA ist EADS mit 37,5 Prozent beteiligt. MBDA Deutschland ist aus dem zu EADS gehörenden Unternehmen LFK-Lenkflugkörpersysteme GmbH entstanden. EADS hat die LFK 2006 in den Raketenkonzern eingebracht.[78] MBDA Deutschland stellt im bayerischen Schrobenhausen unter anderem Raketen her. Dessen Tochter Bayern-Chemie wiederum produziert Antriebe, die in mehreren Raketen verschiedener MBDA-Beteiligungen stecken – auch in einer Anti-Radar-Rakete, die im Libyen-Krieg eingesetzt wurde. „Wir haben von unseren Kunden mit Blick auf die Einsätze in Afghanistan, Libyen und der Elfenbeinküste sehr positive Rückmeldungen erhalten", sagte Antoine Bouvier, Chef des Raketenherstellers. „Dies gilt für die MBDA-Produkte und unsere Unterstützung für die Streitkräfte."[79]

Von einem anderen Kunden bekam MBDA keine positive Rückmeldung nach dem Krieg. Er wurde im Oktober 2011 von Kämpfern der Rebellen getötet: Muammar al-Gaddafi war vor der Revolution in seinem Land von MBDA mit Panzerabwehrraketen vom Typ Milan 3 ausgerüstet worden.[80] Gaddafis Regime habe 168 Millionen Euro für die Raketen bezahlt, berichten die Kritischen Aktionäre Daimler. Die Organisation prangerte auf der Konzern-Hauptversammlung 2011 die Geschäfte des Autobauers an. „Die Anti-Panzerrakete werde als eine besonders präzise schießende Waffe, die ein ‚verbessertes Tötungspotenzial' kennzeichne, beworben."[81] Daimler ist einer der größten Aktionäre von EADS und damit indirekt auch an MBDA beteiligt.

Gaddafi wurde bis zum Ausbruch des Arabischen Frühlings von den europäischen Rüstungskonzernen hofiert. EADS hatte in Tripolis eine Hauptstadtrepräsentanz eingerichtet. Die Tochter EADS International Libya residiert im

Al Fatah Tower, ganz in der Nähe des Mittelmeers. Unternehmensvertreter warben beim Regime für weitere Aufträge. Andere große Rüstungskonzerne agierten ähnlich. Libysche Delegationen wurden auf Rüstungsmessen in Europa empfangen – auch auf der Rüstungsmesse DSEi in London 2009.[82] Das Milan-Raketen-Geschäft zwischen MBDA und Libyen lief über MBDA Frankreich ab. Die Franzosen sollen zuvor die deutsche Regierung über den geplanten Verkauf der Flugkörper an den Diktator informiert haben – schließlich ist das Milan-Programm ein Gemeinschaftsprojekt. Die Große Koalition unter Kanzlerin Merkel habe dem Deal mit Gaddafi zugestimmt, berichtet das *Handelsblatt*. Bestätigen wollten das die zuständigen Behörden nicht. 2007 wurde der Vertrag geschlossen, die Regierungen von Jacques Chirac und Gaddafi hatten zuvor lange verhandelt. Deswegen sei es nur logisch, dass das Geschäft nun auch in die Tat umgesetzt werde, sagte der damalige französische Verteidigungsminister Hervé Morin 2007. Frankreich kündigte eine umfassende militärische Kooperation mit Libyen an. Außer den Milan-Raketen von MBDA lieferte Frankreich auch noch Kommunikationsgeräte für rund 130 Millionen Euro an das Regime in Tripolis.[83] Skrupel, Geschäfte mit dem libyschen Diktator zu machen, kannte die französische Regierung nicht. Schließlich verkauften auch Italien und Russland Waffen an Libyen.[84]

Die Raketen wurden 2009 von Frankreich an das nordafrikanische Land geliefert. Die Abschussanlagen für die Panzerabwehrraketen stellte MBDA Deutschland her. „Wir sind stolz darauf, unseren Kunden ein so leistungsfähiges System anbieten zu können, das gegen ein breites Zielspektrum eingesetzt werden kann", sagte Werner Kaltenegger, Geschäftsführer von MBDA Deutschland nach Tests mit dem Raketensystem im Jahr 2008. Insgesamt habe MBDA 360.000 Milan-Lenkflugkörper und rund 10.000 dazugehörige Waffenanlagen weltweit verkauft. Die Trefferquote bei insgesamt 100.000 durchgeführten Schüssen liege bei 95 Prozent.[85]

Auch die Rebellen kamen im Bürgerkrieg an Milan-Raketen, berichteten Reporter. Katar, das zur Allianz der Gaddafi-Gegner gehörte, soll zahlreiche Panzerabwehrraketen an die Feinde des Diktators geliefert haben. Im Libyen-Krieg nutzten demnach alle Parteien Waffen von EADS oder von dessen Töchtern.[86] Nach dem Krieg sollen westliche Geheimdienste versucht haben, von den Rebellen möglichst viele Raketen aufzukaufen, damit diese nicht in die Hände von Terroristen gelangen.

Entschieden wurde der Krieg durch die zahlreichen Luftangriffe der Alliierten. Insgesamt sollen die NATO-Staaten rund 9600 Bomben abgeworfen haben. Während des Krieges kam es zu Nachschubproblemen. Die NATO-Verbündeten baten auch Deutschland um Hilfe, als ihnen die Bomben ausgingen. „Wir haben eine Anfrage der zuständigen NATO-Logistik-Agentur Namsa erhalten, und ich habe entschieden, sie positiv zu beantworten", sagte Bundesverteidigungsminister Thomas de Maizière der *Süddeutschen Zeitung*. Das sei ein normales Verfahren, Bündnisalltag. Eine deutsche Beteiligung am Libyen-Krieg wollte der Minister darin nicht sehen.[87] Der Bundeswehrexperte Thomas Wiegold berichtete, dass Deutschland wahrscheinlich GBU-Bomben an die Verbündeten liefern werde. „Zum Beispiel vom Typ GBU-24. Davon hat die Luftwaffe genug: Außer bei Übungen haben die Deutschen, anders als andere NATO-Staaten, diese Bomben noch nie abgeworfen."[88] Die Abkürzung GBU steht für „Guided Bomb Unit" – gelenkte Bombe. Diese Bomben finden lasergelenkt ins Ziel oder werden über das Satellitensignal GPS geleitet und von Militärs auch als „Smart Bombs", intelligente Bomben, bezeichnet.

Im Normalfall, so heißt es bei der deutschen Luftwaffe, könne der Pilot sich auch nach dem Abdrehen darauf verlassen, „dass die Bombe das Ziel unabhängig und punktgenau trifft". Doch auch mit diesen modernen Waffensystemen lassen sich zivile Opfer nicht ausschließen. Das Gaddafi-Regime präsentierte ausländischen Journalisten zerstörte Häuser, Kirchen und Moscheen. Wie viele Gebäude tatsächlich von NATO-Kampfbombern getroffen worden waren und wie viel davon libysche Propaganda war, lässt sich auch nach dem Krieg nicht sicher feststellen. Die Menschenrechtsorganisation Human Rights Watch geht in einem Bericht von 72 libyschen Zivilisten aus, die durch Luftschläge der Anti-Gaddafi-Allianz getötet wurden. Eine Untersuchungskommission der Vereinten Nationen stellte fest, dass die NATO-Staaten sich bemüht hätten, keine Zivilisten zu gefährden.

Raketen für den Diktator

Legale Geschäfte mit dem Diktator waren für europäische Rüstungsfirmen jahrelang unmöglich gewesen; mehrere Embargos hatten es verhindert. Die USA hatten bereits 1974 erste Sanktionen gegen Libyen verhängt. Die Regierung in Washington warf Gaddafi vor, den internationalen Terrorismus zu fördern. 1979 setzten US-Behörden Libyen auf die Liste der Terrorismus unterstützenden Staaten. Der Konflikt eskalierte: Im Mittelmeer kamen sich amerikanische und libysche Kampfjets mehrfach gefährlich nah. 1981 griffen zwei libysche Jets vom sowjetischen Typ Suchoi Su-22 amerikanische Kampfflugzeuge an. Die US-F14 Tomcats wichen aus und schossen die Libyer ab. Das Regime in Tripolis förderte daraufhin den Terrorismus. Gaddafi soll für eine Bombenexplosion in der Diskothek „La Belle" im April 1985 in Berlin verantwortlich gewesen sein. Die Amerikaner reagierten mit Militärschlägen.

1986 griffen die Amerikaner Libyen an: Kampfflugzeuge bombardierten Tripolis und Bengasi – eine Vergeltungsaktion. Die Anschläge gingen dennoch weiter: Im Dezember 1988 explodierte eine Bombe an Bord eines Passagierflugzeugs der Pan American Airlines über der schottischen Stadt Lockerbie. Im Jahr darauf erfolgte ein Anschlag auf eine Maschine einer französischen Fluggesellschaft über der Ténéré-Wüste im Niger. 1989 kam es erneut zu einem Luftgefecht, diesmal zwischen zwei libyschen MiG-23 und amerikanischen Tomcats. Die Amerikaner schossen die MiGs ab.

Die internationale Staatengemeinschaft reagierte mit Sanktionen auf den libyschen Terrorismus. 1986 folgte ein umfassendes Handelsverbot der Amerikaner. Sechs Jahre später erließ auch der Sicherheitsrat der Vereinten Nationen Sanktionen gegen Libyen, die unter anderem das Einfrieren von Auslandskonten und ein Waffenembargo vorschrieben. Im selben Jahr, 1992, entschieden sich zudem die EU-Mitglieder für Sanktionen gegen Libyen. Grund für die Embargos der UN und der EU war unter anderem die Weigerung Gaddafis, zwei mit schottischem und amerikanischem Haftbefehl gesuchte Agenten auszuliefern.[89] Sechs Jahre später begann der libysche Diktator, sich dem Westen anzunähern. Um die Isolation seines Regimes zu durchbrechen, entschloss sich Gaddafi zu einem Zeichen des guten Willens und lieferte zwei Mitglieder seines Geheimdienstes an die Niederlande aus. Den Männern wurde vorgeworfen, für den Absturz der PAN-AM-Maschine verantwortlich zu sein. In den Niederlanden machten ihnen schottische Berufsrichter nach schottischem Recht den Prozess. Zudem half Gaddafi beim Freikauf von europäischen und südafrikanischen Geiseln, die islamistische Terroristen auf der philippinischen Insel Jolo entführt hatten.[90]

2003 hoben die Vereinigten Staaten und die UN ihre Sanktionen auf, die Europäische Union folgte ein Jahr später.[91] Gaddafi hatte nicht nur der nuklearen Aufrüstung und dem Terror abgeschworen, er hatte auch Milliarden an die Opfer der Anschläge gezahlt. Gaddafi wandelte sich vom Schurken, dessen Land die USA zur Achse des Bösen gezählt hatten, zum „Good Guy" und damit zum akzeptablen Kunden der europäischen Rüstungsindustrie. Für seine Kooperationsbereitschaft belohnte ihn der Westen auch mit Waffenlieferungen.

Zwar hatten die Sanktionen Gaddafi nicht wirklich daran gehindert, Kriegsgerät zu kaufen. In seinem Arsenal fehlten aber Hightech-Waffen aus Europa und den Vereinigten Staaten. Das Problem des Diktators im Rüstungsbereich war nicht die Quantität, sondern die Qualität. In den 42 Jahren seiner Herrschaft hatte der libysche Revolutionsführer große Mengen unterschiedlicher Waffen beschafft. Seine wichtigsten Lieferanten zu Zeiten der Sanktionen sollen Firmen aus dem Reich des weißrussischen Diktators Lukaschenko gewesen sein.

„In der Vergangenheit wurde Libyen immer wieder in Verbindung mit illegalen Waffen- und Ausrüstungstransfers gebracht", stellten die Rüstungsexperten des Internationalen Konversionszentrums aus Bonn (BICC) in einer Studie Ende 2011 fest. Reporter stießen während des Libyen-Kriegs auf sowjetische Flakgeschütze aus den 1980er-Jahren, auf alte Panzer und auf unzählige Sturmgewehre vom Typ Kalaschnikow. In den Waffenlagern des Regimes fanden Kämpfer der Rebellen Eierhandgranaten und MG-Munition aus sowjetischer Herstellung.[92] Gaddafi gelangte auch an Waffen, die von vielen Staaten geächtet sind, etwa Streubomben. Nach Informationen der Menschenrechtsorganisation Human Rights Watch (HRW) beschoss die libysche Armee Wohngebiete in Misrata mit Raketen, die mit Streumunition bestückt waren. Mitarbeiter derselben Organisation wurden Zeugen, wie in der Nacht zum 14. April 2011 mindestens drei Streubomben vom Typ MAT-120 in einem Viertel Misratas explodierten. Diese geächteten Waffen wurden in Spanien hergestellt und möglicherweise geliefert, bevor das Land die Konvention gegen Streumunition unterzeichnete. Die Regierung in Madrid ließ alle Streubomben zerstören – ihre vorherigen Kunden taten das nicht. „Es ist erschreckend, dass Libyen diese Waffe benutzt, vor allem in Wohngebieten", sagte Steve Goose, Direktor der Abteilung Waffen von HRW. „Sie stellt ein großes Risiko für die Zivilbevölkerung dar. Sowohl während des Angriffs wegen der unkontrollierbaren Wirkung als auch nach der Explosion, weil die Blindgänger immer noch gefährlich und überall verteilt sind."[93]

In den Depots des Diktators fanden Kämpfer der Rebellen nicht nur osteuropäische Fabrikate, sondern auch Sturmgewehre der deutschen Firma Heckler & Koch, die ohne Exportgenehmigung in Libyen gelandet waren. Heckler & Koch beteuert, keine Waffen an Gaddafi verkauft zu haben. Das Unternehmen behauptet, die Gewehre 2003 mit Genehmigung der Bundesregierung nach Ägypten geliefert zu haben. Von dort aus sollen sie über dunkle Kanäle in Libyen gelandet sein.[94] Das Regime konnte sich dank der üppigen Einnahmen aus Erdgas- und Ölverkäufen seine Waffen auf dem Schwarzmarkt beschaffen. Libyen gilt als eines der reichsten Länder Afrikas. Der Reichtum kam bei den einfachen Menschen, vor allem bei der Bevölkerung im Osten des Landes, nie an. Bengasi, die zweitgrößte Stadt Libyens, „gleicht bei genauem Hinsehen einem großen Dorf", notiert der erfahrene deutsche Reporter Marc Thörner, der während des Krieges 2011 in dem nordafrikanischen Land recherchierte. Er traf im ostlibyschen Bengasi auf Menschen, die sich selbst und dem Gast aus Deutschland Fragen stellen: „Warum sieht das Land nicht aus wie die Arabischen Emirate? Wo ist das ganze Geld geblieben?" Thörners Gesprächspartner hatten gleich die Antwort parat: „Ausgegeben nur für Waffen, Söldner und Gastarbeiter."[95]

Seit 2004, mit dem Ende der Embargos, durfte Gaddafi ganz legal Waffen ordern. Vor allem Italien und Frankreich schlossen umfangreiche Waffengeschäfte mit dem Regime ab.[96] Im Jahr 2009, zwei Jahre vor dem Krieg, exportierten EU-Staaten Rüstungsgüter im Wert von 343 Millionen Euro nach Libyen, darunter waren italienische und belgische Kleinwaffen, gepanzerte Fahrzeuge aus Deutschland sowie Bomben und Raketen aus Italien, Frankreich, Deutschland und Großbritannien, stellt Caroline Fehl von der Goethe-Universität Frankfurt fest: „Diese Lieferungen sind umso skandalöser, als sie eindeutig gegen den EU-Verhaltenskodex zum Rüstungsexport verstoßen."[97]

Einige Rüstungsgüter musste das Regime nicht einmal bezahlen: Italien etwa schenkte Libyen ein Schnellboot für dessen Küstenwache. Mit einem Maschinengewehr bewaffnet jagte das Boot die Kähne der Menschenschmuggler, die afrikanische Flüchtlinge nach Europa bringen. Doch auch italienische Fischer gerieten ins Visier von Gaddafis

Küstenwache. Am 13. September 2010 versuchte das libysche Schnellboot, in internationalen Gewässern einen Fischkutter zum Beidrehen zu zwingen. Der Fischer behielt den Kurs bei. Dann ratterten Salven aus dem MG, Kugeln schlugen in die Bordwand des Kutters ein. Mit durchlöcherter Wand erreichten die Fischer die Mittelmeerinsel Lampedusa. Der Zwischenfall löste in Italien Proteste aus – Konsequenzen hatte er nicht.[98] Gaddafi wurde weiter von den Rüstungsfirmen hofiert.

Mehrere europäischen Regierungschefs besuchten den libyschen Diktator in Tripolis. 2004 reiste auch der damalige Bundeskanzler Gerhard Schröder nach Libyen. Einen Gegenbesuch gab es nicht: In Berlin durfte Gaddafi sein Beduinen-Zelt nicht aufschlagen. Die deutsch-libyschen Beziehungen wurden dennoch vertieft. Deutsche Elite-Polizisten bildeten 2008 in Libyen die Mitglieder einer Spezialeinheit aus, die von einem Gaddafi-Sohn kommandiert wurde, berichteten deutsche Tageszeitungen. Die Trainingsmission lief nicht offiziell, die Beamten hätten die Ausbildung im Urlaub als Privatpersonen angeboten, hieß es in Berlin. „Aktive Beamte der GSG-9 sind nach unseren Erkenntnissen nicht involviert", teilte damals ein Sprecher des Innenministeriums der Tageszeitung *Die Welt* mit. Bereits 2008 kam das Gerücht auf, dass die deutschen Trainer die Libyer auch an deutschen Waffen ausgebildet hätten und dass auf diesem Weg Pistolen und Sturmgewehre von Heckler & Koch nach Libyen gelangt seien. Das Unternehmen dementiert, Waffen an das Gaddafi-Regime geliefert zu haben. Im selben Jahr, 2008, erteilte die deutsche Regierung Ausfuhrgenehmigungen für Libyen unter anderem für Hubschrauber und Helikopterteile im Wert von fast 24 Millionen Euro. 2009 und 2010 billigte das Bundeskabinett dann Rüstungsgeschäfte in Höhe von insgesamt rund 59 Millionen Euro. Deutsche Firmen lieferten unter anderem Gefechtsfeldüberwachungsradaranlagen, Kommunikationsausrüstung zur Kriegsführung, Geländewagen mit Sonderschutz sowie Ersatzteile für Spähfahrzeuge.[99]

Munition für Gewehre. Durch sogenannte Kleinwaffen sterben jedes Jahr mehr Menschen als durch Bomben, Panzer- oder Artilleriebeschuss. Sie sind die Massenvernichtungswaffen des 21. Jahrhunderts.

Fahrzeuge kaufte das Gaddafi-Regime auch in Deutschland. So lieferte Daimler unter anderem Sattelschlepper an die libysche Armee.[100] Die Kritischen Aktionäre Daimler machten das Geschäft zwischen dem deutschen Autobauer und dem libyschen Diktator öffentlich. In einem Antrag zur Daimler-Hauptversammlung 2012 nannte Paul Russmann, Sprecher der Kritischen Aktionäre, Details des umstrittenen Deals: 25 Militärtrucks des Typs Actros im Wert von 7,5 Millionen Euro habe Daimler an Libyen geliefert. Das Daimler-Werk Wörth habe die Fahrzeuge 2009 und 2010 hergestellt. Im Krieg sollen Gaddafis-Truppen die Spezialfahrzeuge dann eingesetzt haben. Die libysche Armee habe im März 2011 Daimler Actros 4860 Panzertransporter für ihren Vormarsch gegen die Aufständischen in Richtung Bengasi genutzt.[101] Eine Daimler-Sprecherin bestätigt: „Wir haben an Libyen in 2009 und 2010 insgesamt 25 Sattelzugmaschinen des Typs 4850 AK geliefert. Die dazu nötige Genehmigung wurde vom Bundesausfuhramt im August 2009 erteilt." Der Autobauer

73

verweist darauf, dass das lange bestehende EU-und UN-Embargo gegen Libyen 2004 aufgehoben worden sei. „In 2009 war Libyen Persona grata." Das Land durfte also beliefert werden – und Daimler machte das Geschäft. Und teilte mit: „Wir halten uns an alle geltenden Exportbeschränkungen nach Libyen."

Nach Angaben der Kritischen Aktionäre Daimler sei die libysche Armee zudem mit Unimog-Fahrzeugen von Mercedes ausgerüstet gewesen. „Krieg ist gut fürs Konzerngeschäft von Daimler/EADS", stellen die Kritischen Aktionäre fest, „vor allem dann, wenn die verfeindeten Parteien gegeneinander Krieg mit Waffen und Rüstungsgütern aus derselben Unternehmensgruppe bzw. deren Beteiligungsgesellschaft führen." Auch im Krieg in Irak und natürlich in Afghanistan werden die Produkte deutscher Hersteller genutzt. Das US-Marine-Korps verwendet etwa die Panzermunition DM11 von Rheinmetall. Die Geschosse für 120-Millimeter-Glattrohrkanonen, die ebenfalls von Rheinmetall für die USA produziert werden, wurden im Auftrag der Bundeswehr extra für den Kampf in asymmetrischen Konflikten entwickelt.[102]

Gemeinsam mit Diehl liefert Rheinmetall auch die Geschosse für mehrere deutsche Waffensysteme, die in Afghanistan eingesetzt werden. In Kundus ist unter anderem die Panzerhaubitze 2000 im Einsatz, die schwere Granaten verschießt. Auch MBDA verdient am Konflikt in Afghanistan. Mehrere NATO-Staaten verwenden am Hindukusch die Raketen von MBDA. Die Bundeswehr nutzt dort unter anderem das System Milan, das Gaddafi wenige Jahre vor seinem Ende in Frankreich kaufte.

Krieg bleibt für die deutschen Rüstungskonzerne ein gutes Geschäft – nicht nur die Kriege der Bundeswehr. Deutsche Technik habe sich in zahlreichen Kampfeinsätzen der NATO-Streitkräfte bewährt, heißt es bei den deutschen Rüstungsherstellern. Sie können nun weitere Produkte mit dem Slogan „kampferprobt" bewerben. Den Export dürfte das weiter ankurbeln.

4 GLOBALE GESCHÄFTE

Mit einer feierlichen Zeremonie übergab Abu Dhabi Ship Building am 15. Februar 2012 die Korvette „Mezyad" an die Marine der Vereinigten Arabischen Emirate. Für die kleine Rüstungsindustrie der Emirate war die Fertigstellung des bereits vierten Kriegsschiffes dieser Klasse ein Erfolg und ein Beweis für Kontinuität. Für deutsche Waffenschmieden ist die „Mezyad" zudem ein Symbol dafür, wie international ihr Geschäft geworden ist. Vier Dieselgeneratoren des deutschen Antriebsherstellers MTU bringen das 72 Meter lange Schiff auf eine Geschwindigkeit von mehr als 30 Knoten. Bewaffnet ist die Korvette unter anderem mit zwei MLG-Kanonen, Kaliber 27 Millimeter, von Rheinmetall. Außerdem kann die 37 Mann starke Besatzung acht Exocet MM40 Block 3 abfeuern, einen Raketentyp, der vom europäischen Konzern MBDA hergestellt wird, der auch in Deutschland produziert wird, und an dem EADS beteiligt ist.[103] Noch stellt die Werft in den Vereinigten Arabischen Emiraten (VAE) vor allem Kriegsschiffe für den eigenen Bedarf her, aber wenn dieser gedeckt ist, dürfte auch Abu Dhabi Ship Building seine Korvetten auf dem internationalen Markt anbieten.

Die Regierung der VAE plant, bis 2030 die heimische Rüstungsindustrie stark auszubauen. Sie unterstützt deswegen die neuen Waffenfabriken mit hohen finanziellen Staatshilfen in ihrem Bestreben, in den Rüstungsmarkt zu gelangen.[104] Die Kooperationen mit Großkonzernen in Europa erfordern hohe Investitionen, sie zahlen sich aber aus. Die Werften in den Emiraten konnten vor wenigen Jahren nur kleine Boote zusammenbauen, deren Teile aus dem Ausland geliefert wurden. Nun entstehen bei Abu Dhabi Ship Building bereits moderne Korvetten.

Ihre Marine setzten die Emirate ein, um Nachbarn im wahrsten Sinne des Wortes die Grenzen aufzuzeigen. Im März 2010 eröffnete ein Kriegsschiff der VAE das Feuer auf ein Patrouillenboot aus Saudi-Arabien. Dessen Besatzung wurde zur Kapitulation gezwungen und nach Abu Dhabi gebracht. Zwischen beiden Staaten am Golf bestehen seit Jahrzehnten unterschiedliche Auffassungen über den Grenzverlauf. Die Korvette „Mezyad" und ihre Schwesterschiffe dürften von der Marine aber angeschafft worden sein, um der Kriegsflotte des Iran Paroli bieten zu können.

U-Boote für Israel

Während in Abu Dhabi die Korvette mit Technik „made in Germany" in Dienst gestellt wurde, liefen im fernen Kiel die Abschlussarbeiten für ein hochkomplexes Waffensystem, das ebenfalls künftig im Nahen Osten operieren soll. Die Howaldtswerke-Deutsche Werft (HDW) produziert das größte Unterseeboot, das seit dem Zweiten Weltkrieg in der Bundesrepublik gebaut wurde. Das Boot, das zur Super-Dolphin-Klasse gehört, ist für Israel bestimmt. Es wird den Namen „Tannin" (Alligator) tragen.

Das 68 Meter lange U-Boot wird im Dock meist von einer Plane vor neugierigen Blicken geschützt. Der Deal mit Israel stößt in der Bundesrepublik auf Kritik – nicht nur beim Literaturnobelpreisträger Günter Grass. Der Schriftsteller hatte in einem einseitigen, israelkritischen Gedicht vor der Gefahr eines von Israel begonnenen Atomkriegs gewarnt.[105] Tatsächlich drohten israelische Militärs und Politiker dem Iran mehrfach mit einem Angriff auf dessen Atomanlagen. Irans Präsident Mahmud Ahmadinedschad stellt die Existenzberechtigung des Judenstaates im Nahen Osten infrage.

Das vierte U-Boot der „Super-Dolphin-Klasse", das im Sommer 2012 überstellt werden soll, könnte Israel mit Nuklearwaffen bestücken, befürchten internationale Rüstungsexperten wie Otfried Nassauer vom BITS in Berlin.[106] Trotz aller Bedenken führte der Bundessicherheitsrat die Rüstungskooperation mit Israel im Marinebereich fort. Die Produktion eines fünften U-Boots soll bei HDW bald anlaufen.

Im November 2011 soll der geheim tagende Bundessicherheitsrat die Lieferung eines sechsten U-Boots an Israel genehmigt haben, schreibt der *Spiegel*. Bei einem Besuch des israelischen Verteidigungsministers Ehud Barak in Berlin bei seinem deutschen Kollegen de Maizière Anfang 2012 scheinen die letzten Details geklärt worden zu sein, berichten Fachmagazine – vor allem die finanziellen Fragen. Die Bundesrepublik wird auch die nächsten U-Boote für Israel mit großen Summen unterstützen. So seien beim vierten Boot ein Drittel der Kosten von der Bundesrepublik bezahlt worden, schreibt der *Spiegel*. Bis Ende 2015 oder Anfang 2016 soll die israelische Marine dann sechs hochmoderne Unterseeboote aus deutscher Fertigung haben.[107] „Die jüngste Lieferung eines sechsten U-Bootes geht direkt zurück auf ein Übereinkommen, das noch unter der Bundesregierung von Gerhard Schröder im Jahre 2005 getroffen wurde", sagte der Sprecher von Kanzlerin Merkel im Juni 2012. „Die Lieferung erfolgt jeweils ohne Bewaffnung. An Spekulationen über eine mögliche spätere Bewaffnung beteiligt sich die Bundesregierung nicht."

Deutsche Rüstungsexperten halten die U-Boote von HDW für die leistungsstärksten mit herkömmlichem Antrieb. Während Werften in Frankreich, Großbritannien und den USA in moderne U-Boote häufig einen Atomantrieb einbauen, setzt HDW ausschließlich auf Diesel-Motoren. HDW gehört zu ThyssenKrupp Marine Systems. Dessen Schiffe verkaufen sich auf dem globalen Markt prächtig. Sie sind eines der letzten Beispiele für die komplette Herstellung eines Großwaffensystems in der Bundesrepublik.

Im Flugzeugbau gibt es keine rein deutschen Entwicklungen: Der auch in Deutschland produzierende Konzern EADS ist ein europäisches Konsortium. Bei der Produktion von Militärfahrzeugen, neben dem Schiffbau einer der stärksten Rüstungsbereiche in Deutschland, hat die Globalisierung ebenfalls Einzug gehalten. Heute entstehen komplexe Waffensysteme wie Panzer, Kampfflugzeuge oder Kriegsschiffe meist in internationaler Zusammenarbeit.

Die Brasilia-Connection

Rüstungsprojekte wie der Leopard 1, der fast ausschließlich in Deutschland entstand, sind heute eine Ausnahme.[108] Von den Herstellern als „Meilenstein in der Geschichte der deutschen Nachkriegs-Rüstungsindustrie" bezeichnet, gehört der Panzer zu einem der letzten Großwaffensysteme, das allein von deutschen Firmen gebaut wurde. Der Kampfpanzer steht in Deutschland längst im Militärmuseum[109] – außerhalb Europas rollt er aber noch im Dienst mehrerer Streitkräfte. Sogar in den Kriegseinsatz kam der Leopard 1 noch vor wenigen Jahren. Kanada entsandte einige Leopard 1C2 nach Afghanistan, wo sie gegen Taliban eingesetzt wurden.[110] Dem Hersteller Krauss-Maffei Wegmann (KMW) dürfte der Einsatz am Hindukusch genützt haben. So konnte der alte Leopard noch mal zeigen, was in ihm steckt. Ob die brasilianische Armee die Kampfkraft des Leopard 1 in Kandahar überzeugt hat oder ob es andere Gründe für den Kauf gab, ist unbekannt. Fest steht: Brasilien entschloss sich 2006 und 2007 zum Kauf von insgesamt fast 500 bei der Bundeswehr ausgemusterten Leoparden und schloss mit KMW einen Vertrag über die Modernisierung und Wartung der Panzer. Am 28. Oktober 2009 übergab der Rüstungskonzern den ersten modernisierten Panzer vom Typ Leopard 1A5 am Standort Kassel an die brasilianische Armee. Die Auslieferung aller Systeme sei bis einschließlich 2012 geplant, teilt der Panzerhersteller mit.

Der Leopard 1 wurde 1965 in der Bundeswehr eingeführt. 2003 musterte das deutsche Heer das letzte Exemplar aus. Hunderte alte Kampfpanzer verkaufte das Verteidigungsministerium danach ins Ausland. Krauss-Maffei Wegmann, nach eigenen Angaben „Europas Marktführer für hochgeschützte Ketten- und Radfahrzeuge", hat den Leopard 1 einst als Generalunternehmer produziert.[111] Weitere bedeutende deutsche Rüstungsunternehmen wie Rheinmetall, Porsche und MTU Friedrichshafen waren an der Entwicklung und Herstellung beteiligt. Zuvor hatten die führenden deutschen Rüstungsproduzenten um den Großauftrag hart konkurriert.[112] Der Leopard 1 war der erste Panzer, der nach dem Zweiten Weltkrieg in Deutschland entwickelt wurde. Mehr als 4700 Exemplare wurden hergestellt – nicht nur für die Bundeswehr. Bald ging der „Leo" auch in den Export. Zwölf Staaten setzten den mittelschweren Panzer zeitweilig ein. Heute sind es vor allem Schwellen- und Entwicklungsländer, die noch über den Leopard 1 verfügen. In Deutschland läuft seit 1984 kein Leopard 1 mehr vom Band. Dennoch bleibt der Kampfpanzer auch fast 50 Jahre nach seiner Entwicklung ein Geschäft für die deutsche Rüstungsindustrie.

KMW verdankt dem in die Jahre gekommenen Gefährt den Eintritt in den international heiß umkämpften brasilianischen Rüstungsmarkt. Im Gegensatz zu anderen aufstrebenden Staaten gibt das wirtschaftlich aufstrebende Land trotz Finanzkrise Milliarden für Waffen aus und rüstet weiter auf. Mit dem Leopard-1-Geschäft baute KMW seine Geschäftsbeziehungen mit Brasilien aus. 2011 gründete das deutsche Unternehmen eine Tochter in Brasilien: KMW do Brasil hat seinen Firmensitz in Santa Maria, im südbrasilianischen Bundesstaat Rio Grande do Sul. „Die neugegründete Firma wird als kontinentales Drehkreuz für KMWs Unternehmungen in Südamerika agieren", heißt es bei Krauss-Maffei Wegmann. Die brasilianische Tochter soll sich mit ihrem Entwicklungs-, Fertigungs- und Servicezentrum um einen bedeutenden Großauftrag bewerben, informiert der deutsche Mutterkonzern. Die brasilianische Armee plant, ihre Flotte des Transportpanzers M113 zu modernisieren. Es geht um Hunderte Panzer, die an den heutigen Stand der Kriegstechnik angepasst werden sollen. Entwickelt wurde der Transportpanzer von Ford. 1960 kam der M113 auf den Markt, seitdem wurden rund 100.000 Stück gebaut. Der M113 ist damit das seit dem Ende des Zweiten Weltkrieges am meisten produzierte Kettenfahrzeug.

Gemeinsam mit der Firma Flensburger Fahrzeugbau Gesellschaft (FFG) hat KMW ein Angebot vorgelegt. Die Partner können auf eine lange Expertise verweisen: FFG hat den M113 bereits für mehrere internationale Kunden und die Bundeswehr modernisiert.[113] Auf dem internationalen Markt gilt FFW als Spezialist für sogenannte Kampfwertsteigerung des M113. Dass ein deutsches Unternehmen weltweit einen amerikanischen Panzer modernisiert, ist ein weiteres Beispiel für die zunehmende Globalisierung der Rüstungsindustrie. Ihre „kampfwertgesteigerte" Version des M113 nennen KMW und FFG „Waran", benannt nach einer Echsengattung. „Mit dem M113 bieten KMW und FFG der brasilianischen Armee eine kostengünstige Alternative, Ausrüstungslücken mit einem zukunftsfähigen und multifunktionalen Fahrzeug schnell und effektiv zu schließen", wirbt Krauss-Maffei Wegmann. „Der M113 bildet den Auftakt für weitere Kooperationsprojekte von KMW und FFG auf dem brasilianischen Markt." KMW do Brasil soll das Auslandsgeschäft des Mutterkonzerns weiter stärken.

Die Gründung der Tochter sei ein klares Bekenntnis zu Brasilien, sagte Frank Haun, Geschäftsführer von KMW, bei einem Besuch in Rio de Janeiro. Das Engagement des deutschen Unternehmens werde auch durch „einen substanziellen Technologietransfer nach Brasilien unterstrichen".

Eine solche Weitergabe von Wissen aus dem Rüstungsbereich an Schwellenländer kritisiert der Bundesverband der Deutschen Industrie (BDI) ebenso wie Menschenrechtsgruppen und Rüstungsgegner. Kritiker der Waffengeschäfte und der Industrieverband befürchten beide, dass Schwellenländer wegen der Weitergabe von Know-how bald selbst anspruchsvolle Waffensysteme bauen und weltweit vermarkten können. „Viele Kunden von heute sind unsere internationalen Wettbewerber von morgen", räumt auch KMW-Chef Haun ein. „Der Anspruch von Technologietransfer hat sich deutlich weiterentwickelt. Das gilt vor allem mit Blick nach Asien, aber auch Richtung Türkei, Indien oder Südamerika."[114] BDI und Rüstungsgegner haben ganz unterschiedliche Gründe für ihre Bedenken gegen einen Technologietransfer: Die einen sorgen sich um den künftigen Absatz der deutschen Wirtschaft. Die anderen klagen, dass der Technologietransfer die weltweite Rüstungskontrolle weiter erschwere.

Kontrollen nur auf dem Papier

Von den Töchtern deutscher Rüstungskonzerne in Brasilien gebaute Panzer oder dort weiterentwickelte Waffensysteme unterliegen schließlich nicht mehr dem deutschen Kriegswaffenkontrollgesetz. Die Produktion, der Transport und der Export von Kriegswaffen sind in Deutschland genehmigungspflichtig. Die Details zu der entsprechenden Grundgesetzbestimmung regelt das Kriegswaffenkontrollgesetz – umständlich und unaussprechbar als KrWaffKontrG abgekürzt. Es gibt vor, dass für die Waffenausfuhr eine Genehmigung vorliegen muss. Wer gegen das Gesetz verstößt, muss mit hohen Strafen rechnen – bis zu fünf Jahre Haft sind vorgesehen. Was eine „zur Kriegsführung bestimmte Waffe" ist, legt eine Liste fest, die als Rechtsverordnung zum Gesetz gehört und den Entwicklungen in der Rüstungstechnologie ständig angepasst wird.

Firmen, die Waffen ausführen wollen, stellen zunächst meist eine informelle Voranfrage beim Bundesamt für Wirtschaft und Ausfuhrkontrolle (BAFA) in Eschborn. Die Behörde leitet die Anfrage an das Auswärtige Amt weiter. Das Außenministerium ist für das Prüfen der Voranfragen zuständig. Waffengeschäfte mit Ländern außerhalb der NATO und EU sind zumindest ab einer gewissen Größenordnung ein Fall für den Bundessicherheitsrat, einen geheim tagenden Unterausschuss des Kabinetts. Wenn eine Voranfrage positiv beschieden wird, erhält das Unternehmen damit Planungssicherheit, die meisten Vertragsverhandlungen mit ausländischen Regierungen beginnen erst nach einer genehmigten Voranfrage. Sollte die Bundesregierung später, nach einem Vertragsabschluss, dem Export nicht mehr zustimmen, kann das betroffene Unternehmen Schadensersatz fordern. Nur wenn die Sicherheits- oder die Menschenrechtslage sich in dem Empfängerland oder der Region massiv ändert, kann die mit der Voranfrage erteilte Genehmigung nachträglich zurückgenommen werden, ohne dass dem Staat dadurch Kosten entstehen.

Für den eigentlichen Export von Kriegswaffen ist dann das Bundeswirtschaftsministerium verantwortlich. Dessen Beamte in den Unterabteilungen für Außenwirtschaftskontrollen bitten das Verteidigungsministerium und das Auswärtige Amt um Stellungnahmen. Auf Abteilungsleiterebene finden zwischen den Ministerien dann Abstimmungsgespräche statt. Wenn es dabei Konflikte gibt, werden einzelne Ausfuhranträge an eine Staatssekretärsrunde weitergeben. Diese Runde bereitet dann die Sitzungen des Bundessicherheitsrats vor, in denen pro Jahr maximal über rund 40 kritische Exporte beraten wird, sagt ein Insider, der anonym bleiben möchte. Von den rund 16.000 Rüstungsexportanträgen, die jährlich über das BAFA vom Wirtschaftsministerium bewilligt werden, landet also nur noch ein Bruchteil direkt bei der Kanzlerin und ihren Ministern.

Bevor ein Rüstungsunternehmen überhaupt formelle Anträge stellt, fühlen deren Mitarbeiter bei den Beamten im Wirtschaftsministerium vor. „In manchen Fällen sagen wir gleich: Vergesst es", erklärt Ministerialdirigent Karl Wendling. „Da kommen manchmal schon unorthodoxe Destinationen." Die Grünen haben den Leiter der Unterabteilung „Außenwirtschaftskontrollen Nordafrika, Mittlerer Osten, Asien und Australien" im Wirtschaftsministerium zu einer Expertenanhörung eingeladen. Im September 2011 diskutierten sie, wie die parlamentarische Kontrolle der Rüstungsgeschäfte verbessert werden könnte. In einem Sitzungssaal des Paul-Löbe-Hauses in Berlin, einem Gebäude des Bundestags, berichtete Wendling, dass er und seine Kollegen den Rüstungsunternehmen auch schon mal Tipps geben. Firmen, die wenig Erfahrung mit einem Zielland hätten, fragten in seiner Abteilung nach, wie Ausfuhrgenehmigungen erlangt werden können. Wenn der Bundessicherheitsrat bereits zuvor Rüstungsexporte an ein Land genehmigt habe, dann bestünden gute Aussichten, meint Wendling. „Dann sagen wir, stellt doch mal eine Voranfrage." Die Nähe der Beamten, die für Außenwirtschaftskontrolle zuständig sind, zur Rüstungsindustrie sorgte für einige scharfe Kommentare von Claudia Roth und anderen Parlamentariern. Die zahlreichen Nachfragen der anwesenden Bundestagsabgeordneten zeigen, dass viele Politiker nicht wissen, wie Rüstungsausfuhren aus Deutschland funktionieren. Jan van Aken, Rüstungsexperte der Linkspartei, der an der Veranstaltung der Grünen teilnahm, zog ein provokantes Fazit: Jede Pommesbude werde in Deutschland strenger kontrolliert als die Rüstungsunternehmen.

Eine Kontrolle von Rüstungsexporten findet in Deutschland lediglich auf dem Papier statt – vor der Ausfuhr des Kriegsgeräts durch das BAFA. Die Empfänger von deutschen Rüstungsgütern müssen bei der Behörde in Eschborn sogenannte Endverbleibszusagen vorlegen. Darin garantieren sie den Verbleib des gelieferten Kriegsmaterials in ihrem Land – oder in einer bestimmten Region. Bei Kriegswaffen gilt ein „Reexportverbot mit Erlaubnisvorbehalt"; die Waffen dürfen nur weiterverkauft werden, wenn die Bundesregierung zustimmt.[115] „Zertifikate werden nur zuverlässigen Empfängern erteilt", heißt es beim BAFA. Die Zuverlässigkeit wird aber vor allem bei den deutschen Exporteuren überprüft – nicht bei den Empfängern. Kriterien für die Zuverlässigkeit sind laut einem Merkblatt der Behörde unter anderem: „Nachgewiesene Erfahrung im Bereich Verteidigung, insbesondere unter Berücksichtigung der Einhaltung von Ausfuhrbeschränkungen durch den Antragsteller" und „Einreichung einer Verpflichtungserklärung zur Einhaltung rechtlicher Vorgaben hinsichtlich Endverwendung und Ausfuhr". Im Ausland finden allerdings keine Kontrollen durch Beamte des BAFA statt.

83

Auswärtiges Amt 7   Do:
403
2 3. NOV 1973   Ani:

AZ: 403 - 411.10 PAK

Betr.: Ausfuhr nach Pakistan
(Bearb.Nr.:915 496   )

Die Firma   Heckler & Koch GmbH, Oberndorf,
hat die Erteilung einer Ausfuhrgenehmigung für die Lieferung von

2.000 kg Spezialwerkzeugen wie Schnitt, Stanz,
Formwerkzeuge zur Fertigung von Einzelteilen
zum Gewehr G 3;

600 kg (5 St.) Spezialvorrichtungen wir Fräs-, Bohr,
Schleif, Schweiß- Vorrichtungen zur Fertigung von
Einzelteilen zum Gesehr G 3

Wert: DM 97.046,-   IML/IAML/IL: 18
                                                        beantragt.
nach Pakistan

Käufer: Government of Pakistan, Pakistan Ordnance Factories Board/
Endempfänger: Wah Cantonment/ West Pakistan
                   - dto -

Als Verbleibsnachweis(e) wurde(n) vorgelegt:
End Use Statement der Pakistanischen Botschaft in Bonn
vom 7.11.73 ; Auftragsschreiben des Käufers

Sonstige Angaben, die für die Entscheidung über den Antrag von
Bedeutung sind:
-

- Ref. 403 -
Az. G.o.
UR. Ref. 31
m.d.B. um Stellungnahme, ob die
nach AWG. zu berücksichzenden
Belange gewahrt sind.

6. DEZ. 1973

Im Auftrag

-Pretzsch-

Deutsche Hilfe beim Aufbau der Rüstungsindustrie: In Pakistan stellt die POF das
G3 in Lizenz her – Heckler & Koch lieferte Teile zu.

84

Technologietransfer ohne Kontrolle

Während die Rüstungsfirmen aus der Bundesrepublik immer internationaler agieren, hat sich an den Kontrollen wenig geändert. Es fehlen internationale Kontrollen und ein Regelwerk, das auf dem ganzen Globus gilt. Besonders schwer zu kontrollieren ist die Weitergabe von technischem Know-how. Komplette technische Dokumentationen, Blaupausen und andere Fertigungsunterlagen unterliegen in Deutschland ebenfalls der Kontrolle durch das BAFA.

Vor allem die BRICS-Staaten, also Brasilien, Russland, Indien, China und Südafrika, bestehen bei Großaufträgen meist auf einem Technologietransfer. „Offset" nennt die Rüstungsbranche die Forderungen der aufstrebenden Empfängerländer nach Gegenleistungen für Milliardeninvestitionen: Sie verlangen einen Nutzen für die eigene Wirtschaft. Eine „Offset-Leistung" kann der Bau von Fabriken im Land des Kunden sein, aber auch die Ausbildung von Ingenieuren und Arbeitern oder das Gründen von Joint-Venture-Gesellschaften. So lernen die Firmen in den Schwellenländern die Methoden der europäischen und amerikanischen Waffenschmieden kennen – und kopieren sie später bei eigenen Projekten. Manches asiatische Land, das bisher in großem Maßstab Kriegsgerät aus den Vereinigten Staaten und Europa importiert hatte, sei längst dabei, eine eigene Waffenindustrie zu entwickeln, um weniger von ausländischen Lieferanten abhängig zu sein, stellen die Experten von Sipri fest. Oft ist der erste Schritt dazu eine Lizenzproduktion.

Auch Saudi-Arabien, wegen seiner ambitionierten Aufrüstung weltweit ein beliebter Kunde der Rüstungsindustrie, versucht, eine eigene Waffenindustrie aufzubauen. Die Regierung in Riad vergebe generell keine Aufträge an Unternehmen, die nicht in Saudi-Arabien ansässig seien, schreibt das britische Rüstungsmagazin *Advance,* das von der Organisation ADS herausgegeben wird, ein Verband britischer Waffenhersteller, Luft- und Raumfahrtunternehmen. Die Redaktion empfiehlt den britischen Firmen ganz direkt, sich einen saudischen Partner zu suchen oder zumindest einen Vertrieb vor Ort aufzubauen; das sei der kostengünstigste und einfachste Weg, den saudischen Markt zu erobern.[116] Selbstbewusst forderte Riad auch, dass ein Teil der 72 Eurofighter-Jets, die das Land beim Konsortium aus BAE und EADS orderte, in Saudi-Arabien montiert wird.[117] Der europäische Rüstungskonzern entsprach dem Wunsch des saudischen Königshauses. EADS hat in den Golf-Staaten mehrere Niederlassungen gegründet. Zahlreiche deutsche Waffenfirmen haben Büros in der Region aufgebaut. Auch Heckler & Koch und KMW sind dort präsent. Den Saudis traut niemand zu, in den kommenden Jahrzehnten eine eigene leistungsfähige Wehrindustrie aufzubauen. Ihnen fehlen Ingenieure und Facharbeiter. Anders sieht das im Fall von Indien aus.

Indien gehört zu den gefragtesten Rüstungsmärkten. Auch deutsche Firmen operieren dort: Carl Zeiss Optronics belieferte das indische Heer zunächst mit 15.000 Rotpunktvisieren für automatische Gewehre. 2010 schloss der deutsche Optikhersteller dann einen Vertrag mit einem indischen Unternehmen über den Nachbau des Visiers, berichtete ein Fachmagazin. Indische Facharbeiter wurden in Wetzlar ausgebildet und sollen nun bis zu 400.000 Rotpunktvisiere für die indische Armee im Land selbst bauen.[118] So lernen die indischen Arbeiter und Ingenieure, wie hochwertige Zieleinrichtungen hergestellt werden – vielleicht wird in wenigen Jahren bereits eine eigene Entwicklung aus Indien auf dem Markt sein. Das deutsche Unternehmen äußerte sich auf Nachfrage nicht zum Indien-Deal. Ein Sprecher teilte lediglich mit: „Der Bereich Optronics von Carl Zeiss fertigt optische Systeme, die für Sicherheit, zivile Zwecke und Verteidigung eingesetzt werden. Der Umsatz des Bereichs liegt im einstelligen Prozentbereich gemessen am Gesamtumsatz von Carl Zeiss."

Weitere Rüstungsschmieden aus der Bundesrepublik drängen dennoch auf den indischen Markt. Der deutsche Raketen-, Munitions- und Panzerkettenhersteller Diehl eröffnete im März 2012 in Neu Delhi ein „Liaison Office", ein Vermarktungsbüro. In einer Mitteilung von Diehl dazu heißt es: „Im Rahmen seiner Internationalisierung baut Diehl Defence die Präsenz in Indien aus, nachdem in den letzten Jahren bereits Vertretungen in Bangkok, Ankara und Abu Dhabi eingerichtet worden waren."[119] Auf der Rüstungsmesse International Defence Exhibition and Conference (IDEX) 2011 schloss Diehl Defence, der drittgrößte deutsche Rüstungskonzern, einen Vertrag mit der Al Jaber-Gruppe aus den Vereinigten Arabischen Emiraten. Gemeinsam wollen die Unternehmen die Kampfkraft der Armee der Emirate steigern. Diehl wird Triebwerke, Laufwerke und Systemketten liefern, die Al Jaber-Gruppe stellt Fabriken und Arbeitskräfte bereit. „Das Joint Venture bietet Know-how-Transfer sowie die umfassende Einbeziehung der lokalen Industrie in den VAE", schreibt das Magazin *Europäische Sicherheit*. Die Armee der Vereinigten Arabischen Emirate gehört seit Längerem zu den Kunden von Diehl. Das deutsche Unternehmen modernisierte die Panzerhaubitze M 109 und führt bis heute Reparaturarbeiten aus. Die Rüstungsindustrie in Abu Dhabi, Dubai und den anderen Emiraten gilt als noch wenig entwickelt.

Anderen Staaten ist längst der Schritt vom Waffenimporteur zum Exporteur gelungen. Vor allem die Chinesen haben in dem Bereichen Automobil- und Flugzeugbau gezeigt, dass sie in wenigen Jahren in der Lage waren, auch komplizierte Systeme nachzubauen. So sollen die Chinesen die sowjetische MiG-21 kopiert und verbessert haben. Anschließend bot China die Maschine als F-7M Airguard jahrzehntelang erfolgreich für den Export an.[120]

Die Lizenzvergabe birgt ein großes Risiko für die deutschen Konzerne: Die Konkurrenz auf dem Weltmarkt wird dadurch größer. Aufhalten lässt sich dieser Trend nicht mehr. Wie alle Bereiche der Wirtschaft hat die Globalisierung, wenn auch mit einiger Verspätung, die Rüstungsindustrie voll erfasst. Rüstungskonzerne wie BAE Systems, Thales, Finmeccanica und Saab können kaum noch als britisch, französisch, italienisch oder schwedisch bezeichnet werden, weil diese so viele Töchter, Niederlassungen und Beteiligungen im Ausland aufweisen. Auch deutsche Waffenbauer schlagen eine solche Richtung ein. Sie folgen dem Geld – und bauen dort Geschäfte auf, wo es am meisten zu verdienen gibt.

Krauss-Maffei Wegmann, der deutsche Panzerbauer im Besitz einiger Familien, ist nicht nur wegen seines Brasilien-Geschäfts dafür ein gutes Beispiel. Auf der Rüstungsmesse IDEX in Abu Dhabi verkündete der Panzerbauer im Februar 2011, mit dem indischen Unternehmen Ashok Leyland Defence Systems gemeinsam Rüstungsprojekte für den asiatischen Markt entwickeln zu wollen. Geschützte Radfahrzeuge, Bergefahrzeuge, Artillerie- und Kampfsysteme sollen zusammen produziert werden. Die indischen Streitkräfte bilden bereits eine der größten Armeen in Asien. Sie verfügen über rund 60.000 Fahrzeuge und könnten für KMW zu einem wichtigen Kunden werden.

Bereits 2010 hatte Krauss-Maffei Wegmann in Singapur eine Tochter gegründet. Auf der Messe „Singapore Airshow" kündigten die Münchner an, dass KMW Asia-Pacific als regionales Zentrum alle Aktivitäten im gesamten asiatisch-pazifischen Raum koordinieren werde. Hauptaufgabe des Unternehmens sei es, „neue Geschäftsmöglichkeiten auf dem asiatisch-pazifischen Markt zu gewinnen, der aufgrund der steigenden Nachfrage nach hoch entwickelten Landsystemen und Spitzentechnologien von strategischer Bedeutung ist". KMW-Chef Haun feierte den Eintritt in einen neuen Markt: „Dieser Schritt ist ein klares Bekenntnis zu unserem Kunden Singapur." Mit dem Leopard 2 sei KMW in der Löwenstadt angekommen. Die Löwenstadt, wie Haun den kleinen Stadtstaat Singapur nennt, hatte 168 Leopard-2-Panzer bei der Bundeswehr gekauft und diese von KMW modernisieren lassen. Krauss-Maffei Wegmann wurde von Singapur zudem mit der Inbetriebnahme und Wartung der Kampfpanzer beauftragt.

Zusatzprofite durch „Einsatzsofortbedarf"

Den Ausbau der Geschäfte in Asien begründen KMW und andere deutsche Rüstungshersteller mit einem erwarteten Rückgang von Bestellungen aus NATO-Staaten. „Trotz des deutlichen Rückgangs der Verteidigungsbudgets in Europa in den vergangenen Jahren blieb der Auftragsbestand robust", teilte beispielsweise MBDA im März 2012 mit. „Unsere Aktivitäten außerhalb Europas werden neue Partnerschaften in strategischen Ländern wie Indien, den Vereinigten Arabischen Emiraten und der Türkei bis zur Weiterverfolgung unserer Strategie in den USA umfassen."[121] Die USA kürzten ihre immensen Verteidigungsausgaben tatsächlich, mehrere Länder in Europa zogen nach. Auch Deutschland will den Wehretat senken. Gespart werden soll bei der Bundeswehr allerdings schon seit der Wiedervereinigung. 1999 betrug der Wehretat 45,3 Milliarden Deutsche Mark, bis 2004 sollte er um 19 Milliarden DM sinken, auf rund 26 Milliarden DM jährlich.[122] Dann kamen die Terroranschläge vom 11. September 2001 und der sich daran anschließende teure Krieg in Afghanistan dazwischen. Im Jahr 2012 liegt der Verteidigungsetat, der Einzelplan 14 der Bundesregierung, bei fast 32 Milliarden, 2013 soll er 33 Milliarden betragen – Euro wohlgemerkt. Von einem Absinken der Verteidigungsausgaben kann also nicht gesprochen werden. KMW und andere Fahrzeughersteller profitierten zudem vom „Einsatzsofortbedarf" der Bundeswehr in Afghanistan. Sie haben zahlreiche Aufträge für geschützte Fahrzeuge erhalten.

Mit gepanzerten Truppentransportern und Geländewagen lässt sich weltweit viel Geld verdienen. Sie werden im Gegensatz zu den schweren Panzern in den Kriegen gegen sogenannte irreguläre Kräfte wie in Afghanistan gebraucht. Für die Aufstandsbekämpfung brauche die Truppe schnelle und bewegliche Fahrzeuge, in denen die Besatzung dennoch vor Beschuss und Sprengfallen geschützt sei, heißt es bei der Bundeswehr. Rheinmetall bietet bereits gemeinsam mit Partnern zahlreiche solcher geschützten

Deutsche und amerikanische Militärfahrzeuge werden in Afghanistan einsatzbereit gemacht. Für die „neuen" Kriege brauchen die Armeen keine schweren Kampfpanzer mehr, sondern geschützte Geländewagen.

Wagen an. Das Geschäft will der Konzern weiter ausbauen. Rheinmetall hat deswegen mit MAN eine weitreichende Kooperation vereinbart. Beide Unternehmen haben die Tochter Rheinmetall MAN gegründet. Indirekt ist an der neuen Firma auch Volkswagen beteiligt. Denn seit Juli 2011 gehört der Lastwagen- und Spezialfahrzeughersteller MAN zum VW-Konzern.[123] MAN beliefert die Bundeswehr und andere Armeen seit Jahrzehnten mit Lastwagen, Bergefahrzeugen und Chassis für Raketenwerfer.[124] Rheinmetall MAN konnte bereits einen großen Kunden auf dem globalen Rüstungsmarkt überzeugen. Das Joint-Venture der beiden Unternehmen wurde Ende 2011 für einen milliardenschweren Auftrag von der australischen Regierung als favorisierter Anbieter ausgewählt.[125] Die Vertragsverhandlungen liefen in der ersten Jahreshälfte 2012 noch. Es geht um den Bau von bis zu 2700 gepanzerten und ungepanzerten Fahrzeugen durch eine australische Tochter von Rheinmetall MAN. Australien habe dafür ein Budget von rund drei Milliarden australischer Dollar, rund 2,2 Milliarden Euro, eingeplant, sagte Verteidigungsminister Stephen Smith. Es könne jedoch sein, dass diese Summe überschritten werde.[126] Ohne die australische Tochterfirma hätte Rheinmetall MAN wohl keine Chance auf den Zuschlag. „Wir haben Rheinmetall Australia gegründet, um uns im dortigen Fahrzeugmarkt, aber daneben auch im Munitionsmarkt in Australien erfolgreich aufzustellen", sagte Rheinmetall-Vorstandsmitglied Armin Papperger im Gespräch mit dem Fachblatt *Europäische Sicherheit & Technik*. Australien und die meisten anderen Länder achten bei der Vergabe von Rüstungsaufträgen darauf, dass im eigenen Land dadurch Arbeitsplätze entstehen oder gesichert werden und Steuerzahlungen anfallen.

Auch die Regierung in Algerien, ein treuer Kunde der deutschen Rüstungsindustrie, forderte den Aufbau einer eigenen Rüstungsproduktion. Rheinmetall errichtet in dem nordafrikanischen Land eine Fabrik für gepanzerte Fahrzeuge.[127] In Algerien soll demnächst ein Nachbau des

Transportpanzers Fuchs vom Band rollen. Kritische Aktionäre von Rheinmetall kritisierten das 2011 auf der Hauptversammlung des Unternehmens.

Rolf Mützenich, außenpolitischer Sprecher der SPD-Bundestagsfraktion, bezeichnet die Aktivitäten von Rheinmetall in Algerien ebenso als ein „fragwürdiges Geschäft".[128] Der einstige Landsystemhersteller Rheinmetall beschränkt sich längst nicht mehr nur auf die Fahrzeugproduktion. Dank einer Partnerschaft mit dem israelischen Rüstungsunternehmen Israel Aerospace Industries konnte Rheinmetall der Bundeswehr Drohnen für den Einsatz in Afghanistan anbieten. Die in Israel entwickelte Drohne Heron wird von der Bundeswehr geleast. Rheinmetall-Techniker warten und reparieren das System in Masar-i-Scharif. Die Bundeswehr beobachtet mit der Drohne, die Kameras und Sensoren an Bord hat, in Nordafghanistan die Aktivitäten der Taliban und anderer Aufständischer, überwacht verdächtige Höfe. Wenn es zu Gefechten mit Aufständischen kommt, kann das Bedienpersonal mit der Drohne die Gegner finden, deren Aufenthaltsort feststellen und als Zieldaten an die Artillerie weiterleiten. Die Bundeswehr setzt dann unter anderem die Panzerhaubitzen 2000 ein, um Stellungen der Taliban unter Feuer zu nehmen.

Die Panzerhaubitze, eine schweres Geschütz, gebaut von Krauss-Maffei Wegmann und Rheinmetall, wird seit 2010 von der Bundeswehr im Krieg in Afghanistan eingesetzt. Die Haubitze schießt bis zu 40 Kilometer weit und wurde bei zahlreichen Gefechten genutzt, um Stellungen des Gegners auszuschalten, wie es im Militärjargon heißt. Bei einem Besuch im Bundeswehr-Feldlager Kundus in Nordafghanistan wurde dem Autor der Einsatz der Panzerhaubitze gezeigt – in einem Film. Ein Bundeswehrsoldat hat ein Video auf seinem Laptop gespeichert, das bei einem Gefecht mit Taliban von deutschen Infanteristen aufgenommen wurde. Zu Beginn der wackeligen Aufnahme ist eine Baumreihe im Nebel zu erkennen. Hinter den Bäumen verbergen sich Kämpfer, die aus der Deckung heraus auf

Antreten vor der Panzerhaubitze: Im Feldlager Kundus in Nordafghanistan stehen deutsche Soldaten stramm. Mit Schützenpanzern vom Typ Marder kämpft die Bundeswehr gegen Taliban und andere Aufständische (unten).

deutsche Soldaten schießen. Dann gehen auf Kommando alle Deutschen in Deckung. Bei den Bäumen steigt plötzlich Rauch auf, dann rast eine Staubwolke auf den Kameramann zu. Die Druckwelle stößt die Kamera um. Als der Staub sich legt, sind die meisten Bäume nur noch Splitter. Aufständische gibt es dort nicht mehr. KMW nennt die Haubitze ein „hochmobiles und flexibles Waffensystem, das sowohl im konventionellen Einsatz als auch in asymmetrischen Gefechtsarten zur indirekten Feuerunterstützung eingesetzt wird". Die PzH2000 setze „weltweit Maßstäbe". Auch mit einem arabischen Golfstaat sollen die deutschen Hersteller über den Verkauf des Artilleriesystems verhandelt haben: Der Bundessicherheitsrat genehmigte 2009 den Export von 24 Haubitzen an das Emirat Katar.[129]

Mit Joint Ventures in den internationalen Markt

Rheinmetall hat sein Geschäft mit weltweiten Kooperationen in den vergangenen Jahren deutlich ausgebaut. Gemeinsam mit Diehl aus Deutschland und der israelischen Firma Rafael hat Rheinmetall das Konsortium EuroSpike gegründet. Das Unternehmen stellt ein „Mehrrolliges Leichtes Lenkflugkörpersystem" her, das wie alles und jenes in der Welt der Militärs abgekürzt und MELLS genannt wird. Die Waffe verschießt Raketen, mit denen Ziele am Boden und in der Luft bekämpft werden können. Das System verfüge über eine „Fire and Forget"-Funktion, wirbt der Hersteller. Abgeschossene Raketen können in der Luft zerstört oder ihnen nach Abschuss ein neues Ziel zugewiesen werden.[130]

Im April 2012 verkündete Rheinmetall einen weiteren Schritt auf dem Weg zum global agierenden Rüstungsriesen: „Rheinmetall Defence und das US-amerikanische Unternehmen General Dynamics Ordnance and Tactical Systems haben ihre Aktivitäten im Bereich der Panzermunition in einer transatlantischen Joint Venture-Gesellschaft gebündelt", teilt das Unternehmen in einer Erklärung mit. Die neue Tochter heißt „Defense Munition International (DMI)“. Sie hat ihren Sitz in den Vereinigten Staaten und wird „bewährte und neue 120-mm-Wucht- und Mehrzweckmunition für den amerikanischen und internationalen Kampfpanzermunitionsmarkt entwickeln und vertreiben“.[131] Mit der neuen Tochter wollen General Dynamics, weltweit der fünftgrößte Rüstungskonzern, und Rheinmetall ihre „internationalen Marktzugänge“ weiter ausbauen. „Mit diesem wegweisenden Joint Venture führt Rheinmetall den eingeschlagenen Weg der Internationalisierung auch auf der transatlantischen Ebene fort“, stellte Armin Papperger, Vorstandsmitglied von Rheinmetall fest. „Gemeinsam streben wir nun die Führungsposition im weltweiten Wettbewerb im Bereich der Panzermunition an.“ Beide Unternehmen haben gemeinsam bereits moderne Wolfram-Geschosse der Typen KEW-A1 und die KEW-A2 für die internationalen Nutzer des amerikanischen Abrams-Kampfpanzers entwickelt. Dabei handelt es sich um uranfreie und sprengstofflose Wuchtmunition auf Wolframbasis – so genannte KE-Munition. Das Kürzel steht für Kinetische Energie. Die Munition soll selbst schwere Panzerung durchschlagen können.[132] Weltweit gibt es dafür Kunden.

Geradezu ein Prototyp für die internationale Verflechtung des Rüstungsgeschäfts ist das Eurofighter-Projekt. Für Herstellung und Verkauf des Kampfjets gründeten EADS und deren Partner eine neue Firma. Diese Eurofighter Jagdflugzeug GmbH mit Sitz in Hallbergmoos bei München gehört zu 46 Prozent der von Deutschland und Frankreich dominierten EADS, zu 33 Prozent der BAE Systems und zu 21 Prozent dem italienischen Luft- und Raumfahrtunternehmen Alenia Aeronautica. Die vier Entwicklernationen bestellten zunächst gemeinsam 765 Eurofighter: Deutschland und Großbritannien je 250 Jets, Italien 165 und Spanien 100. Nach Anzahl der erteilten Aufträge wurden auch die Anteile an der Produktion auf die nationalen Industrien verteilt. EADS Deutschland und BAE erhielten je 33 Prozent, Alenia Aeronautica 21 Prozent und

EADS Spanien 13 Prozent. Die vier Regierungen kämpften hart um den Fertigungsanteil ihrer Industrie, schließlich ging es um Tausende Arbeitsplätze. Als die Bundeswehr ihre Bestellung auf 140 Maschinen drastisch reduzieren wollte, versuchte die Bundesregierung gleichzeitig zu verhindern, dass sich der deutsche Produktionsanteil verringerte. Am Ende bestellte die BRD 180 Eurofighter für rund zwölf Milliarden Euro – um sicherzustellen, dass weiterhin ein Drittel der Kampfjetproduktion in Deutschland blieb.[133] 40 bis 60 Maschinen würde Deutschland gerne verkaufen, berichteten Tageszeitungen.

Der Eurofighter Typhoon wurde von Anfang an auch für den Export entwickelt. Mit Österreich gewann das Konsortium eine weitere Bestellnation in Europa. Zudem bestellte Saudi-Arabien 72 Jets. Das saudische Königreich hatte zuvor in Großbritannien bereits Tornado-Jagdbomber geordert und kaufte nun auch den Eurofighter.[134]

Nicht nur beim Eurofighter setzt EADS auf internationale Kooperationen. Die EADS-Tochter Cassidian gründete mit Northrop Grumman aus den Vereinigten Staaten das Gemeinschaftsunternehmen EuroHawk. Beide Konzerne sind mit jeweils 50 Prozent beteiligt. Der EuroHawk, eine Drohne mit großer Reichweite, basiert auf dem RQ-4 Global Hawk, den Northrop Grumman entwickelt hat. Die Bundeswehr will das unbemannte Flugzeug für Aufklärungsmissionen nutzen. Im Juli 2011 übergab das Joint Venture die erste Maschine an die Luftwaffe mit einer feierlichen Roll-out-Zeremonie. „In Zeiten knapper Budgets können multinationale Gemeinschaftsentwicklungen wie diese einzelnen Staaten großen Nutzen bringen und ihre Truppen im Einsatz effektiv unterstützen", sagte Gary Ervin, Corporate Vice President von Northrop Grumman.[135]

Die EADS-Tochter Cassidian hat zudem mit Rheinmetall ein Joint Venture gegründet, das sich im Bereich der unbemannten Flugsysteme engagieren will. Das 2012 gebildete Gemeinschaftsunternehmen soll dann auch die Drohne Heron für die Bundeswehr betreuen – also das Projekt, das von Rheinmetall zusammen mit dem israelischen Rüstungskonzern gestartet wurde.[136] Die deutsche Waffenbranche wird durch zahlreiche Vernetzungen der Firmen untereinander immer unübersichtlicher.

Auch die EADS-Tochter Eurocopter produziert Hubschrauber in internationalen Konsortien. Bestes Beispiel für die Zusammenarbeit auf europäischer Ebene ist der NATO Helicopter 90 (NH90). Er gehört zu den am meisten kritisierten Rüstungsprojekten in Deutschland – nicht weil der Mehrzweckhubschrauber an diktatorische Regierungen exportiert wird, sondern weil die Hersteller die Maschine mit jahrelanger Verzögerung an die Bundeswehr ausliefern. Entworfen wurde der Helikopter noch zu Zeiten des Kalten Krieges.[137] Die Bundeswehr erhielt die ersten Maschinen 2006, in den Flugbetrieb ging der NH90 erst 2011. Im November 2011 kündigte Verteidigungsminister de Maizière an, nur noch 80 Maschinen abnehmen zu wollen.[138]

Hergestellt wird der NH-90 von NATO Helicopter Industries – kurz NHI. An dem Industriekonsortium sind Eurocopter Frankreich, Eurocopter Deutschland, Agusta Westland aus Italien und Fokker aus den Niederlanden beteiligt. Aus 14 Nationen hat NHI bereits 529 Bestellungen für den Hubschrauber erhalten, darunter sind die Heimatländer der vier Hersteller sowie Australien, Belgien, Finnland, Griechenland, Neuseeland, Norwegen, Oman, Portugal, Schweden und Spanien.[139] „Damit ist das NH90-Programm das größte und komplexeste jemals in der Geschichte von Europa aufgelegte Hubschrauberprogramm", konstatiert das Magazin *Politik & Sicherheit*, das von dem Arbeitskreis Außen- und Sicherheitspolitik der CSU herausgegeben und von der Wehrwirtschaft finanziert wird.[140]

Ein globalisierter Markt ohne Moral

Nicht nur deutsche Firmen streben ins Ausland – auch Unternehmen aus dem Ausland versuchen, in der Bundesrepublik Fuß zu fassen. Seit einigen Jahren übernehmen zudem ausländische Firmen auch deutsche Rüstungsunternehmen. Das kann nur mit Zustimmung der Bundesregierung erfolgen.

Das deutsche Außenwirtschaftsrecht gibt der Regierung das Recht, im Einzelfall den Einstieg eines ausländischen Investors abzulehnen, wenn wesentliche nationale Sicherheitsinteressen berührt würden.[141] 2005 soll die Bundesregierung den Kauf von Atlas Elektronik durch Thales verhindert haben. Der Torpedo- und Radarhersteller gehört heute gemeinsam EADS und Thyssen.[142] Andere Übernahmen liefen hingegen reibungslos. Der amerikanische Rüstungskonzern Raytheon etwa übernahm 1995 das Kieler Unternehmen Anschütz, das Brückensysteme für Schiffe und andere nautische Ausrüstung herstellt. Zudem ist Raytheon an mehreren anderen Firmen in der Bundesrepublik beteiligt.[143] Die P+S Werften in Stralsund und Wolgast gehören Investoren aus Russland. Heckler & Koch war bis 2002 eine Tochter des britischen Rüstungsriesen BAE Systems.

Der Rüstungsmarkt – auch der deutsche – wird immer globaler. Aus nationalem Interesse versucht die Bundesregierung, den einheimischen Firmen den Weg ins Ausland zu ebnen. Hinter vorgehaltener Hand sagen Politiker in Berlin, dass die Leistungsfähigkeit der deutschen Waffenhersteller nur erhalten werden könne, wenn diese im Ausland ordentlich Geld verdienten. Wie mit der Weitergabe von Wissen über die Produktion komplexer Waffensysteme an Schwellenländer umzugehen ist, darauf scheint es in Berlin keine Antwort zu geben. Nach dem Zweiten Weltkrieg profitierten die deutschen Rüstungshersteller von der Lizenzfertigung amerikanischer und britischer Waffen in der Bundesrepublik. So gelang es den Kriegsgeräteproduzenten der Bundesrepublik, den Anschluss zur Weltspitze zu erlangen. Nun gehen Staaten in Asien und Südamerika den gleichen Weg und profitieren von der Waffenproduktion deutscher Unternehmen und deren Töchter in ihren Ländern. In wenigen Jahren wird die nationale Rüstungskontrolle dann endgültig obsolet sein, weil die einstigen Kunden der westlichen Rüstungsindustrie selbst hochwertige Waffen produzieren – und exportieren.

Eine bessere Kontrolle kann nur auf internationaler Ebene auf den Weg gebracht werden. Im Sommer 2012 verhandelt die Staatengemeinschaft in New York über einen internationalen Vertrag, der den konventionellen Waffenhandel einschränken und transparenter machen soll. Bisher sieht es nicht so aus, als ob große Rüstungsproduzenten wie die Vereinigten Staaten und Russland sowie aufstrebende Staaten wie China einem Vertrag zustimmen werden, der ihr Rüstungsgeschäft einschränkt. Der globale Waffenmarkt bleibt ein Markt ohne Moral – aber mit Deals in Milliardenhöhe.

5 STOLZ DER DEUTSCHLAND AG

Der neue Verteidigungsminister beginnt seine Amtszeit mit einem Truppenbesuch beim Heer. Thomas de Maizière steht auf dem Truppenübungsplatz in der sachsen-anhaltinischen Altmark auf einem Lkw-Anhänger und beobachtet mit einem Feldstecher die Umgebung. In der Ferne brüllt ein Motor auf. Dann bricht ein Leopard 2 aus einem Waldstück hervor. Eine dünne Birke, die dem auf Ketten rollenden Koloss im Weg steht, knickt der Kampfpanzer wie ein Streichholz. Der Panzer dreht seinen Turm, die Kanone schwenkt nach links. Dann beschleunigt der Leopard. Er rattert in sicherem Abstand am Minister vorbei, fährt auf eine Lichtung. Ihm folgen Panzergrenadiere zu Fuß mit Sturmgewehren im Anschlag. Sie rücken gegen einen Feind vor, der nicht zu sehen ist. In der Ferne steigt Rauch auf.

Die Männer der Panzergrenadierbrigade 37 trainieren für den Ernstfall, für den Krieg. Blau kämpft gegen Rot in diesem Übungsszenario. Heute steht Rot meist für Terroristen oder Aufständische. Früher, in den Großmanövern zu Zeiten des Kalten Krieges, wurden die Truppen der UdSSR mit Rot bezeichnet. Im Kalten Krieg sollte die Bundesrepublik noch gegen die Truppen der DDR und der UdSSR verteidigt werden. Im Kalten Krieg produzierte die westdeutsche Rüstungsindustrie noch fast ausschließlich für die Landesverteidigung und die NATO-Partner. Auch diese Zeiten sind lange vorbei.

Der Leopard 2 rollt rückwärts von der Lichtung, die Infanteristen haben eine Mine entdeckt. Ein Pionier sprengt sie aus dem Weg. Der Angriff kann weitergehen. De Maizière schaut den vorrückenden Truppen zu. Schwere Kampfpanzer kennt de Maizière noch von seiner eigenen Zeit bei der Bundeswehr. In den Jahren 1972 bis 1974 diente er als Wehrpflichtiger. Das Heer verfügte damals nur über den

Leopard 1. Dessen Nachfolger, der Leopard 2, kam wenige Jahre später dazu: 1979 wurde die Neuauflage des „Leo", wie die Soldaten sagen, in die Truppe eingeführt. Seitdem wurde der Panzer ständig überholt. Von „Kampfwertsteigerung" sprechen Militärs und Rüstungsindustrie, wenn Waffensysteme an neue Bedrohungsszenarien und neue Aufgaben angepasst werden. Der von Krauss-Maffei Wegmann (KMW) als Generalunternehmer und zahlreichen anderen Rüstungsfirmen gebaute Panzer gilt als Nonplusultra des Schlachtfeldes, als bester Kampfpanzer der Welt. Der Leopard entwickelte sich zum Standardpanzer der NATO. Für die Bundeswehr und ihre Verbündeten stellten die Rüstungsschmieden Tausende Exemplare her.

Ein Produkt des wehrtechnischen Mittelstands

Dutzende Unternehmen in Deutschland verdienten über Jahrzehnte viel Geld mit dem Leo – darunter auch viele kleine Firmen. Rund die Hälfte der Wertschöpfung im deutschen Rüstungsgeschäft findet beim Mittelstand statt. Darunter sind hoch spezialisierte Firmen, die Winkelspiegel für gepanzerte Fahrzeuge herstellen, Funktechnik oder spezielle Scheinwerfer. Viele dieser Betriebe haben ein ziviles und ein militärisches Standbein. Für die Produktion des Leopard 2 liefern Dutzende deutsche Firmen Teile zu. Die namhaftesten Hersteller von Heeresbedarf in der Bundesrepublik arbeiten dem Generalunternehmen Krauss-Maffei Wegmann zu: Rheinmetall, Diehl, MTU, Renk, Carl Zeiss und andere Rüstungsfirmen sind involviert.[144] An den Unternehmen, die den Leopard-Panzer herstellen, sind zudem Banken und große Finanzdienstleister beteiligt: Der Leopard 2 ist damit ein Produkt der „Deutschland AG" – und der Stolz der deutschen Rüstungswirtschaft.

Diehl Defence liefert die Leichtlaufketten für den Leopard 2. Diese Sparte von Diehl aus Nürnberg produziert neben Ketten für Panzer vor allem Munition und Raketen. Die Rüstungssparte beschäftigt rund 3100 Mitarbeiter.[145]

Von MTU Friedrichshafen kommt der Motor mit 1500 PS. Die Motoren- und Turbinen-Union Friedrichshafen GmbH gehört zur Tognum-Gruppe, die wiederum seit 2011 jeweils zur Hälfte Daimler und Rolls-Royce gehört.[146] Auch Daimler verdient so künftig an Leopard-2-Neuverkäufen mit.

Renk aus Augsburg produziert das Getriebe für den Kampfpanzer. An der Firma ist MAN seit 1923 mehrheitlich beteiligt. MAN wiederum gehört zu Volkswagen. Nach eigenen Angaben ist Renk bei Kettenfahrzeuggetrieben Weltmarktführer. 2011 machte der Antriebsspezialist 389 Millionen Euro Umsatz und beschäftigte rund 2000 Mitarbeiter.[147] Renk produziert auch Getriebe für den maritimen Bereich; zahlreiche Schiffe haben Technik aus Augsburg an Bord. Zudem arbeitet Renk mit anderen Zulieferern des Leopard auch beim Puma-Projekt mit. Der Schützenpanzer Puma wird von KMW und Rheinmetall gebaut. Getriebe von Renk finden sich zudem in weiteren Schützenpanzern und Kampfpanzern europäischer Hersteller.[148]

Die Optik für den Kommandanten und den Schützen im Leopard 2 stellt Carl Zeiss her. Das Tochterunternehmen Carl Zeiss Optronics produziert unter anderem das Periskop PERI-R17 A2, das in mehrere Leopard-2-Modelle eingebaut wurde. Außerdem stellt Carl Zeiss die Laserentfernungsmesser, CCD-Kameras und Wärmebildgeräte für den Panzer her. Das Unternehmen ist vor allem bekannt für Brillengläser, Mikroskope und Fotokameraobjektive.

Von Autoflug stammen die Sicherheitssitze. In den neueren Versionen des Leopard sind sie an der Decke aufgehängt, um die Besatzung bei der Detonation von Sprengfallen und Minen besser gegen die Druckwelle zu schützen. Autoflug stellt auch Sitze für Helikopter und Jets her.[149]

Die Waffen des Leopard 2 werden von Rheinmetall produziert. Die Düsseldorfer stellen die 120 Millimeter L55 Glattrohrkanone und das Maschinengewehr des Panzers her. Die Kanonen von Rheinmetall genießen weltweit einen so guten Ruf, dass sogar die amerikanische Armee sie für den Abrams-Panzer bestellte. Der Rüstungsbetrieb produziert auch die Munition für das Geschütz. Rheinmetall gehört im zivilen Bereich zu den größten Zulieferern der Automobilindustrie. Die Sparte Automotive besteht vor allem aus zwei Unternehmen: Kolbenschmidt stellt unter anderem Gleitlager und Kolben her, Pierburg ist für seine unterschiedlichen Pumpen bekannt.

Jenoptik ergänzt die Waffenstationen mit seinen Antrieben, mit denen sich Turm und Geschütz ausrichten und bewegen lassen, sowie mit seinen Stabilisatoren. Die Jenoptik-Tochter ESW aus Wedel bei Hamburg produziert diese Technik für den Kampfpanzer. Für die Industrie fertigt Jenoptik sonst Messtechnik und Laser. Das Unternehmen baut zudem Radarfallen und „Rotlichtüberwachung".

Krauss-Maffei Wegmann schließlich produziert Turm und Wanne und setzt das System zusammen. Das Unternehmen mit rund 3500 Mitarbeitern gehört zu den wenigen Rüstungsunternehmen, die keine nennenswerte zivile Fertigung haben. 1999 schlossen sich Krauss-Maffei aus München und Wegmann aus Kassel zu KMW zusammen. Bis Ende 2010 gehörte fast die Hälfte der Waffenschmiede dem Elektronikkonzern Siemens. Dann verkaufte Siemens seinen Anteil an die Wegmann & Co. Unternehmensholding, die 26 stillen Teilhabern gehört. Gelenkt wird die Holding von den Familien Bode, von Braunbehrens, von Maydell und Sethe. Den größten Einfluss hatten stets die Bodes. Krauss-Maffei Wegmann unterliegt nicht den Veröffentlichungspflichten börsennotierter Unternehmen.

Der Leopard 2 stelle ein Produkt des wehrtechnischen Mittelstands dar, schwärmen Lobbyisten in Berlin. Sie versuchen, die Politik von immer weiteren Exportgenehmigungen für den Kampfpanzer zu überzeugen. Dazu verweisen sie auf die wirtschaftlichen Interessen von Dutzenden Firmen und die zahlreichen Arbeitsplätze, die mit der Panzerproduktion gesichert werden könnten. Der Leopard 2 ist ein Exportschlager der deutschen Rüstungsindustrie; bereits von dem Vorgängermodell, dem Leopard 1, wurden 4561 Exemplare ins Ausland geliefert. Der Leopard 2 wird mittlerweile in

18 Ländern eingesetzt, darunter in Chile, Kanada, der Türkei, Griechenland, Singapur, Finnland, der Schweiz und Spanien. Indirekt verdienen an der Produktion und am Export des Panzers auch Banken, Fonds und Versicherung mit. Mindestens 14 deutsche Finanzdienstleister hielten Anteile im Wert von rund 1,74 Mrd. Euro an den Herstellern des Leopard 2, berechnete die Kampagne „Facing Finance", die bedenkliche Kapitalanlangen deutscher Investoren anprangert. „Zudem vergaben deutsche Banken in jüngster Vergangenheit Kredite an diese Unternehmen in Höhe von mindestens 2,75 Mrd. Euro".[150] Laut „Facing Finance" waren über ihre Beteiligungen auch die Deutsche Bank, die Commerzbank, die Hypo-Vereinsbank, DEKA und DZ Bank sowie Versicherungen wie Allianz, Württembergische Lebensversicherung und auch mehrere Landesbanken am Panzergeschäft involviert.[151]

Leos in Afghanistan?

Angeschafft wurde der Leopard einst, um bei einem Angriff des Ostblocks auf Mitteleuropa die zahlreichen Panzer des Warschauer Pakts aufzuhalten. „Die quantitative Überlegenheit der Landstreitkräfte des Warschauer Pakts gleicht das Heer durch hohe Beweglichkeit, starke Feuerkraft und reaktionsschnelles Führungssystem aus", lobte das Verteidigungsministerium 1980 in einer Broschüre über 25 Jahre Bundeswehr.[152] Seit dem Ende des Kalten Krieges hat der Panzer rapide an Bedeutung verloren. In Deutschlands erstem Bodenkrieg seit 1945, in Afghanistan, setzt die Bundeswehr den Leopard 2 nicht ein. Der Wehrbeauftragte des Bundestages, Hellmut Königshaus (FDP), hatte dies 2010 gefordert: „Wer in das Kanonenrohr eines Leopard 2 schaut, überlegt sich zweimal, ob er eine deutsche Patrouille angreift", sagte Könighaus im Interview mit dem *Tagesspiegel*.[153] Ihm widersprachen zahlreiche Experten. Für die Regionen, in den die deutschen Feldlager Masar-i-Scharif, Faisabad und Kundus liegen, sei der Panzer zu schwer, zu groß, zu unbeweglich, sagen Spitzenmilitärs und

Verteidigungspolitiker. Das mag eine Wahrheit sein, die andere lautet: Der Leopard 2 sieht einfach zu sehr nach Krieg aus. Dessen Einsatz widerspräche der aktuellen politischen Wortwahl. Denn noch immer reden Kanzlerin Angela Merkel und ihre Kabinettsmitglieder nicht von Krieg in Afghanistan, sondern von kriegsähnlichen Zuständen. Vertreter der Rüstungsindustrie bedauern, dass der Leopard 2 nicht an den Hindukusch verlegt wurde. Denn Kampfeinsätze des Panzers durch die Bundeswehr wären eine gute Werbung für dessen Export ins Ausland gewesen. Im Kriegseinsatz in Afghanistan befindet sich der deutsche Leopard dennoch. Die kanadische und die dänische Armee nutzen den Leopard 2 am Hindukusch. Die Kanadier liehen sich die Panzer von der Bundeswehr und ließen sie von deutschen Rüstungsfirmen auf den aktuellen Stand bringen. Krauss-Maffei Wegmann passte die alten Leopard-Panzer für die neuen Kriege an. Panzerduelle gibt es in Afghanistan keine, dort kämpft der Gegner der ISAF asymmetrisch, nutzt Sprengfallen und legt in Dörfern und Städten komplizierte Hinterhalte. Der Leopard der Kanadier wurde deswegen besonders gegen Sprengkörper geschützt, und das Kanonenrohr wurde verkürzt – damit der Panzer auch in engen Städten kämpfen kann.

Panzer für das Dritte Reich

Die Zeit der Schlachten zwischen gegnerischen Panzerverbänden ist dennoch vorbei. Eine große militärische Bedeutung hatten die Kampfpanzer noch in den Kriegen des 20. Jahrhunderts. Im Ersten Weltkrieg rollten erstmals Panzer. Die Briten griffen mit ihren Tanks an der Westfront erfolgreich die deutschen Stellungen an. Der Krieg ging für das Deutsche Reich verloren. Nach 1918 mussten die deutschen Streitkräfte zunächst auf eigene Tanks verzichten. Der Versailler Vertrag verbot Deutschland unter anderem die Entwicklung und Produktion von Panzern. Mit Hilfe der sowjetischen Armee rüsteten aber bereits die Streitkräfte

der Weimarer Republik heimlich auf.[154] Nach der Machtübernahme durch die Nationalsozialisten war es mit der
Heimlichkeit vorbei. Den Diktator Adolf Hitler interessierten völkerrechtlich bindende Verträge nicht. Der Führer
plante bereits seine größenwahnsinnigen Angriffskriege.
Dafür entwickelte das Dritte Reich innerhalb kurzer Zeit
eine gewaltige Rüstungsproduktion. Die Wehrmacht erhielt
zunächst den Panzer Tiger und später mit dem Adolf-Hit-
ler-Panzerprogramm den Panther. Mit ihren Panzern gewann die Wehrmacht in West- und Osteuropa zunächst fast
alle Schlachten. Rüstungsfirmen wie Henschel, später zu
ThyssenKrupp gehörend, Daimler-Benz und MAN, kamen
mit der Panzerproduktion nicht nach.

Nach dem Zweiten Weltkrieg dienten die Blaupausen der
deutschen Panzerhersteller gleich mehreren Staaten dazu,
das Kriegsgerät weiterzuentwickeln. Mit der Wiederbewaffnung Deutschlands ab 1955 begann auch in Deutschland der
Panzerbau erneut.[155] Die Rüstungsschmieden, die sich mehr
als ein Jahrzehnt lang dem Dritten Reich angedient hatten,
boten der neu geschaffenen Bundeswehr ihre Panzerent-
würfe an. Auch sie entwickelten Entwürfe weiter, die für Hitlers Vernichtungskrieg erarbeitet worden waren.

Der erste deutsche Panzer, der nach dem Krieg in
Deutschland zur Serienreife gelangte, war der Leopard 1. Um
das ehrgeizigste Rüstungsprojekt des Heers nach 1945 bewarben sich zahlreiche Rüstungsproduzenten. Zum Generalunternehmer bestimmte die Bundeswehr damals Krauss-
Maffei. Große Namen wie Porsche, Blohm + Voss, Henschel,
Krupp, Daimler oder Wegmann waren an der Entwicklung
und am Bau der ersten Prototypen beteiligt.[156] Der Panzer
war für den Kalten Krieg konzipiert. Die Militärplaner und
die Rüstungsindustrie hatten an alle Eventualitäten gedacht:
Die Leoparden können Gewässer überwinden, notfalls sogar
per Unterwasserfahrt. Die Besatzung ist „weitgehend gegen
radioaktive Strahlen nach Atombombenexplosionen und gegen chemische Waffen geschützt", stellte das Verteidigungsministerium 1980 fest.[157]

Die Einsatzplanung der westdeutschen Streitkräfte konzentrierte sich zu Hochzeiten der Kampfpanzer noch ausschließlich auf die Landesverteidigung. Gut zehn Jahre nach dem Ende des Kalten Krieges kam der Leopard 2 zu einem Auslandseinsatz: Im Juni 1999 standen die Panzer in langer Reihe geschmückt mit Tarnnetzen und Deutschlandflagge an der Grenze zum Kosovo und warteten auf den Befehl zum Start. Über 2500 dieser schweren Kampfpanzer verfügte die Truppe damals – das Heer bezeichnet auch heute noch den Panzer als ihr „Flaggschiff". Doch deren Zahl sank rapide. Zehn Jahre nach dem Beginn des Kosovo-Kriegs waren es noch 350 Stück – und künftig plant Verteidigungsminister de Maizière noch mit 225 Leoparden.[158]

In Europa out – in Asien gefragt

Die NATO-Staaten planen momentan keine nennenswerten Neuanschaffungen für die Panzertruppen. Der letzte Kunde für den Leopard 2 war Griechenland, das 2002 für rund 1,7 Milliarden Euro Panzer bestellte. Wegen seiner Schulden reizte Athen die Zahlungsfristen mehr als aus. Erst nach Mahnungen deutscher Politiker soll Griechenland die Ausstände an die deutsche Rüstungsindustrie weitgehend überwiesen haben. Für den Markt in Europa und Nordamerika ist der Leopard 2 nicht mehr von Interesse. Generell verliere das Geschäft mit Kampfpanzern langsam an Bedeutung, sagt ein Sprecher von Rheinmetall. Das Unternehmen konzentriere sich künftig auf gepanzerte Fahrzeuge, auf Drohnen und den Feldlagerschutz mit Geschützen, die anfliegende Geschosse abwehren können. Für Rheinmetall dürfte der Export des Leopard 2 außerhalb des NATO-Gebietes interessant bleiben.

Rheinmetall hat zudem eine eigene Version des Panzers für die Kriege des 21. Jahrhunderts entwickelt und 2010 auf der Rüstungsmesse Eurosatory in Paris präsentiert. Damit konkurriert Rheinmetall erstmals mit Krauss-Maffei Wegmann auf dem Markt der schweren Kampfpanzer.[159] Mitte

2010 hat KMW mit dem Leopard 2A7+ eine eigene neue Version vorgestellt. „Sein modular ausgelegtes Design gewährleistet den Einsatz des Leopard 2 A7+ sowohl im urbanen Gelände als auch in Kampfeinsätzen mit sehr hoher Intensität", wirbt Krauss-Maffei Wegmann. Verklausuliert heißt dies, dass der Panzer auch zum Kampf in Städten und vor allem zum Häuserkampf in den asymmetrischen Kriegen in Afghanistan und Irak eingesetzt werden kann. Die neue Variante des Leopard erhält ein Maschinengewehr, das im spitzen Winkel nach oben feuern kann, um etwa Feinde auf Dächern zu bekämpfen. Er ist besonders gegen Sprengfallen und Panzerfaustbeschuss geschützt. Mit seinem Räumschild kann der Leopard 2A7+ auch gegen von Demonstranten errichtete Barrikaden eingesetzt werden. Je nach Ausstattung und Liefermenge liegt der Stückpreis zwischen sieben und neun Millionen Euro.

„Wo, wenn nicht im deutschen Heer, sollte wohl der modernste Leopard genutzt werden?", fragte Generalleutnant Werner Freers Ende 2010 auf dem Jahresempfang des Förderkreises Deutsches Heer, einem Lobbyverband der Verteidigungsindustrie. Doch der Wunsch des Inspekteurs des Heeres nach neuen oder modernisierten Panzern wird sich in den kommenden Jahren nicht erfüllen. Die Bundeswehr verfügt über keine der neuen Leopard-Varianten – und um Kampfpanzer zu modernisieren, die nicht im Auslandseinsatz verwendet werden, investiert das Verteidigungsministerium kein Geld. Priorität hat die Ausrüstung der Truppe für die Auslandsmissionen mit geschützten Fahrzeugen, Drohnen und modernen Schützenpanzern. Die alten Kampfpanzer der Bundeswehr, Leoparden vom Typ 2A5, 2A6 und 2A6M, kämpfen nur auf den Truppenübungsplätzen wie in Munster und Letzlingen im Manöver – wie in Zeiten des Kalten Krieges.[160] Einen neuen Kunden hat die deutsche Rüstungsindustrie für den Leopard in Saudi-Arabien ausgemacht. In Medienberichten wird spekuliert, dass Saudi-Araien 270 Leoparden der neuesten Variante kaufen wolle. Das wäre für die Rüstungsfirmen der Deutschland AG ein Milliardendeal.

6 LEOPARDEN FÜR DIE WÜSTE

Die Leuchttafel im Plenarsaal des Berliner Reichstagsgebäudes zeigt den letzten Tagesordnungspunkt an diesem Mittwoch, dem 6. Juli 2011: Die 119. Sitzung des Deutschen Bundestages endet mit dem Zusatzpunkt 3, Aktuelle Stunde, beantragt von der Opposition. Abgeordnete von SPD, Grüne und Linkspartei attackieren die Regierung vom Rednerpult aus – und mit Zwischenrufen. Politische Schwergewichte wie Sigmar Gabriel, Chef der SPD, Jürgen Trittin, Fraktionsvorsitzender der Grünen, und sein Kollege von der Linkspartei, Gregor Gysi, ergreifen das Wort, kritisieren das Kabinett. Vertreter der Union und FDP, überwiegend weniger bekannte Abgeordnete, verteidigen den umstrittensten Rüstungsexport in der Kanzlerschaft von Angela Merkel. Lediglich Rainer Stinner von den Liberalen sagt, dass es die Pflicht der Parlamentarier sei, sich mit diesem Thema zu beschäftigen und dass auch die Öffentlichkeit ein Recht habe, mehr zu erfahren. Andere Politiker der Regierungsparteien denken ähnlich, schweigen aber aus Gründen der Parteiräson. Viele der blauen Sessel der Regierungsbank bleiben leer. Merkel und ihre Minister bleiben der hitzigen Debatte fern.[161]

Panzer nach Riad?

Eine kleine Meldung im Nachrichtenmagazin *Spiegel*, insgesamt nur 1308 Zeichen lang, hatte große Empörung hervorgerufen. Sie beginnt mit den beiden Sätzen: „Deutschland ist bereit, moderne ‚Leopard'-Kampfpanzer an Saudi-Arabien zu liefern. Damit ändert die Bundesregierung eine jahrzehntealte Linie, dem autoritär geführten Königreich keine schweren Waffen zu liefern."[162] Bislang hatte die schwarzgelbe Bundesregierung stets versichert, eine restriktive

109

Rüstungsexportpolitik zu verfolgen. Außenminister Guido Westerwelle nannte sich selbst einen „Abrüstungsminister".

Kanzlerin Angela Merkel bekundete im Mai 2011 während des Arabischen Frühlings den Demonstranten in Ägypten und Tunesien ihren Respekt und versprach deutsche Hilfe. Nun sollte ausgerechnet ein autokratisches Regime, eine Menschenrechte missachtende Monarchie, deutsche Leopard 2A7+ erhalten? Friedensgruppen, Kirchen, Menschenrechtsorganisationen und die Oppositionsparteien im Bundestag prangerten die geplante Ausfuhr der Panzer und die Zustimmung der Bundesregierung zu dem Deal an.

Während im Plenarsaal die Opposition der Regierung vorwarf, dass deren Außenpolitik der Kompass fehle, demonstrieren draußen vor dem Reichstagsgebäude Hunderte Friedensaktivisten. „Panzerexport nach Saudi-Arabien stoppen" und „Keine Panzer nach Riad" prangt auf Transparenten. Eine Frau mit riesiger Merkel-Maske steht hinter einer Panzerattrappe, auf der „Riad 2012?" gedruckt ist. Auf anderen Panzern prangt in weißen Lettern „Damaskus 2011" und „Peking 1989". Die Aktion soll darauf hinweisen, dass der Arabische Frühling auch Saudi-Arabien erreichen könnte. Gegner des Rüstungsdeals befürchten, dass künftig Demonstrationen in der arabischen Welt mit deutschen Panzern zusammengeschossen werden.

Wenn demokratische Proteste durch Diktaturen niedergeschlagen wurden, wie auf dem Tiananmen-Platz in Peking 1989, beim Prager Frühling 1968, beim Arbeiteraufstand in der DDR 1953 und in Polen 1970, dann rollten stets auch Panzer gegen den Widerstand an. Das Foto eines Chinesen, der sich vor dem Platz des Himmlischen Friedens ganz allein einer Panzerkolonne in den Weg stellte, ging um die Welt. Das Magazin *Time* kürte ihn zu den 100 einflussreichsten Menschen des 20. Jahrhunderts.[163]

Von den Protesten auf der Wiese vor dem Reichstag ist im Gebäude nichts zu hören. Auf einer der Zuschauertribünen, die in luftiger Höhe in den Plenarsaal hineinragen, sitzt Winfried Nachtwei und schaut dem Treiben unter ihm zu. Der

Blick aus der Vogelperspektive auf den Parlamentsbetrieb ist ungewohnt für den früheren Politiker. Bis zum Sommer 2009 mischte er aktiv und engagiert auf der großen Bühne mit. Nachtwei, pensionierter Lehrer, früherer Bundestagsabgeordneter der Grünen, Verteidigungsexperte seiner Partei, bei allen Fraktionen wohlgelitten und geachtet, schaut der Debatte zu. Er ist über das Verhalten der Regierung entsetzt. Später notiert er in dem Tätigkeitsbericht eines Politikers im Ruhestand: „*Vorher in der Fragestunde sagt StS Otto nichts, nichts ... Bin beschämt und zornig wie lange nicht. Möchte am liebsten dazwischen brüllen. Aber dann wäre mein lebenslanger Zugang zum Bundestag weg.*"[164]

Dem Staatssekretär im Bundeswirtschaftsministerium Hans-Joachim Otto fiel die undankbare Aufgabe zu, sich in der Fragestunde des Parlaments ins Ungefähre zu flüchten. Er weigerte sich, das Rüstungsgeschäft mit Riad zu bestätigen, wollte es aber auch nicht dementieren. Otto berief sich auf Geheimhaltungsinteressen der Bundesregierung, die das Parlament lediglich nachträglich im jährlich vorzulegenden Rüstungsexportbericht über erteilte Genehmigungen zu Waffenausfuhren unterrichten müsse. Damit zog er sich den Zorn der Opposition zu. Nicht nur der ehemalige Abgeordnete Winfried Nachtwei bewertete den anstehenden Export von Kampfpanzern an Riad als Tabubruch. Auch aktive Parlamentarier seiner Partei, ebenso von der SPD und der Linkspartei, empfinden so. Scham empfinden auch Abgeordnete der Regierungsparteien. Zu deutlich wird: Bei der Panzerlieferung geht es um das wirtschaftliche Interesse der Rüstungsindustrie, nicht um außen- oder sicherheitspolitische Interessen der Bundesregierung. Zwischen 1,7 und 3 Milliarden Euro könnten der Generalunternehmer des Leopard 2, Krauss-Maffei Wegmann, und die zahlreichen Zulieferbetriebe gemeinsam verdienen. Abgeordnete der Unionsbundestagsfraktion äußern ihren Unmut jedoch lediglich in Hintergrundgesprächen, Namen dürfen nicht genannt werden. Niemand will bei Kanzlerin Merkel oder Union-Fraktionschef Volker Kauder durch Illoyalität auffallen.

Saudi-Arabien hatte in der Vergangenheit mehrfach vergeblich in Berlin nach deutschen Kampfpanzern angefragt. Keine Bundesregierung war bereit, den Saudis schwere Waffen zu liefern. Helmut Schmidt erfüllte den Wunsch Saudi-Arabiens nach Leoparden ebenso wenig wie sein Nachfolger Helmut Kohl. Der FDP-Politiker Jürgen Möllemann, damals Staatsminister im Auswärtigen Amt, später Wirtschaftsminister, hatte sich 1983 vergeblich für den Export der Panzer nach Saudi-Arabien eingesetzt.[165] Das Nachrichtenmagazin *Spiegel* zitierte Möllemann mit einem Wortspiel: Den Panzer Leo, den die Saudis haben wollten, müsse man „auf Arabisch von rechts nach links" lesen, dann käme „Oel" heraus. Dank steigender Ölpreise ist die Bedeutung Saudi-Arabiens seit 1983 noch gewachsen.

Warum das zweite Kabinett Merkel nun einer Voranfrage für den Export der Leoparden zugestimmt hat, verrät die Regierung nicht – auch den Fachausschüssen des Bundestages nicht. Regierungschefin und Bundesminister verstecken sich hinter dem Bundessicherheitsrat, der stets unter Ausschluss der Öffentlichkeit und unter höchster Geheimhaltungsstufe tage. Dessen Entscheidungen dürften nicht publik gemacht werden. Zudem gebe es berechtigte Geheimhaltungsinteressen der Hersteller. Das Schweigen der Regierung empfindet die Opposition als Provokation. Ein Politveteran mit großer Erfahrung in geheimen Staatsangelegenheiten zog im August 2011 nach Karlsruhe, um vor dem Bundesverfassungsgericht mehr Transparenz zu erzwingen. Hans-Christian Ströbele, der unter anderem im Kontrollgremium zur Arbeit der Geheimdienste sitzt, hofft, dass das höchste Gericht Deutschlands die Bundesregierung in die Schranken verweist. Gemeinsam mit der Vorsitzenden der Grünen, Claudia Roth, und der Rüstungsexpertin der Partei, Katja Keul, hat er ein Organstreitverfahren beim Bundesverfassungsgericht angestrebt. Der Zweite Senat will noch 2012 darüber entscheiden.[166]

Wie die Bundesregierung schweigt auch der Generalunternehmer Krauss-Maffei Wegmann zum Deal mit Saudi-Arabien. Das Unternehmen hat kein Interesse, dass Details

112

an die Öffentlichkeit gelangen. „Fakt ist zum einen, dass das Interesse Saudi-Arabiens am Leopard nicht erst seit diesem Sommer bekannt ist, sondern schon seit sehr vielen Jahren. Das ist eigentlich keine Neuigkeit", sagt Unternehmenssprecher Christoph Müller ungewohnt offen im *Deutschlandfunk*. „Fakt ist aber auch, dass wir bei KMW keinen Vertrag für die Lieferung von Leoparden nach Saudi-Arabien besitzen. Aber es ist mit Sicherheit eine Diskussion gewesen, die eine ausgesprochen hohe Aufmerksamkeit und auch Medienaufmerksamkeit über die vergangenen Wochen und Monate besessen hat. Wir haben große Sorge, dass das Thema in der Unternehmensbetrachtung sehr verkürzt dargestellt wird." Normalerweise äußert sich der Sprecher zum Thema Panzerlieferung nach Saudi-Arabien nur „unter drei". Diese Sprachregelung, die normalerweise zwischen Politikern und Journalisten gilt, bedeutet, dass Informationen aus einem Gespräch nicht veröffentlicht werden dürfen. Müller, ein charmanter und intelligenter Gesprächspartner, ist mehr als ein Sprachrohr seiner Firma. Man hat ihm Prokura erteilt, also kaufmännische Verantwortung übertragen. Nachdem der *Spiegel* erstmals über den Panzerdeal mit Riad berichtet hat, bekommt Müller viel zu tun. Zahlreiche Journalisten rufen bei KMW an, und allen kann Müller nichts sagen. Er weiß genau: Saudi-Arabien gehört zu den heikelsten Kunden der deutschen Rüstungsindustrie. Öffentlichkeit schadet dem Geschäft. Diskretion sei wichtig, heißt es bei KMW. In Riad haben Verantwortliche hingegen keine Hemmungen, über das Thema zu sprechen.

Arabische Interessen und deutsche Dementis

Diese Erfahrung macht Jan van Aken, ehemaliger Rüstungsinspekteur der Vereinten Nationen, davor Gründer und Leiter der Forschungsstelle Biowaffen an der Universität Hamburg, heute Bundestagsabgeordneter der Linkspartei. Er besuchte vom 3. bis 6. Oktober 2011 Saudi-Arabien. Im Verteidigungsministerium in Riad trifft er den saudischen

General Abdullah al-Saleh, zuständig für den Waffeneinkauf. Der Autor war bei dem Treffen dabei.

„Wir haben gefährliche Nachbarn", sagt der General. Er trägt eine khakifarbene Uniform, auf deren Schulterklappen gekreuzte goldene Säbel gestickt sind. Al-Saleh spricht mit sanfter Stimme und in bestem Oxford-Englisch. Er ist Ende vierzig, ein kleiner Mann mit ergrautem Schnauzer und sorgfältig gestutztem Kinnbart. Der General empfängt van Aken, den Rüstungsgegner aus Deutschland, mit großer Höflichkeit. Al-Saleh beugt sich beim Sprechen in seinem Ledersessel vor, um dem Gast näher zu sein. Für den Besuch aus Deutschland hat er sogar sein Nachmittagsgebet verschoben. Dass viele Saudi-Arabien selbst für eine nicht ganz ungefährliche Nation halten, kann er nicht verstehen. Ein Lächeln huscht über sein Gesicht. „Wir müssen uns verteidigen können", sagt er. Deswegen wolle sein Land Kampfpanzer kaufen. Auf seinem Sofa, da, wo nun van Aken sitzt, hätten Vertreter von Krauss-Maffei Wegmann Platz genommen, berichtet er.

Als die Wochenzeitung *Die Zeit* im Dezember 2011 über das saudische Interesse an den Kampfpanzern berichtete, dementierte das Auswärtige Amt heftig.[167] „Es ist richtig, dass sowohl der deutsche Militärattaché in Riad als auch der saudische General Saleh bestätigt haben, dass ein Verkauf von 270 Leopard 2-Panzern an Saudi-Arabien geplant ist. Beide haben mir dies persönlich mitgeteilt", schreibt Jan van Aken daraufhin in einer Pressemitteilung. Der Militärattaché habe ihm gegenüber zudem weitere Angaben gemacht. „Es sei bereits mindestens ein Leopard 2A6 aus Spanien in Saudi-Arabien getestet worden. Dafür hätten die Spanier zwar eine Re-Exportgenehmigung aus Deutschland gebraucht, aber sie hätten das ignoriert und den Test als ‚Wüstentraining' deklariert. Da die deutsche Industrie sich den Deal nicht von den Spaniern wegnehmen lassen wollte, sei sie selbst aktiv geworden und habe einen Antrag auf Export von Leopard 2-Panzern nach Saudi-Arabien an die Bundesregierung gestellt."[168] Das Außenministerium dementierte erneut.

114

Die saudische Grenztruppe nutzt deutsche Technik und deutsche Waffen (oben). Ausgebildet werden die Grenzer von deutschen Bundespolizisten. Der Bundestagsabgeordnete Jan van Aken (Linkspartei, 3. v. l.) informiert sich vor Ort.

Aus saudischer Sicht scheint es jedoch weiterhin keinen Grund für eine Geheimhaltung zu geben. Bei einem Staatsbesuch von Außenminister Westerwelle in Saudi-Arabien im März 2012 spricht sein Kollege Prinz Saud al-Feisal ganz offen über den Wunsch seines Landes, in Deutschland Rüstungsgüter zu kaufen. Von Journalisten nach dem Panzer-Deal gefragt, sagt der Prinz: „Deutschland ist eines der Länder, mit denen wir gerne zusammenarbeiten würden in diesem Bereich." So berichtet es die Nachrichtenagentur Reuters. „Das Zögern kommt eher von der deutschen als von der arabischen Seite."[169]

Auf den Wunsch nach deutschen Rüstungsgütern geht der deutsche Außenminister in der Öffentlichkeit nicht ein. Er hebt nach dem Treffen mit seinem Kollegen die Bedeutung des Landes hervor. „Saudi-Arabien ist ein G20-Land, eine treibende Kraft in der Arabischen Liga und eine regionale Führungsmacht, wie beispielsweise auch der saudische Beitrag zum Machtwechsel im Jemen zeigt", sagt Westerwelle. Eine enge Abstimmung zwischen den Regierungen sei daher im Interesse beider Seiten und werde immer wichtiger.[170] Das gilt auch für den Rüstungsbereich, darüber spricht der Außenminister jedoch nicht offen.

Die konsequenten Dementis der Bundesregierung lassen sich nur mit den negativen Reaktionen in der Öffentlichkeit auf den Panzerdeal erklären. Dass Saudi-Arabien 270 Leopard-Panzer wolle, nicht 200, wie zunächst berichtet worden war, bekam der Autor von Beamten und Politikern hinter vorgehaltener Hand bestätigt. Der *Spiegel*-Journalist Holger Stark hatte zudem in einem Artikel Ende 2011 beschrieben, wie emsig und erfolgreich KMW bei Kanzlerin und anderen Spitzenpolitikern um eine Genehmigung des Deals geworben hatte. Im Juni 2012 berichteten deutsche Medien sogar, dass das Regime in Riad nun bis zu 800 Kampfpanzer kaufen wolle. Erneut schweigt die Regierung.

Dass Saudi-Arabien am Leopard 2 interessiert ist, war bekannt. Nach vergeblichen Versuchen in Deutschland hatte das Königreich in Spanien angefragt. Die Fachpresse berichtete 2010 bereits, dass Saudi-Arabien mit dem Unternehmen Santa Bárbara Sistemas in Spanien über die Lieferung von 270 Leopard 2A6 verhandele. Dort wird der deutsche Panzer in Lizenz nachgebaut. Dann scheinen die deutschen Panzerbauer das Geschäft an sich gerissen zu haben – mit Unterstützung des Kabinetts Merkel.

Ein angeblicher Stabilitätsanker

Die Bundesregierung scheint die innenpolitischen Folgen des Panzerdeals und die Auswirkungen des Arabischen Frühlings unterschätzt zu haben. Wie die Opposition zu recht kritisiert, wirkt es bizarr, wenn Außen- und Entwicklungsminister gemeinsam in Kairo den Tahir-Platz besuchen und den Mubarak-Gegnern zu ihrem erfolgreichen Kampf für Demokratie gratulieren, gleichzeitig aber den Panzerexport an eine der schlimmsten Diktaturen in der Region genehmigen. Abgeordnete der Union sehen darin keinen Widerspruch. „Die Verhältnisse in Ägypten, Libyen, Tunesien und Syrien – die sich bereits stark voneinander unterscheiden – sind nicht einfach auf Saudi-Arabien zu übertragen", stellt der Bundestagsabgeordnete Hans-Peter Uhl (CSU) fest. „Es ist nicht erkennbar, dass es dort zu einer vergleichbaren Polarität zwischen der Regierung und einer unzufriedenen außerparlamentarischen Opposition kommt. Auch ist nicht absehbar, dass dort der Einsatz militärischer Mittel gegen Zivilpersonen droht. Wer dies jetzt einfach behauptet, ist offenbar von Katastrophensehnsucht geleitet."[171] Dass es in Saudi-Arabien kein gewähltes Parlament gibt, dass Parteien verboten sind, darüber geht Uhl hinweg. Deutschland könne Saudi-Arabien nicht „panzerfrei" machen, indem es keine Leoparden entsende. „Hundertprozentige Gewissheit darüber, ob diese oder jede andere Entscheidung richtig oder falsch ist, werden wir erst nach vielen Jahren haben", stellt Uhl fest. „Aber dies ist in Fragen der internationalen Beziehungen immer so."[172]

Was die Befürworter des Rüstungsgeschäftes gerne vergessen zu erwähnen: Saudische Soldaten sind mit Panzern bereits gegen den Arabischen Frühling vorgegangen. Auf Bitten des Herrschers von Bahrain marschierten saudische Soldaten im Nachbarland ein und halfen bei der Niederschlagung von Protesten. Was in Bahrain passierte, fasst das Heidelberger Institute for International Conflict Research in seinem Conflict Barometer 2011 zusammen: 1000 saudische Soldaten und 500 Polizeikräfte aus den Vereinigten Arabischen Emiraten rückten am 14. März 2011 in Bahrain ein. Die Saudis rollten mit amerikanischen Panzern über die 24 Kilometer lange Brücke, die den Osten Saudi-Arabiens mit der Insel Bahrain verbindet.[173] Die Bilder der Fahrzeugkolonne mit Soldaten an Maschinengewehren gingen um die Welt. Am nächsten Tag rief der bahrainische Herrscher einen dreimonatigen Ausnahmezustand aus. Am 16. März rückten Regierungstruppen mit Tränengas, Panzern und Hubschraubern gegen Demonstranten auf dem Perlenplatz in der Hauptstadt Manama vor. Sechs Regimegegner wurden getötet, 50 verletzt. Zudem kamen sechs Polizisten um, fünf von ihnen wurden von Fahrzeugen überrollt. In den folgenden Wochen töteten die Sicherheitskräfte weitere Zivilisten, Hunderte wurden eingesperrt, darunter die Anführer der Opposition. Insgesamt starben 24 Menschen beim Niederschlagen der Proteste. Neun schiitische Oppositionelle wurden später zu Haftstrafen von bis zu 20 Jahren verurteilt. Eine Frau wurde zudem zu einem Jahr Gefängnis verurteilt, weil sie in einem Gedicht das Herrscherhaus verunglimpft haben soll.[174] Ohne die saudische Hilfe wäre der Regierung von Bahrain das Niederschlagen der Aufstände sicherlich nicht so einfach gelungen. Mit dem Unterdrücken von Gegnern hat das Regime in Riad jahrelange Erfahrung.

Saudi-Arabien ist mit 28,5 Millionen Einwohnern einer der bevölkerungsreichsten Staaten am Arabischen Golf und von der Fläche her das größte Land. Es weist unter allen arabischen Staaten das wohl repressivste Regime auf. Das Königshaus stützt sich auf den Wahabismus, eine besonders reaktionäre, sektenähnliche religiöse Strömung. Das Königshaus setzt auf Unterdrückung, um seine Macht zu erhalten – und auf das Ausschütten finanzieller Mittel, um den sozialen Frieden zu erkaufen. Dennoch kam es während des Arabischen Frühlings im Osten des Landes zu Protesten. Die Schiiten protestierten gegen ihre Behandlung als Muslime und Bürger zweiter Klasse. Für den 11. März 2011 wurde erstmals über Facebook zu einer Demonstration in Riad im Anschluss an das Freitagsgebet aufgerufen. Der Staat reagierte mit dem Zusammenziehen von Sicherheitskräften und zeigte Härte. Der damals 87-jährige König Abdullah Ibn Saud verkündete am 18. März 2011 in einer Rede, dass Demonstrationen in Saudi-Arabien nicht toleriert würden. Als nach dem Einmarsch saudischer Soldaten in Bahrain in den saudischen Städten Safwa, al-Qatif und al-Hassa Schiiten gegen die Unterdrückung ihrer Glaubensbrüder im Nachbarland demonstrierten, wurden rund 100 von ihnen festgenommen. Einen Monat später zählte Human Rights Watch bereits 160 politische Gefangene in Saudi-Arabien.[175]

„Wir wissen, dass in diesem Staat die Menschenrechte täglich mit Füßen getreten werden, dass Frauen immer noch absolut unterprivilegiert sind, z. B. bis zum heutigen Tag keinen Führerschein machen dürfen, und dass Saudi-Arabien mit 10% seines Bruttoinlandprodukts für Verteidigung einen Spitzenplatz (Nr. 3) in der Welt einnimmt." Diese Sätze schreibt niemand aus der Friedensbewegung, sondern Rudolf K. Schiwon, Chefredakteur des Magazins *wt*. Die beiden Buchstaben stehen für Wehrtechnik. Das gleichnamige Magazin wird von niemandem verdächtigt, zu kritisch mit der Rüstungsindustrie umzugehen, schließlich trägt die Branche mit ihren Anzeigen zum Umsatz des Blattes bei, und auch viele Leser dürften im Sold der Waffenhersteller stehen. Dennoch äußert Chefredakteur Schiwon seine Verwunderung über den Leopard-2-Deal, findet aber auch eine Erklärung für das Geschäft: „Die Ökonomie hilft aber auch hier schnell, eventuelle Bedenken zu zerstreuen, zumal es ja politische Hilfsargumente gibt, wie das eines starken stabilen Saudi-Arabiens, als zuverlässigem Partner in einer unsicheren Region."[176]

Amnesty International und Human Rights Watch kritisieren Saudi-Arabien für die unzähligen Verletzungen der Menschenrechte. Dass der Arabische Frühling in dem Königreich kaum Auswirkungen hatte, habe am harten Durchgreifen der Sicherheitsdienste gelegen. „Die Regierung verbietet alle Formen des friedlichen Protests. Anfang März 2011 wurde das Verbot von ranghohen Geistlichen der Regierung und Vertretern des Innenministeriums erneuert", berichtet Human Rights Watch (HRW). „Saudi-Arabien hat die Bemühungen einheimischer Reformer, Demokratie und einen besseren Schutz der Menschenrechte zu erkämpfen, wieder und wieder niedergeschlagen", stellt Christoph Wilcke, Saudi-Arabien-Experte von HRW fest. „Panzer zu verkaufen und gleichzeitig über Menschenrechtsverletzungen hinwegzusehen ist das falsche Signal, insbesondere im Hinblick auf die Versprechen europäischer Staats- und Regierungschefs gegenüber den Demokratiebewegungen im Nahen Osten, eine neue unterstützende Haltung einzunehmen."[177]

Die deutlichsten Worte zur Lage in Saudi-Arabien findet aber das Auswärtige Amt im 9. Menschenrechtsbericht der Bundesregierung: „Die Todesstrafe wurde 2008 mindestens 102 mal und 2009 mindestens 69 mal vollstreckt, Körperstrafen wie z.b. das Auspeitschen werden regelmäßig vollzogen, Dissidenten werden inhaftiert, Geständnisse erzwungen, Frauen werden wesentliche Menschenrechte vorenthalten, minderjährige Mädchen zwangsverheiratet, freie Meinungsäußerung ist nur teilweise möglich, die Religionsausübung für nicht-muslimische Religionen verboten, die schiitische Minderheit im Osten des Landes wird diskriminiert, und ausländische Arbeitnehmer sind weitgehend rechtlos."

Die Unterdrückung von Frauen nimmt in Saudi-Arabien bisweilen manische Züge an: So dürfen Frauen nicht Auto fahren, nur an Familientagen das Nationalmuseum und andere kulturelle Einrichtungen besichtigen, und in mancher

120

staatlichen Einrichtung gibt es keine Damentoilette, weil dort keine weiblichen Angestellten arbeiten. Fünf Politikerinnen aus den USA sorgten im Januar 2012 im saudischen Verteidigungsministerium für einen kleinen diplomatischen Eklat. Ihre unverschämte Forderung: Die weiblichen Kongressabgeordneten wollten die Toilette besuchen. Für Frauen gibt es jedoch keine Sanitärräume im Ministeriumsgebäude, und die Gastgeber untersagten den weiblichen Gästen, die Herren-WCs zu benutzen.[178]

Das erdölreiche Königreich gilt aus deutscher Sicht aber nicht nur wegen der Menschenrechtssituation seit Jahrzehnten als schwieriger Partner. Auch die Beziehung zu Israel gibt deutschen Politikern Anlass zur Sorge. Bis heute haben beide Staaten keinen Friedensvertrag unterzeichnet. Im Sechstagekrieg (1967) und im Jom-Kippur-Krieg (1973) unterstützte Saudi-Arabien die Gegner Israels. Mittlerweile eint beide Staaten zwar der gemeinsame Feind Iran, Riad gilt aber weiterhin als finanzieller Förderer von Israel feindlich gesinnten Gruppen. Da Ägypten nach der Revolution jedoch eine deutlich kritischere Haltung zu Israel eingenommen hat, hoffen die Regierungen in Washington und Berlin, dass Saudi-Arabien nun hinter den Kulissen der Diplomatie Israels bei Verhandlungen mit anderen arabischen Staaten helfen könne. Bundestagsabgeordnete der Union weisen darauf hin, dass Israel dem Panzergeschäft mit Riad zugestimmt habe. Zum Ausgleich dafür erhalte die Regierung in Tel Aviv deutsche U-Boote geliefert.

Offen betonen Sprecher des Auswärtigen Amtes und Parlamentarier der Regierungsparteien immer wieder, dass Saudi-Arabien ein Stabilitätsanker am Golf sei. Das ist leicht gesagt und schwer bewiesen. Wie stabil Saudi-Arabien wirklich ist, darüber streiten die Fachleute. Das Königreich habe nur durch großzügige Ausgaben für den Sicherheitssektor und durch harte Repressionen eine hohe Stabilität im Lande garantieren können – nun stehe es vor einer ernsten Krise, stellen die Experten vom Internationalen Zentrum für Konversion in Bonn (BICC) fest. Saudi-Arabien sei zwar durch den arabischen Frühling kaum beeinflusst, das sei jedoch auf die Unterdrückung aller politischen Gegner zurückzuführen. „Es wird weiterhin alles getan, um offenen Protest, wie im März 2011 in Riad, zu unterdrücken, um die Machtposition der Regierung zu sichern."[179]

Partner im Kampf gegen den Terror?

Mit Waffenlieferungen an vermeintliche „Stabilitätsanker" hat die Bundesrepublik in der Vergangenheit zudem schlechte Erfahrung gemacht. Auch Persien unter dem Schah wurde als Stabilisator und Freund des Westens bezeichnet. Der Iran bezog Rüstungsgüter im großen Stil aus den Vereinigten Staaten und auch aus Deutschland. Das Land war unter anderem einer der größten Abnehmer des amerikanischen Phantom-Jets. 225 Stück erhielt der Iran. Nach dem Sturz des Schahs setzte das neue Regime den Jet im Krieg gegen den Irak ein.[180] In Deutschland kaufte der Schah unter anderem eine Waffenfabrik, in der das Sturmgewehr G3 von Heckler & Koch hergestellt wird. Auch nach dem Sturz des Schahs lief die Produktion weiter, und daran soll sich nach Einschätzung von Experten bis heute nichts geändert haben. Nun vermuten Abgeordnete, Saudi-Arabien solle gegen den Iran aufgerüstet werden.

Die Regierung in Riad sei zudem ein für Deutschland wichtiger Partner im arabischen Raum, insbesondere bei der Bekämpfung des Terrorismus, schreibt die Bundesregierung in der Antwort auf eine Kleine Anfrage der Grünen: „Die terroristische Bedrohung der Luftsicherheit Ende Oktober 2010 (Sprengstoff in Luftfracht) und die Bewältigung dieses Anlasses unterstreichen die Bedeutung der engen Kooperation im Sicherheitsbereich mit dem Königreich Saudi-Arabien."[181] Auch die FDP nennt in einer Argumentationshilfe für Parlamentarier, welche die Fraktion nach der Kritik am Panzerdeal erstellen ließ, als einen guten Grund für Rüstungsexporte nach Saudi-Arabien, dass die Saudis ein „wichtiger Partner im Kampf gegen den Terrorismus" seien.[182]

Unerwähnt bleibt, dass Saudi-Arabien über Jahrzehnte den Terror unterstützt hat. 15 der 19 mutmaßlichen Flugzeugentführer vom 11. September 2001 waren saudische Staatsbürger – ebenso wie Osama bin Laden, Gründer des Terrornetzwerks al-Qaida. Bin Laden gilt zudem als Drahtzieher des Angriffs auf das World Trade Center in New York und das Pentagon in Arlington. Im amerikanischen Gefangenenlager Guantanamo auf Kuba kamen zeitweilig zwei Drittel der Inhaftierten aus Saudi-Arabien. Riad beantragte die Auslieferung von mehr als 100 Staatsbürgern, die in dem Haftlager festgehalten wurden.[183] Saudi-Arabien gehörte neben Pakistan und den Vereinigten Arabischen Emiraten zu den einzigen Ländern, die das Taliban-Regime in Afghanistan diplomatisch anerkannten. Das Regime in Riad lieferte zudem Waffen an die Taliban.[184] Stiftungen in Saudi-Arabien sollen al-Qaida jahrelang finanziert haben, selbst saudische Regierungsmitglieder stehen im Verdacht, die Terrororganisation Bin Ladens mit Geld versorgt zu haben.[185] All das scheint vergessen zu sein, denn heute wird Saudi-Arabien gebraucht, um ein Gegengewicht zum Iran zu bilden. Für einen Krieg gegen den Iran könnte Saudi-Arabien die schweren deutschen Panzer jedoch nicht gebrauchen: Das Königreich hat keine gemeinsame Grenze mit dem schiitischen Staat. Und die saudischen Streitkräfte verfügen über keine Möglichkeit, die Panzer per Luft oder See in den Iran zu bringen. Dass der Iran wiederum mit Landstreitkräften das hochgerüstete Saudi-Arabien angreift, gilt als unwahrscheinlich. Die Saudis scheint auch nicht zu stören, dass rund 300 Kampfpanzer amerikanischer Hersteller bereits eingemottet in Depots stehen. Dem saudischen Heer fehlen qualifizierte Soldaten, die Panzer ins Gefecht führen könnten. Dennoch will das Land in Deutschland weitere 270 Panzer kaufen.

Den ersten Wüstentest hat der Leopard 2 A7+ bereits bestanden. In den Vereinigten Arabischen Emiraten erprobte KMW im Sommer 2011 die neueste Version des Kampfpanzers. Für die Erprobung schickte die Bundeswehr die Besatzung von vier Mann und einen Stabsoffizier auf die

Arabische Halbinsel.[186] Deutsche Soldaten konnten so auf der arabischen Halbinsel einen Panzer testen, über den die Bundeswehr nicht verfügt. Auch in Saudi-Arabien half die Bundeswehr bei einem Schießtest mit einem Leopard 2 A7+. Der Panzer stammt aus den Niederlanden und wurde von KMW vor dem Export nach Saudi-Arabien modernisiert. Anfang Juli 2012 schrieb der Staatssekretär im Verteidigungsministerium, Christian Schmidt, an Abgeordnete: „Auf Bitten der Firma Krauss-Maffei Wegmann (KMW) hat die Bundeswehr am 2. Juli 2012 einen Stabsoffizier der Panzertruppe für vier Wochen nach Saudi-Arabien zum deutschen Militärattachéstab in Riad entsandt. Die Kosten für die Entsendung trägt die Firma KMW. Der Offizier wird die Firma KMW bei der Firmenerprobung eines Kampfpanzers Leopard 2 A7+ unter Wüstenbedingungen unterstützen." In dem Brief heißt es weiter: „Weiterhin erhält die Firma KMW zur Durchführung der Firmenerprobung Munition aus Beständen der Bundeswehr gegen Kostenerstattung." Bei der Informations-Lehrübung in Munster hatte die Bundeswehr 2010 bereits gezeigt, was der Leopard 2A7+ alles kann: Mit seinem Räumschild rammte er eine Barrikade aus dem Weg, während ein Maschinengewehr einige Demonstranten in Schach hielt, die von Soldaten gespielt wurden. Das Vorgehen gegen die Demonstranten mit dem Panzer filmten Gäste der Lehrübung und stellten die Aufnahmen ins Internet. Der Film ist heute noch im Videoportal Youtube zu finden. Weder die Befürworter des Panzerdeals innerhalb der Regierungsparteien noch das Rüstungsunternehmen Krauss-Maffei Wegmann begeistert das Übungsszenario in Munster: Beide beteuern, dass der Leopard 2A7+ sich nicht zum Einsatz gegen Demonstranten eignet. Das Video von der Lehrübung zeigt, dass dies nicht stimmt.

7 EINE WAFFENSTADT AM NECKAR

Mit Pauken und Trompeten marschieren grauhaarige Männer in blauen Uniformen zwischen der Klosterkirche und dem Schwedenbau in Oberndorf auf. Vornweg kommen sechs Trommler, dahinter gehen die Querflötisten, dann die Blechbläser. Den Musikern folgen Freizeitsoldaten, zwei Offiziere mit langen Säbeln, ein Fahnenträger, zehn Mann haben Gewehre geschultert. In Oberndorfs Innenstadt herrscht Festtagsstimmung. Der Einmarsch der historischen Bürgerwehr aus Villingen gehört zum Höhepunkt des Tages. Vor dem Schwedenbau, einem ehemaligen Fabrikgebäude des Gewehrproduzenten Mauser, sind Tische und Bänke aufgestellt. Bei Flaschenbier und Bratwürsten sitzen dort zahlreiche Oberndorfer und einige Touristen und schauen dem Aufmarsch zu. Er findet an einem Tag statt, an dem die Stadt daran erinnern will, wie die Industrialisierung in der Region begann. In Oberndorf geht das nicht ohne Bewaffnete. Gewehre und Rüstungsexporte gehören fest zur Geschichte der Stadt. Oberndorf feiert 200 Jahre Rüstungsindustrie.

Die Stadt nennt sich selbst „Perle am Neckar". Sie liegt zwischen Schwarzwald und Schwäbischer Alb, am Rande Württembergs. Stolz sind die meisten der rund 14.400 Einwohner nicht nur auf den landschaftlichen Reiz der Region, die Wanderwege und historischen Bauten, sondern auch auf die wehrhafte Industrie: „Seit 1872, seit Bestehen des deutschen Nationalstaates, werden deutsche Soldaten standardmäßig mit Gewehren aus Oberndorf ausgerüstet: die Armeen des Kaiserreiches mit dem Gewehr M 71/84, der Karabiner K98k von Mauser für die Wehrmacht, die Bundeswehr mit den automatischen Gewehren G3 und G36 von Heckler & Koch", heißt es in einer Broschüre des Waffenmuseums, herausgegeben von der Stadtverwaltung. Waffen aus Oberndorf seien weltweit begehrt.

Eine heile Welt der Waffen

Die Bürgerwehr marschiert die Klosterstraße bis zum Ende, mittlerweile spielt nur noch ein Trommler. Die Männer und einige wenige Frauen in den blauen Uniformen haben ihr Ziel erreicht. In Reih' und Glied treten die Freizeitsoldaten und Musiker auf einem Parkplatz vor dem Schwedenbau vor dem Bürgermeister an. Das Gebäude beherbergt das Waffenmuseum und weitere kulturelle Einrichtungen der Stadt. „Links um", befiehlt ein Major mit Gold auf der Schulter und einem sehr großen Hut. „Augen geradeaus." Seine Truppe blickt nach vorn und präsentiert Gewehr oder Instrument. Die Sonne brennt vom Himmel, die Männer schwitzen die Kragen ihrer historischen Uniformen nass.

Nach dem Salutschießen hält Oberndorfs Bürgermeister Hermann Acker eine kurze Rede. Viel zu sagen hat er nicht. Auch mit der Presse spricht er über die Rüstungsproduktion in seiner Stadt nicht – kommuniziert wird nur per E-Mail, und das sehr widerwillig. „Ich stehe Ihnen für ein Interview nicht zur Verfügung. Ihr Fragenbündel gleicht den Fragekatalogen verschiedener anderer Redakteure, die in der Vergangenheit nur tendenziös und klischeehaft über die in unserer Stadt ansässigen wehrtechnischen Unternehmen berichtet haben", teilt Acker per E-Mail mit. „Dass die Polizei, die in den Krisenherden auf der Welt eingesetzten Bundeswehrangehörigen und viele weitere Einsatzkräfte der NATO jedoch allergrößten Wert auf die bei uns hergestellten Geräte legen, hat bislang kaum interessiert. Die Produktion von Waffen zu deren Sicherheit, Verteidigung und zur Bekämpfung von Terrorismus wurde in den Reportagen über die Oberndorfer wehrtechnischen Betriebe bislang immer unterschlagen bzw. bewusst in den Hintergrund gedrängt." Acker scheint sein Nest von den Medien beschmutzt zu sehen, wenn diese über heikle Waffenexporte von Firmen aus seiner Gemeinde schreiben. Aus Oberndorf gehen seit fast zwei Jahrhunderten Waffen in die ganze Welt. Ohne die Exporte wären Mauser und auch Heckler & Koch wohl pleitegegangen. Die Stadt hätte Steuereinnahmen und Arbeitsplätze verloren. Exporte nach Saudi-Arabien, Ägypten oder Mexiko scheint Acker daher einfach auszublenden. In seiner Rede zur 200-Jahr-Feier lässt er alle kritischen Themen aus. Er bekommt höflichen Applaus, dann ist die historische Bürgerwehr aus Villingen wieder an der Reihe.

Der Musikzug spielt einen Tusch. Hinter der Kapelle, auf der anderen Straßenseite, flattern drei Fahnen im Wind. Sie zeigen das Logo von Rheinmetall, Deutschlands größtem Rüstungsunternehmen. Rheinmetall Defence hat 1995 die Mehrheit an den Mauserwerken übernommen. Seit 2002 heißt Mauser nur noch Rheinmetall Waffe Munition GmbH. In Oberndorf produziert Rheinmetall heute Kanonen für den Kampfjet Eurofighter und Munition für den Schützenpanzer Puma. Der Name Mauser ist Geschichte.

„Made in Oberndorf" – ein Gütesiegel in der Waffenwelt

In tiefer Vergangenheit liegen auch Oberndorfs Anfänge als Waffenstadt. Gefeiert wird an diesem Sommertag Ende Juli 2011 die Entstehung der königlichen Gewehrfabrik vor 200 Jahren. Das Wort „feiern" verbittet sich der Bürgermeister. Unter welchem Begriff der „Aufmarsch mit Musik" – wie es im Programm heißt –, der Bierstand, der Grill mit den Würstchen und die Ansprache zusammengefasst werden können, darüber schweigt er sich aus.

Das Heimat- und Waffenmuseum ist an diesem Festtag geöffnet. Im dritten Stock des Schwedenbaus führt eine Tür links in das muffige Heimatmuseum. Rechts geht es hinein in die Oberndorfer Waffenwelt. Was wurde nicht schon alles in der Kleinstadt hergestellt: Steinschlossgewehre in der königlichen Waffenfabrik. Karabiner in den Mauser-Werken. Maschinenpistolen bei Heckler & Koch. Maschinenkanonen bei Rheinmetall Defence. Hinter Glas hängen die Waffen, die Oberndorf in der Welt bekannt gemacht haben. Soldaten, Jäger, Schützen, Polizisten, Sammler, Waffennarren kommen gerne in das Museum.

Direkt gegenüber dem Eingang stehen zwei Büsten. Streng blickende Männer mit Rauschebart starren den Besuchern entgegen. Die Gebrüder Mauser sind die bekanntesten Söhne der Stadt. Sie haben 1872 die nach ihnen benannte Gewehrfabrik gegründet. „Hochbegabte Techniker" seien die Brüder Wilhelm und Paul Mauser gewesen, verrät ein Prospekt des Museums. „Schon nach wenigen Jahren setzten ihre zukunftsweisenden Entwicklungen Standards für die Waffentechnik weltweit." Sie hatten unter anderem ein neuartiges Verschlusssystem für Hinterladergewehre erfunden.[187]

Der Waffenfabrikant Paul Mauser war lange Jahre einer der einflussreichsten Männer der Region. 1898 wurde er für die Nationalliberalen in den Reichstag gewählt. Seinem Bruder Wilhelm errichtete die Stadt 1934 zum 100. Geburtstag ein Denkmal im Stadtgarten. Es zeigte eine lebensgroße Figur Wilhelm Mausers als Waffenschmied, auf dem Amboss sitzend mit einem Gewehrschloss in der Hand. Wenige Jahre nach der Einweihung wurde das Denkmal schon wieder abgerissen. Die metallene Mauserstatue kam in den Schmelzofen, die Bronze wurde für die Rüstungsproduktion gebraucht.

Nach dem Krieg gab es kein neues öffentliches Denkmal für die Gebrüder Mauser. Straßen- und Gebäudenamen erinnern aber weiter an die Waffenbauer – und ihren Einfluss auf die Stadt. „Ihre Industrie beherrschte bis Mitte des 20. Jahrhunderts das wirtschaftliche, politische und gesellschaftliche Leben Oberndorfs und prägte die Identität der Stadt", stellt der „Tourismus- und Gastgeberführer Oberndorf" fest. Er empfiehlt den Besuchern, die herrliche Panoramalage der Mauserstraße zu genießen, von der aus man auf die Reste der alten Waffenfabrik schauen könne. Dass die Waffenproduktion in Oberndorf aber keinesfalls Geschichte ist, sondern dass mit Heckler & Koch einer der größten Kleinwaffenhersteller Europas und ein bedeutender Gewehrexporteur dort beheimatet ist, erwähnt die Broschüre nicht. Ebenso wenig, dass Rheinmetall, Deutschlands größtes Rüstungsunternehmen, dort ein Werk unterhält.

Früher Mauser, heute Rheinmetall: Oberndorf beherbergt zwei der bekanntesten deutschen Rüstungsunternehmen. Auch Heckler & Koch ist dort heimisch.

Auch das Waffenmuseum lässt die dunklen Kapitel der Gewehrproduktion in Oberndorf aus. Hinter den in Stein gehauenen Köpfen der Mauser-Gründer im Museum ragt eine Flak hervor, eine Flugabwehrkanone mit Zwillingsgeschütz. Auch die Flak wurde von den Mauser-Werken gebaut, im Zweiten Weltkrieg. Die Mauser-Werke waren der größte Gewehrproduzent des Dritten Reichs. Gebaut wurden die Waffen auch von Zwangsarbeitern, die unter schlimmsten Bedingungen in Lagern hausen mussten. Zwangsarbeiter kommen in den vier Führungen nicht vor, die am Festtag im Juli von zwei Waffenexperten angeboten werden. Ein freundlicher, grauhaariger Herr in den Siebzigern geht mittags mit rund 30 Besuchern durch die Ausstellung. Von Vitrine zu Vitrine führt er die Gruppe, erzählt Anekdoten aus der Mauser-Fabrik, zeichnet das Bild eines erfolgreichen Unternehmens, das zum Weltmarktführer aufstieg. 24 Jahre lang hat der Mann für Mauser gearbeitet. Er spricht über große Ingenieursleistungen, beeindruckende Geräte und einmalige Systeme. Besonders hebt er eine

Anti-Panzer-Waffe hervor, die von Mauser im Ersten Weltkrieg in nur wenigen Wochen entwickelt wurde. Deren Geschosse konnten auch dicke Panzerplatten durchschlagen und die Fahrer der feindlichen Fahrzeuge ausschalten.

Über Mausers indirekte Nachfolger, über Heckler & Koch und Rheinmetall, erzählt er wenig. Heckler & Koch sei von drei ehemaligen Mauser-Ingenieuren gegründet worden. Die Firma produziere für die Polizei und die Bundeswehr, sagt er. Geschäfte mit Mexiko, Saudi-Arabien oder Indien erwähnt er nicht. Auch in einer Broschüre des Waffenmuseums heißt es lediglich: „Heckler & Koch GmbH setzt die Tradition in der Entwicklung zukunftsweisender wehrtechnischer Standards fort und rüstet zahlreiche Armeen in der NATO und Polizeien in der EU mit automatischen Handfeuerwaffen aus." Lizenzvergaben an Pakistan oder Iran, die dazu führten, dass das G3 zu den weltweit am meisten verbreiteten Waffen überhaupt gehört, werden im ganzen Museum nicht thematisiert. Das Oberndorfer Museum im Schwedenbau zeigt eine heile Welt der Waffen, in der alles seine Ordnung hat und in der Tod, Verstümmelungen, Zwangsarbeit und Waffentransfers an Diktaturen und Kriegsgebiete nicht stattfinden.

Dem Direktor des Heimat- und Waffenmuseums, Andreas Kussmann-Hochhalter, bleibt es überlassen, für einen Ausklang des 200-Jahre-Waffenfabrik-Tages zu sorgen. Er referiert abends im Vortragssaal des Schwedenbaus über „Das Werden der Königlichen Gewehrfabrik".

1811 wurde die Fabrik kurz nach der Gründung des Königreichs Württemberg nach Oberndorf verlagert. In Oberndorf stand ein Augustinerkloster direkt am Neckar leer, die Mönche hatten es aufgegeben. Zudem gab es in der Region reichlich Holz zum Befeuern der Öfen und einige wenige Erze im Boden. Also wurde aus der Klosterkirche eine Waffenfabrik, eine Zwischendecke wurde eingezogen, der Turm abgetragen. Der württembergische Monarch war nicht zimperlich. Er wollte Gewehre, auf religiöse Gefühle wollte er keine Rücksicht nehmen. Der König versetzte Soldaten und

Handwerker in die Stadt, die Manufaktur nahm die Arbeit auf. Eine Ansicht Oberndorfs von 1824 zeigt eine kleine, ordentliche Stadt mit zwei Brücken, einer größeren Kirche und der königlichen Gewehrfabrik vorn im Bild. Die Stadt erstreckt sich vom Neckar bis auf einige Hügel hinauf über drei Ebenen. Oberndorf ist heute noch in Talstadt, Oberstadt und Lindenhof aufgeteilt, hinzu kommen Orte, die eingemeindet wurden.

1836 notierte Pfarrer Friedrich August Köhler über die Königliche Gewehrfabrik: „Das Zeughaus und Militär des Landes werden im Überflusse mit Waffen versehen, bedeutende Summen erspart, die vormals ins Ausland gingen, viele Familien finden Arbeit, Oberndorf und seine Umgegend gewannen an Lebhaftigkeit und Geldverkehr, und dem Vaterlande werden viele geschickte Arbeiter nachgezogen."[188] Auch der Vater der bekanntesten Söhne Oberndorfs arbeitete für die Königliche Gewehrfabrik. Wilhelm und Paul Mauser versuchten zunächst vergeblich, die Fabrik vom Staat zu kaufen. Sie gründeten 1872 deswegen ein eigenes Unternehmen. Zwei Jahre später erwarben die Mausers dann die Königliche Gewehrfabrik am Neckar. Den Kaufpreis von 200.000 Gulden finanzierten sie großteils mit geliehenem Geld. Als elftes und dreizehntes Kind eines Gewehrfabrikarbeiters hatten sie einen „wenig soliden finanziellen Hintergrund", wie der Mauser-Experte Jörg Widmann höflich formuliert.[189] Die Übernahme der Königlichen Gewehrfabrik war mit dem ersten Großauftrag verbunden: Württemberg orderte 100.000 Waffen.

Dank der guten Auftragslage von Mauser entstanden weitere Arbeitsplätze, und Oberndorf wuchs – von 1872 bis 1895 um 2000 auf 4000 Einwohner.[190] Die Gebrüder Mauser suchten von Anfang an auch nach Kunden außerhalb der deutschen Länder. Eine Vitrine im Oberndorfer Waffenmuseum ist den erfolgreichen Ausfuhren gewidmet: Karabiner gingen nach Uruguay, nach Bolivien, nach Belgien und Mexiko. China bestellte 26.000 Gewehre des Typs M71 und schickte eine eigene Abnahmekommission ins ferne

Oberndorf. 1881 kam der nächste Großauftrag, diesmal aus Serbien. Das Land bestellte 120.000 Gewehre.

Nach dem Tod Wilhelm Mausers 1882 geriet das Unternehmen in finanzielle Probleme, zwei Jahre später wandelte Paul Mauser das Unternehmen in eine Kommanditgesellschaft um. Eine Bank erhielt 1666 Anteile, Paul Mauser nur 334. Er behielt die technische Leitung der Mauser-Werke, ein Vertreter der württembergischen Vereinsbank übernahm die kaufmännische Verantwortung. Dennoch reiste Paul Mauser nach Konstantinopel, um Aufträge für die Fabrik zu requirieren. Ihm gelang es, mit dem Osmanischen Reich einen neuen wichtigen Kunden zu gewinnen. Der Sultan bestellte 500.000 Gewehre, 50.000 Karabiner und die nötige Munition für seine Armee. Der Auftrag hatte ein Volumen von 46 Millionen Mark – eine gewaltige Summe. Das Osmanische Reich nahm so viele Waffen ab, dass in Oberndorf 1887 ein „Türkenbau" im maurischen Stil errichtet wurde, in dem osmanische Beamte die Gewehre prüften. Auf dem Friedhof steht heute noch ein Grabstein für Hauptmann Ibrahim, der während seines Dienstes in Oberndorf verstarb. Die Auslandsgeschäfte liefen nach dem Großauftrag des Sultans prächtig. Die Schweden, die ebenfalls ein treuer Kunde von Mauser wurden, prüften die in Oberndorf hergestellten Karabiner im „Schwedenbau" – in dem heute das Museum untergebracht ist. „Made in Oberndorf" ist bis heute in der ganzen Welt ein Gütesiegel für Waffen mit Qualität.[191] Bis nach Pakistan und Saudi-Arabien gelangten die Gewehre von Mauser, die dort bis heute in Ehren gehalten werden. Bis heute sollen damit Jäger, Stammesmilizionäre und Aufständische schießen. Wenn der Export lief, dann ging es Mauser und auch Oberndorf gut.

Der *Schwarzwälder Bote*, bis heute eine einflussreiche Regionalzeitung, stellte 1895 fest: „Die Geschichte Oberndorfs, ihr Wohlstand und das Blühen ihres gewerblichen Lebens sind in ganz erheblichem Maße abhängig von der Waffenfabrik Mauser hier, beziehungsweise dem Geschäftsgang dieses weltberühmten Etablissements." Als der Artikel erschien, beschäftigte Mauser rund 2400 Arbeiter und produzierte am Tag etwa 500 Gewehre. Die Mauser-Werke kamen für die Hälfte bis zwei Drittel der gesamten Steuereinnahmen der Gemeinde auf. Die ganze Stadt wurde abhängig von dem Waffenhersteller. „Die jeweilige Arbeitslage des Betriebs wurde zum Gradmesser für das Wohlergehen der ganzen Umgegend", stellte ein Heimatforscher fest.[192]

Rüstungsproduktion in zwei Weltkriegen

Zum Jahrhundertwechsel wurde Mauser in eine Aktiengesellschaft umgewandelt, und Paul Mauser schied als Mitinhaber aus. Er wurde zum Direktor und Vorstandsvorsitzenden berufen und erhielt von seinem Unternehmen nun ein Gehalt.[193] Zwischen 1901 und 1914 stellte Mauser rund 510.000 Gewehre für den Export her. Kurz vor dem Ausbruch des Ersten Weltkriegs starb Paul Mauser. Den hunderttausendfachen Einsatz seiner Waffen, das große Sterben auf den Schlachtfeldern und in den Schützengräben erlebte er nicht mehr. Als am 1. August 1914 die Mobilmachung befohlen wurde, war die Begeisterung in Oberndorf groß. Die Waffenstadt fühlte sich zu einem besonderen Patriotismus berufen. Eine Protestveranstaltung der Sozialdemokraten gegen den Krieg fand kaum Publikum. Nach Kriegsbeginn 1914 wuchsen die Mauser-Werke enorm. Die Werksfläche vergrößerte sich von 1,7 auf 8,5 Hektar. Damit die Waffenfabrik wachsen konnte, wurde sogar der Lauf des Neckars verlegt.

Zu Beginn des Krieges ging die Produktion in den Mauser-Werken zunächst zurück, da die Arbeiter von der Armee eingezogen wurden. Dann wurden Facharbeiter von der Front zurückgerufen, Frauen in die Fabrikhallen geschickt und Männer aus der Umgebung rekrutiert. Rund 8000 Menschen arbeiteten im Schichtsystem fast rund um die Uhr bei Mauser. Das Waffenunternehmen hatte doppelt so viele Beschäftigte wie Oberndorf Einwohner. Hergestellt wurden neben dem Infanteriegewehr M 98 verschiedene Pistolen, ein

Flugzeugmaschinengewehr und das Anti-Tank-Gewehr, mit dem die britischen Panzer aufgehalten werden sollten. Die Geschäfte liefen so gut, dass Mauser den Bau einer evangelischen Kirche mit 100.000 Mark fördern konnte.[194] Im Ersten Weltkrieg erfuhren die Oberndorfer erstmals die Nachteile, die es hat, eine Waffenstadt zu sein. Am 27. April 1915 fand der erste Luftangriff auf die Mauser-Werke und die Umgebung der Fabriken statt. Ein französischer Doppeldecker warf sechs Bomben ab. Es gab Verletzte und Tote. Am 12. Oktober 1916 griffen dann gleichzeitig 16 Flugzeuge die Mauser-Werke und Oberndorf an. Rund 100 Bomben fielen auf die Stadt herab. Da Abwehrgeschütze rund um die Waffenfabriken platziert waren, konnten die Flugzeugbesatzungen nur aus großer Höhe angreifen, und die meisten Bomben verfehlten ihr Ziel.

Nach dem verlorenen Ersten Weltkrieg änderte sich die wirtschaftliche Situation von Oberndorf schlagartig. Die Mauser-Werke, die 80 Prozent der städtischen Steuereinnahmen geleistet hatten, durften keine Kriegswaffen mehr produzieren. Der Versailler Friedensvertrag von 1919 gab eine strikte Abrüstung vor: Das Auslandsgeschäft brach weg. Mauser stellte zwar weiterhin Kleinkaliber- und Jagdgewehre her, damit waren die Werke aber nicht ausgelastet.[195] Die Rüstungsfirma begann Messwerkzeuge, Nähmaschinen und Autos zu bauen. Ab 1923 wurde der Tourer M 6 angeboten, ein dreirädriger Kraftwagen mit 24 PS und Vierzylinder-Motor. Eine Limousine folgte. Bei der zivilen Produktion blieb es jedoch nur wenige Jahre. Nach der Machtübernahme der Nazis 1933, die alle Verträge zur Rüstungsbeschränkung missachteten, begann auch in Oberndorf erneut die Waffenproduktion. „Neuen Aufschwung für den Betrieb brachte ab 1935 die Wiederaufrüstung im Dritten Reich", stellt das Waffenmuseum in Oberndorf sehr nüchtern fest.

Die dominierende Stellung der Mauser-Werke in der Stadt habe sich damals mit einem Satz ausgedrückt, erinnert sich der frühere Bürgermeister Otto Kenntner: „Oberndorf ist Mauser und Mauser ist Oberndorf."[196] Die ganze Stadt war auf die Waffenherstellung ausgerichtet. Im Zweiten Weltkrieg arbeiteten bis zu 12.000 Männer und Frauen bei Mauser – etwa die Hälfte davon waren Zwangsarbeiter. „Auch der Krieg hat in unserem einst so ruhigen Städtchen ein eigenes Gesicht geprägt. Wo früher die ehrsamen Bürger die Straßen bevölkerten, herrscht heute ein reger internationaler Verkehr. Unsere lieben heimatlichen Leute sind fast verschwunden. Der Zuzug an fremden Arbeitskräften hält immer noch an", notierte der Stadtchronist damals zynisch.[197] Denn von den Menschen, die für den internationalen Verkehr „verantwortlich" waren, kamen viele nicht freiwillig in die Kleinstadt am Neckar. Mauser besaß drei eigene Barackenlager, in denen die Zwangsarbeiter einquartiert wurden. Auch im Arbeitserziehungslager Oberndorf-Aistaig waren Mauser-Arbeiter untergebracht. Sie mussten Stollen für die unterirdische Waffenproduktion graben. Mauser zahlte für diese Zwangsarbeiter einen Lohn an die Gestapo. Louis Lammers, Zwangsarbeiter aus den Niederlanden, erinnerte sich: „Wir arbeiteten da am Bahngleis und bei den Mauserwerken. Hier wurde viel geschlagen und auch der Kopf kahlgeschoren, alle Nationalitäten waren hier."[198]

Aistaig gilt als besonders schlimmes Lager in der Region um Oberndorf, 79 Menschen überlebten die Misshandlungen nicht. Insgesamt sollen 283 ausländische Arbeiter bis Kriegsende wegen der schlechten Lebens- und Arbeitsbedingungen in Oberndorf gestorben sein. In der Nähe des sogenannten Russenlagers gab es einen Hinrichtungsplatz, wo verurteilte Osteuropäer erhängt wurden. Mehr als 5000 Fremd- und Zwangsarbeiter mussten zu Hochzeiten in der Produktion für Mauser arbeiten. Mitte des Jahres 1944 erreichte Mauser neue Produktionsrekorde: Rund 70.000 Karabiner vom Typ K 98k wurden pro Monat ausgeliefert.

Am 22. Februar 1945 griffen sechs zweimotorige Jagdbomber die Stadt und die Mauser-Werke an. Ihre Bomben zerstörten das Kraftwerk der Mauser-Werke und weitere Gebäude. Zwei Monate später, ausgerechnet am Geburtstag des Führers, rückten die französischen Truppen, darunter

Infanteristen aus Marokko, in Oberndorf ein. An diesem 20. April 1945 besetzten sie auch die Mauser-Werke. Nach Kriegsende lief die Waffenproduktion zunächst weiter: Die französische Armee erhielt 50.000 Karabiner und 54.000 Pistolen aus den Mauser-Werken. Bereits 1946 entschied die französische Militärregierung dann aber, die Mauser-Werke zu demontieren. Im Frühjahr 1946 begann der Abtransport von Maschinen; sie wurden in von Deutschland geschädigte Länder verteilt. Ein Jahr später ließen die Franzosen etwa die Hälfte der Werksanlagen sprengen.[199] Der damalige Bürgermeister Kenntner fasst zusammen: „Die Liquidation, Demontage der Werksanlagen, Abbau aller Maschinen und Einrichtungen und die Zerstörung der Gebäude der Mauser-Werke AG war die größte Katastrophe für die Stadt in ihrer langen Geschichte."[200]

Von der Kellerwerkstatt zur Waffenschmiede

Die Oberndorfer versuchten, Material, Werkzeuge und sogar Maschinen in der Stadt zu behalten. Die Stadt Oberndorf unterstützte damals manchen ehemaligen Werksangehörigen dabei, die „Kriegsbeute der Franzosen" etwas zu schmälern, gab der damalige Bürgermeister später zu. Am 22. Juli 1947 fand eine Razzia der französischen Gendarmerie statt. Die Beamten suchten nach entwendetem Werkzeug. Die Oberndorfer sahen dessen Mitnahme nicht als Diebstahl an. Facharbeiter ohne Anstellung konnten so ihr gewohntes Werkzeug in neue Arbeitsverhältnisse einbringen, notierte auch der damalige Bürgermeister Kenntner.

Auch der Kleinbetrieb Heckler & Koch soll von Werkzeugen und Maschinen profitiert haben, die „vom Laster gefallen waren", wie es in Oberndorf heißt. Die drei Firmengründer, Edmund Heckler (damals 43), Theodor Koch (44) und Alex Seidel (40), hatten vor dem Krieg bei Mauser gearbeitet. Sie richteten 1949 eine kleine Werkstatt im ehemaligen Luftschutzkeller der alten Feuerwache auf dem Gelände der Mauser-Werke ein. Die Gründer beschäftigten sich nach dem

Krieg zunächst nicht mehr mit Durchschlagskraft, Reichweite, Kalibergrößen oder der Dichte von Feuerstößen, sondern mit Fadenstärken und Nadeldichten. Direkt nach dem Krieg, unter französischer Besatzung, stellten fünf Arbeiter in der Kellerwerkstatt einfache Teile für Nähmaschinen her. Die Verwaltung der kleinen Firma war in der Wohnung der Familie Heckler in Oberndorf untergebracht. Am 27. Dezember 1949 unterzeichneten Heckler, Koch und Seidel den Gesellschaftsvertrag. Warum Seidel nicht im Unternehmensnamen auftauchte, ist bis heute unklar.

Ein französischer Kommandant sagte gegenüber dem Bürgermeister, er hoffe sehr, dass beim Zusammenbau der Einzelteile nicht plötzlich eine Pistole auf dem Tisch liege.[201] Das war als Scherz gemeint, aber ohne es zu wissen hatte der Franzose eine prophetische Aussage getroffen. Zunächst produzierten Heckler, Koch und Seidel für den zivilen Markt – und das mit Erfolg. Bald reichte der Platz im Keller nicht mehr aus, und Heckler & Koch zog in ein Gebäude des ehemaligen Reichsarbeitsdienstlagers in der Adolf-Hitler-Siedlung, die nach dem Krieg in den Ortsteil Lindenhof umbenannt wurde.[202] 1950 hatte Heckler & Koch bereits 150 Mitarbeiter, zwei Jahre später entstand das erste eigene Fabrikgebäude auf dem Lindenhof. Dort produzierte die Firma nun auch Schnitt- und Stanzwerkzeuge, Teile für Büromaschinen und Fahrräder.[203] Mancher ehemalige Mauser-Arbeiter war nun für Heckler & Koch tätig.

Einige Jahre lang wurden keine Kriegswaffen in Oberndorf hergestellt. Mit der Wiederbewaffnung Westdeutschlands 1955 und mit der Gründung einer neuen Armee begann dann wieder die Gewehrproduktion. Die junge Firma Heckler & Koch stellte sich als große Konkurrenz für Mauser heraus, das als Unternehmen wiederbelebt wurde, wenn auch in viel kleinerem Umfang als vor dem Krieg. Beide Unternehmen bewarben sich bei der Bundeswehr für die Produktion eines Sturmgewehrs. Mauser ging leer aus und verlor rapide an Bedeutung. Heckler & Koch erhielt den Zuschlag vom Verteidigungsministerium.

Obwohl die Waffenproduktion bis 1955 verboten war, konnte Heckler & Koch innerhalb kürzester Zeit einen Prototypen für ein neues Sturmgewehr präsentieren. Dem Unternehmen halfen dabei die Kontakte zu alten Mauser-Ingenieuren, die in Spanien in den Waffenfabriken der Franco-Diktatur arbeiteten.[204] Einer von ihnen kehrte sofort zurück, als Heckler & Koch rief. Er brachte die Konstruktionspläne für das CETME mit, ein Sturmgewehr. Heckler & Koch erwarb die Lizenzrechte daran, entwickelte das Schnellfeuergewehr weiter und brachte es als G3 zur Serienreife. So lautet zumindest die offizielle Version. In Oberndorf erzählt mancher alter Heckler-&-Koch-Mitarbeiter eine andere Geschichte: Die Firmengründer hätten einen der Ihren nach Spanien gesandt, um die Waffenproduktion in Deutschland vorzubereiten. Welche Version auch stimmt, die Rechte am G3 erhielt dann die Bundesrepublik Deutschland. Die Bundesregierung vergab später Lizenzen für die Produktion an zahlreiche Staaten: Schweden, Portugal, Türkei, Iran, Pakistan, Malaysia, Saudi-Arabien und andere Länder bauten das Sturmgewehr aus Oberndorf nach.

Das G3 ist ein nahezu unverwüstliches Gewehr. Ein Symbol deutscher Wertarbeit in der Rüstungsindustrie, ein Verkaufsschlager – eine der nach Angaben des Small Arms Survey in Genf auf dem Globus am meisten verbreiteten Waffen. Heckler & Kochs Erfolgsgeschichte beginnt mit dieser Waffe. 1959 wurde das Gewehr 3, kurz G3, bei der Bundeswehr als Standardwaffe eingeführt.[205] Goldene Zeiten seien das damals für das Unternehmen gewesen, erzählt ein ehemaliger Angestellter, der anonym bleiben möchte.

Heckler & Koch wuchs weiter. 1960 beschäftigte die Firma bereits etwa 1000 Angestellte, im selben Jahr starb mit Edmund Heckler einer der drei Gründer. Seine Anteile blieben in der Familie Heckler. Die Fabrik wurde weiter ausgebaut, neue Waffen entwickelt. 1968 kamen die von Alex Seidel konstruierte HK4 und die Pistole P9 auf den Markt.[206] Die Maschinenpistole MP5 entwickelte sich ebenfalls zu einem großen Erfolg, ebenso das moderne Sturmgewehr HK33, das noch heute in der Türkei in Lizenz nachgebaut wird. Auch für die MP5 verkaufte Heckler & Koch die Produktionslizenz an zahlreiche Regierungen. Erneut waren Länder wie Iran, Pakistan und Saudi-Arabien unter den Lizenzpartnern.

Heckler & Koch wurde zum wichtigsten Gewerbesteuerzahler und zum größten Arbeitgeber in Oberndorf. 1975 arbeiteten rund 2000 Mitarbeiter für die Rüstungsschmiede. 1976 starb Theodor Koch. Seine Anteile am Unternehmen übernahmen wie zuvor bei Heckler, dem anderen Namensgeber, die Familienangehörigen. Bis zum Ende des Kalten Krieges liefen die Geschäfte ausgezeichnet. Ende 1989 starb mit Alex Seidel der letzte Gründer.[207]

Magere Zeiten nach dem Kalten Krieg

Bis 1990 befand sich Heckler & Koch in Familienbesitz, die Firma machte Gewinne, die Bundeswehr war ein treuer Kunde. Dann endete das Wettrüsten in Europa zwischen NATO und Warschauer Pakt. Der Fall der Berliner Mauer 1989, das Aufreißen des Eisernen Vorhangs, das Ende des Kalten Krieges veränderten auch die Rüstungspläne der Bundeswehr und ihrer Verbündeten. Der Ostblock löste sich auf, der NATO kam der Feind abhanden und Heckler & Koch mancher Großauftrag. Die Bundesregierung stoppte Rüstungsprojekte; davon betroffen war auch das G11.

Heckler & Koch hatte dieses neue Gewehr entwickelt, das in der Branche als Wunderwaffe gefeiert wurde. Das G11 konnte hülsenlose Munition verschießen. Rund 150 Millionen soll allein der Staat für Forschung und Entwicklung der Waffe und der hülsenlosen Munition investiert haben. Heckler & Koch hatte ganz auf das G11 gesetzt.[208]

In Oberndorf fühlte sich mancher von der Bundesregierung im Stich gelassen. Altgediente Mitarbeiter von Heckler & Koch schwärmen heute noch vom G11 und erzählen, dass die Politiker, damals im fernen Bonn, eine fertig entwickelte Spitzenwaffe ausgebremst hätten. Zu sehen ist ein Exemplar des G11 im Oberndorfer Waffenmuseum. Das einzige

Gewehr diesen Typs in Privatbesitz, wie stolz im Museum verkündet wird.

Vor der Glasvitrine mit dem G11 steht am Festtag zum 200-jährigen Jubiläum der Waffenproduktion in Oberndorf ein Vater mit drei Kindern. Der Mann trägt eine Fleecejacke mit zwei knallroten Buchstaben auf dem Rücken, HK, das Logo von Heckler & Koch. Er zeigt auf das G11, einen klobigen Kasten mit schmalem Rohr vorn, und seufzt. Feierlich intoniert er: „Schaut mal, das ist das G11, das beste Gewehr der Welt." Die Jungen sind beeindruckt und pressen ihre Köpfe an das Vitrinenglas. „Das durften wir nicht bauen", sagt der Vater bedauernd. „Warum nicht?", fragt einer der Söhne. „Weil …", der Vater legt eine dramatische Pause ein. „Weil … das Gewehr zu gut war. Wir waren der Zeit weit voraus. Aber die Pläne liegen noch in der Schublade, die können wir jederzeit rausholen und loslegen." Das Besondere sei die hülsenlose Munition gewesen – das G11 habe keine klassischen Patronen verschossen, sondern Spezialmunition. „Da stirbst du sofort durch den Schock. Bumm", sagt er. „Cool", rufen die Jungen. Dann wollen sie eine Bratwurst vom Grillstand, der draußen vor dem Museum steht. Vater und Söhne gehen aus dem vollgestellten Waffenmuseum nach draußen in die Sonne.

Ein ehemaliger Beamter der Bundeswehr, der bei der Erprobung der Waffe dabei war, äußert sich weniger begeistert über das G11. Er möchte anonym bleiben. Theoretisch sei das Gewehr eine überzeugende Sache gewesen, aber das innovative Konzept habe im Praxistest versagt. Beim Schießen hätten sich die Gewehre zerlegt und seien den Schützen um die Ohren geflogen. Auch das habe zum Ende des Projekts geführt. Außerdem habe kein anderer NATO-Staat das G11 einführen wollen, und so hätte bei Engpässen mit keiner Partnernation die Munition ausgetauscht werden können.

1991 stand Heckler & Koch vor dem Konkurs.[209] Die Eigner suchten in Deutschland nach einem Käufer. Doch keiner der Großen wollte den Gewehrbauer kaufen: Rheinmetall winkte ab, Diehl ebenso. In Großbritannien bei BAE Systems wurden die Familien Koch, Heckler und Seidel dann fündig. BAE übernahm Heckler & Koch und baute das Unternehmen um. „Restrukturierungsmaßnahmen führen zurück zum ‚Kerngeschäft'“, nennt Heckler & Koch die Konzentration auf das Waffengeschäft.[210] Bereiche wie der Maschinen- und Anlagebau, die Automation und Präzisionstechnik wurden abgestoßen.

Ein Zeichen großer Verbundenheit

Ende der Neunzigerjahre versuchte BAE Systems einen Käufer für Heckler & Koch zu finden. Zu dieser Zeit verklagten in den Vereinigten Staaten die Angehörigen von Mordopfern die Schusswaffenhersteller. Medien vermuteten damals, dass BAE sich deswegen vom Gewehrbauer trennen wollte. Ein in London lebender deutscher Geschäftsmann, Andreas Heeschen, übernahm Heckler & Koch 2002 gemeinsam mit Partnern. Die Geschäfte der schwäbischen Gewehrbauer wurden seitdem zunehmend globaler. Mehr als 70 Prozent der Produktion gehen mittlerweile ins Ausland. Die Zeiten, in denen Bundeswehr und deutsche Polizeibehörden einen Großteil der Waffen abnahmen, sind lange vorbei. Um die weniger werdenden Aufträge konkurrieren mit Heckler & Koch mehrere in Deutschland produzierende Firmen wie Sig Sauer und Walther. Zudem gibt es in Belgien mit FN Herstal und in den USA mit Colt und Smith & Wesson starke Konkurrenz.

Heute arbeiten rund 700 Menschen für Heckler & Koch. Das Unternehmen gehört zu den großen Arbeitgebern der Region und zu den wichtigsten Gewerbesteuerzahlern in Oberndorf. Vielleicht verteidigt Bürgermeister Acker das Unternehmen auch deswegen gegen vermeintlich schlechte Presse: „Berichterstattungen über angebliche illegale Geschäfte verfolgen wir mit Aufmerksamkeit (so auch die jüngsten Meldungen zu angeblichen Waffenlieferungen nach Libyen). Die Ausfuhr von wehrtechnischen Produkten bedarf bekanntlich der Genehmigung des Bundessicherheitsrates.

Von ungenehmigten, illegalen Exporten ist mir nichts bekannt. Die Erfahrung aus der Vergangenheit hat gezeigt, dass sich gegenteilige Behauptungen im Nachhinein immer wieder als haltlos herausstellen."

Bei einem Besuch im Februar 2011 bei Heckler & Koch überreichte Bürgermeister Acker dem Geschäftsführer Martin Lemperle ein Präsent: Eine Fahne der Stadt Oberndorf, als „Zeichen der Verbundenheit", wie das *HK-Magazin* schreibt, eine Mitarbeiterzeitung von Heckler & Koch. Vor dem Mittagessen posierten die Gäste vor der Waffenwand für ein Gruppenbild. Im Juli 2011 besuchte Bürgermeister Acker gemeinsam mit einer Gruppe erneut Heckler & Koch. Damals versicherte der Geschäftsführer Lemperle, der Gewehrbauer habe niemals eine einzige Waffe ohne Genehmigung ins Ausland exportiert, berichtet der *Schwarzwälder Bote*. Auch eine weitere Botschaft Lemperles dürfte Acker gefallen haben. Die Zeitung notiert: „Mit Blick auf die derzeit sprudelnden Gewerbesteuereinnahmen der Stadt versprach der Geschäftsführer dem Bürgermeister verschmitzt, HK werde alles daran setzen und seinen Anteil dazu beitragen, dass dies so bleibe."[211]

Heckler & Koch gilt als guter Arbeitgeber, der hohe Gehälter zahle und beste Sozialleistungen biete.[212] Das Unternehmen wurde ausgezeichnet für den hohen Anteil von Schwerbehinderten im Betrieb. „Die Firma", wie Heckler & Koch meist einfach nur genannt wird, bietet Ausbildungsplätze und sorgt auch bei Zulieferern für Arbeitsplätze. Die meisten Einwohner verteidigen „Heckler", wie ihr Bürgermeister, mit großer Leidenschaft. Als im Lichtspielhaus vor Jahrzehnten ein Film gezeigt wurde, der sich kritisch mit Waffenlieferungen von Heckler & Koch an südamerikanische Diktaturen beschäftigte, gab es in Oberndorf Proteste. Wer vor dem Werk gegen Rüstungsexporte demonstriert oder bei Ostermärschen selbst gemalte Transparente gegen Heckler & Koch vor sich her trägt, gilt schnell als Nestbeschmutzer. Für „Unruhestifter" wie Ulrich Pfaff haben die meisten Oberndorfer nur sehr wenig übrig.

Die Firma: Heckler & Koch hat seine Zentrale in Oberndorf mit Zäunen, Kameras und Privatstraßen umgeben: Betreten für Unbefugte streng verboten.

Pfaff eckt an in Oberndorf – schuld daran ist ein großer Stein, der am Rande seines Gartens in Oberndorf steht. Aufgestellt hatte ihn Pfaffs Vater, um an die Zwangsarbeiter zu erinnern, die im Zweiten Weltkrieg in Oberndorf schuften mussten. Ärger mit Nachbarn und Bekannten bekam er – so vermutet er –, weil er dezidiert darauf hingewiesen habe, dass es auch bei Mauser zahlreiche Zwangsarbeiter gab. Der Vater weigerte sich, den Stein zu entfernen, er nahm aber den Hinweis auf Mauser ab. Sein Sohn war als junger Erwachsener aus Oberndorf weggezogen, hatte als Entwicklungshelfer in Afrika gelebt, für die evangelische Kirche gearbeitet und war als Rentner mit seiner Frau nach Oberndorf zurückgekehrt. Erst sorgten sie mit ihrem Umwelthaus für Aufsehen, dann erneut mit dem Gedenkstein. Denn Pfaff brachte den Hinweis auf Mauser wieder an. Er spricht von einer „Kollektiv-Neurose" in der Waffenstadt, er möchte die Oberndorfer mit der Vergangenheit konfrontieren. Als Afrikakenner weiß er genau, was Waffenexporte aus Europa in Entwicklungsländern anrichten. Bei einem Besuch des damaligen Verteidigungsministers Franz-Josef Jung bei Heckler & Koch demonstrierte Pfaff vor dem Werk gegen den Krieg und den Waffenhandel.

Pfaff, ein freundlicher Mann mit grauen Haaren und schmaler Brille, steht im Sommer 2011 vor dem Stein, der direkt an einer kleinen Straßenkreuzung steht. Eine Hecke umgibt den Stein, trennt das kleine private Mahnmal von Pfaffs Garten ab. Er zeigt auf die kümmerlichen Pflanzen, die um den Stein herum wachsen. „Hier fand der erste Anschlag statt", sagt er. Seitdem er den Hinweis auf Mauser wieder am Stein angebracht hat, gehen in seinem Garten Bäume, Sträucher und Blumen ein. Pfaff hat ein Labor mit der Untersuchung des Bodens beauftragt. Der Salzgehalt ist an einigen Stellen unnatürlich hoch. Unbekannte haben mehrfach Salz verstreut, um seine Pflanzen zu vergiften. Pfaff informierte die Polizei, auch, weil er Drohbriefe erhalten hat.

„Viele Oberndorfer ertragen es nicht, wenn Mausers dunkle Vergangenheit angesprochen wird", sagt Pfaff. Er weiß, wovon er spricht: Sein Vater war im Zweiten Weltkrieg Angestellter der Gewehrfabrik. Als Kind hat Pfaff ganz in der Nähe eines Zwangsarbeiterlagers gewohnt. Am Neckar, in der Nähe eines Wäldchens, steht heute ein Mahnmal für die Zwangsarbeiter. Es ist ein großes Buch der Erinnerung aus Metall, auf deren Seiten über die Sklavenarbeit informiert wird. Der Stadthistoriker und Museumsdirektor Andreas Kussmann-Hochhalter hat dessen Errichtung auf den Weg gebracht. Er hat sich damit nicht nur Freunde gemacht. Oberndorf bleibt eine Waffenstadt. Die Menschen sind stolz auf die „Firma", wie einst Mauser und heute Heckler & Koch genannt wird, und auf das Gütesiegel „Made in Oberndorf".

8 STURMGEWEHRE AUS DEM SCHWARZWALD

Das erste Telefonat mit dem Informanten endet nach wenigen Sekunden. Mit Journalisten wolle er nicht sprechen, auf keinen Fall, das sei nichts Persönliches. Einige Tage und einige E-Mails später sagt der frühere Heckler-&-Koch-Manager dann einem Treffen zu. Man verabredet sich in einer Bahnhofsgaststätte irgendwo im Süden der Bundesrepublik. Der Journalist kommt mit dem Zug, der Informant mit dem Auto. Man wird einige Stunden sprechen und dann wieder getrennte Wege gehen. Der Name darf nicht genannt werden, keine genaue frühere Funktion bei Heckler & Koch, nicht der Wohnort. Denn Heckler & Koch gehe hart gegen Mitarbeiter und ehemalige Angestellte vor, wenn diese mit der Presse reden, das erzählt der Informant und das sagen auch weitere Gesprächspartner.

Kampfbereit und hoch verschuldet

Einem ehemaligen Geschäftsführer beispielsweise unterstellte Heckler & Koch, Firmeninterna nach draußen getragen zu haben und strich vereinbarte Zahlungen. Der frühere Heckler-&-Koch-Chef Ernst Mauch klagte daraufhin vor dem Landgericht Rottweil – und er erhielt recht. Der Richter sagte in seiner Urteilsbegründung, dass ein früherer Mitarbeiter nicht mit einer Rentenstreichung bestraft werden dürfe, selbst wenn er Informationen zu Rüstungsexporten veröffentlicht hätte. Ein Waffenhersteller müsse damit leben, dass seine Geschäfte die Öffentlichkeit interessierten. Der Umgang mit Mauch wurde von einigen altgedienten Mitarbeitern als Warnung verstanden. Wer redet, fliegt raus und verliert vielleicht sogar die Betriebsrente.

Der Informant spricht dennoch. Ihn empört der neue Kurs des Unternehmens. Der gute Name von Heckler & Koch werde von umstrittenen Waffenexporten beschmutzt, findet er. „Der Dollar regiert das Unternehmen. Früher hätte es so etwas nicht gegeben." Nicht zu Lebzeiten der Gründer und auch nicht später. Erst mit Andreas Heeschen habe sich alles geändert. Als die Kellnerin zwei Becher mit Milchkaffee bringt, unterbricht der Mann sofort seine Erzählungen und spricht über das Wetter. Was er zu erzählen hat, soll sonst niemand hören. Der frühere Manager des Gewehrbauers berichtet zunächst von den guten Jahren, die er in dem Unternehmen verbracht habe. Er möchte niemandem schaden, seinem alten Arbeitgeber fühlt er sich immer noch verbunden. Aber nicht der neuen Führung des Unternehmens, vor allem nicht Andreas Heeschen. Der in London lebende Geschäftsmann hatte 2002 die Mehrheit an Heckler & Koch übernommen. „Für 'nen Appel und 'n Ei hat Heeschen damals die Firma bekommen", sagt der Informant. Die Kriegskasse sei so gut gefüllt gewesen, dass Konkurrenten hätten übernommen werden können. Doch dazu kam es nicht. Und irgendwann seien die Kassen leer gewesen. Nur Heeschen könne sagen, wo das Geld geblieben sei. Heckler & Koch habe sich nun sogar Geld am Kapitalmarkt leihen müssen, klagt der frühere Manager.

Was er sagt, bestätigen Finanzexperten. Heckler & Koch gilt als hoch verschuldet: 2010 platzierte der Mittelständler eine Anleihe über 295 Millionen Euro am Kapitalmarkt, um alte Kredite zu tilgen. Die Rating-Agentur Standard & Poor's bewertete Heckler & Koch Ende 2011 mit CCC, einem Wert am unteren Ende der Skala, und urteilte: „Der Ausblick ist negativ."

Das Unternehmen brauche dringend Großaufträge, um die laufende Anleihe bezahlen zu können. Auch deswegen sei die Firma auf der Suche nach immer neuen Absatzmärkten, sagt der frühere Manager von Heckler & Koch: „Heeschen macht jedes Geschäft, das irgendwie möglich erscheint." Die Deals würden immer riskanter. „Heckler & Koch agiert in einem Graubereich. Nicht alles, was da läuft, ist wirklich legal."

Der Mann seufzt und bricht auf. In der mehr als 60-jährigen Firmengeschichte sei es dem Unternehmen noch nie so schlecht gegangen wie heute.

Razzia auf dem Lindenhof

Heckler & Koch äußert sich nicht zu diesen Vorwürfen. Das Unternehmen sei nicht bereit, mit dem Autor zu sprechen, teilt ein Mitarbeiter per E-Mail mit. Er nennt nicht einmal seinen Namen. Ein bereits vereinbartes Gespräch wird kurzfristig abgesagt. Auch den Wunsch, mit Andreas Heeschen sprechen zu können, lehnt die Pressesprecherin kategorisch ab. Schriftliche Fragen des Autors, die von Heckler & Koch angefordert wurden, bleiben ohne Antwort. Das Unternehmen erklärt per E-Mail: „Nach der Untersuchung / Großrazzia durch die Staatsanwaltschaft Stuttgart am 10.11.2011 ist die Funktionsfähigkeit des Unternehmens deutlich gestört. Unsere Geschäftsführer haben alle Hände voll zu tun, die Produktion wieder ins Laufen zu bringen und Strukturen wiederherzustellen. Außerdem empfehlen unsere Anwälte, derzeit keinerlei Aussagen gegenüber den Medien zu treffen." Die von Heckler & Koch beschriebene „Großrazzia" begann an einem Donnerstagmorgen.[213]

Leise und heimlich, ohne Blaulicht und Martinshorn, rollen Mannschaftsbusse, Kombis und Limousinen der Polizei in das verschlafene Städtchen Oberndorf zwischen Schwarzwald und Schwäbischer Alb. 300 Beamte der Bereitschaftspolizei, Staatsanwälte aus Stuttgart und Kriminalpolizisten durchsuchen die Zentrale von Heckler & Koch. Polizeibusse parken vor den mit roten und graumetallischen Platten verkleideten Gebäuden. Drinnen stockt die Produktion. Polizisten laden Kartons, gefüllt mit Aktenordnern, Computern und Speichermedien in die Fahrzeuge – rund 150 Kisten werden es am Ende der Razzia sein. Gleichzeitig durchsuchen Polizisten sechs Wohnungen und Häuser von aktuellen und ehemaligen Heckler-&-Koch-Chefs. Zwei Tage dauert die Polizeiaktion.

Die Schwerpunktstaatsanwaltschaft für Wirtschaftskriminalität aus Stuttgart ermittelt seit dem Frühjahr 2010 gegen Heckler & Koch wegen Waffenausfuhren nach Mexiko. Bereits Ende 2010, drei Tage vor Heiligabend, fand eine erste Razzia in der Firmenzentrale statt. Seitdem kamen neue Vorwürfe dazu, denn auch im Libyenkrieg tauchten in den Depots von Muammar al-Gaddafi in Oberndorf produzierte Waffen auf. Auslöser der Durchsuchungen bei Heckler & Koch waren Anzeigen des Friedensaktivisten Jürgen Grässlin. Zusammen mit dem von ihm gegründeten Rüstungsinformationsbüro (RIB) in Freiburg kämpft er seit Jahren gegen die Exporte von Heckler & Koch. 2011 erhielt er für sein Engagement gegen Rüstungsexporte den Aachener Friedenspreis. Zweimal hat Grässlin das Oberndorfer Unternehmen seit 2010 wegen angeblicher Verstöße gegen das Kriegswaffenkontrollgesetz angezeigt: Wegen Waffengeschäften mit Mexiko und wegen Sturmgewehren, die ohne Ausfuhrgenehmigung der Bundesregierung in Libyen auftauchten.

Die Geschäftsführer von Heckler & Koch, Niels Ihloff und Martin Lemperle, versichern hingegen in einem Brief, den sie im September 2011 an Bundestagsabgeordnete schicken: „Heckler & Koch ist ein Unternehmen, das sich an Recht und Gesetz der Bundesrepublik Deutschland hält."[214] Im Fall Libyen hat auch Heckler & Koch bei der Staatsanwaltschaft eine Anzeige gegen unbekannt gestellt. Das Unternehmen gibt an, dass die Gewehre auf unrechtmäßigen Wegen nach Libyen gelangt seien. Heckler & Koch habe damit nichts zu tun.

Bei den Ermittlungen gegen Heckler & Koch geht es um das Sturmgewehr G36. Mit dem Gewehr, der Standardwaffe der Bundeswehr, kämpfen deutsche Soldaten in Afghanistan. In den Feldlagershops der Bundeswehr in Kundus, Kabul und Masar-i-Scharif werden Uniformaufnäher verkauft mit dem Aufdruck: „There are problems, only HK can solve".

Deutsche Gewehre im Drogenkrieg

Auch spanische und saudische Soldaten sind damit ausgestattet. Weltweit zeigen weitere Armeen Interesse an dem Sturmgewehr made in Oberndorf. „Das G36 ist perfekt geeignet für infanteristische Aufgaben im abgesessenen Kampf. Optimal in der Handhabung, im Gewicht und der Feuerdichte im Nahkampf", wirbt Heckler & Koch. Die Waffe überzeugte auch die mexikanischen Sicherheitskräfte. Mexiko beschloss 2005, das G36 anzuschaffen. Heckler & Koch beantragte beim Bundesamt für Wirtschaft und Ausfuhrkontrolle (BAFA) den Export der Sturmgewehre und legte dabei die vorgeschriebenen Endverbleibszertifikate vor, ausgestellt von der Secretaría de la Defensa Nacional, Dirección General de Industria Militar, der mexikanischen Beschaffungsstelle für Heer und Polizei. Darin bestätigten die Mexikaner, dass die Gewehre bestimmte Bundesstaaten nicht verlassen werden.

Das BAFA genehmigte den Export von Tausenden Gewehren nach Mexiko. Lediglich die Polizeibehörden in den mexikanischen Bundesstaaten Chiapas, Jalisco, Guerrero und Chihuahua sollten keine Sturmgewehre aus Deutschland erhalten, denn dort kämpfen Polizisten in einem brutalen Drogenkrieg. 2006 hatte der mexikanische Präsident Felipe Calderón die Armee in den Kampf gegen die Drogenbanden geschickt. 50.000 Menschen sollen in den folgenden fünf Jahren im Drogenkrieg gestorben sein, 17.000 gelten als vermisst. Mafiosi und staatliche Sicherheitskräfte gehen mit großer Brutalität vor. Menschenrechtsverteidiger sagen, dass die Methoden der Armee teilweise an das Vorgehen von Todesschwadronen zur Zeit der lateinamerikanischen Militärdiktaturen erinnern.[215] Die mexikanischen Rauschgiftbarone wie Joaquín Guzmán, Spitzname El Chapo, hatten zunächst als Zwischenhändler für die kolumbianischen Kokainkartelle gedient und die Drogen in die USA gebracht. Schließlich übernahmen sie aber das Geschäft, verdienen Milliarden. „Plata o Plomo", Geld oder Kugel, lautet ihr Motto.[216] Viele Staatsbedienstete wählen das Geld und lassen sich kaufen.

150

Die lokalen Beamten gelten nicht nur als korrupt – ihnen werden von Amnesty International zahlreiche Verstöße gegen Menschenrechte vorgeworfen. Auch die deutsche Bundesregierung, die den Gewehrexporten nach Mexiko zustimmte, stuft die allgemeine Lage der Menschenrechte in Mexiko als „schwierig und komplex" ein. Sie stellt fest: „Hauptprobleme sind die generelle Straflosigkeit (für 98 Prozent aller angezeigten Straftaten), eine regional unterschiedlich hohe Durchdringung örtlicher, aber auch regionaler Polizeien durch die Organisierte Kriminalität sowie Einschüchterungen und Angriffe auf Menschenrechtsverteidiger und Journalisten."[217] Das gilt insbesondere für die Bundesstaaten, in denen der brutale Drogenkrieg tobt.

Dennoch gelangte das G36 auch in diese vier Bundesstaaten. Heckler & Koch trage daran keine Schuld, versichert das Unternehmen in einer Presseerklärung, man halte sich an die Gesetze. Fragen zu den Exporten nach Mexiko beantwortet die Firma nicht.

Bei den Stuttgarter Staatsanwälten heißt es, dass es starke Hinweise auf einen Verstoß gegen das Kriegswaffenkontrollgesetz gebe. Die Ermittler stützen sich vor allem auf einen ehemaligen Mitarbeiter von Heckler & Koch, der zu den Geschäften in Mexiko ausgesagt hat. Er habe seinen früheren Arbeitgeber verlassen, weil er Angst davor gehabt habe, wegen seiner Tätigkeit für Heckler & Koch angeklagt zu werden. Der Mann berichtet detailliert über die Geschäfte von Heckler & Koch in Mexiko: Anfang 2006 startete das Unternehmen dort eine Vermarktungsoffensive. Eine Vorführgruppe aus Deutschland habe das G36 auch vor Vertretern aus den vier Bundesstaaten präsentiert, die nicht hätten beliefert werden dürfen. Eine der ersten Behörden, die das G36 erhalten habe, sei dann die lokale Polizei in Guerrero gewesen.

Polizisten in Jalisco und Guerrero hätten zudem vor Ort von Heckler-&-Koch-Mitarbeitern „waffentechnische Einweisungen" am G36 erhalten, sagt der ehemalige Mitarbeiter. Eine Anerkennungsurkunde der staatlichen

Polizeiakademie aus Jalisco für einen Mitarbeiter von Heckler & Koch aus dem November 2008 bestätigt das. Heckler & Koch gab außerdem selbst einen Hinweis auf zweifelhafte Geschäfte in Mexiko. 2006 habe das Unternehmen beantragt, Ersatzteile für das G36 nach Mexiko liefern zu dürfen. In den Anträgen seien auch Guerrero und die drei anderen Staaten als Empfänger genannt worden, für die keine Exportgenehmigung vorlag, vermerkt das Zollkriminalamt in einem Schreiben. Die zuständige Genehmigungsbehörde habe nachgefragt, warum Ersatzteile in Regionen geliefert werden sollen, in denen die Gewehre gar nicht sein dürften. Heckler & Koch habe erklärt, es läge ein Versehen vor, und habe die Anträge korrigiert, schreibt der Zoll. Die Ausfuhr ging weiter.

Heckler & Koch beteuert, alle Waffen stets an die zentrale mexikanische Beschaffungsbehörde D.C.A.M. geliefert zu haben. „Aufträge von D.C.A.M. unterlagen und unterliegen der Kontrolle und Genehmigung von deutschen Behörden, und Heckler & Koch kann die autorisierte Genehmigung für jedes Gewehr belegen, das nach Mexiko ging."[218] Die Einweisung an Gewehren durch Heckler-&-Koch-Mitarbeiter in Bundesstaaten, die nicht mit dem G36 beliefert werden sollten, erklärt das genauso wenig wie die Waffenvorführungen in Jalisco.

Nach Informationen von Amnesty International schossen im Dezember 2011 Polizisten in Guerrero auf demonstrierende Studenten. Nach Berichten von Demonstrationsteilnehmern trugen Polizisten bei dem Einsatz gegen Studentenproteste im mexikanischen Bundesstaat Guerrero auch G36-Gewehre. „Bei der Auflösung der Demonstration starben zwei Studenten, vermutlich durch Polizeikugeln", sagt Mathias John, Rüstungsexperte von Amnesty International Deutschland.[219] John geht davon aus, dass die Beamten zur lokalen Polizei gehörten. Sie hätten nach den mexikanischen Endverbleibszusagen gar keine Sturmgewehre vom Typ G36 erhalten dürfen. Aus deutscher Sicht könnte der Fall Konsequenzen haben: „Die Einhaltung eingegangener Endverbleibszusagen ist für die Bundesregierung eine wichtige Voraussetzung für die etwaige Erteilung weiterer Ausfuhrgenehmigungen. Bei erwiesenen Verstößen gegen derartige staatliche Zusagen wird die Erteilung von Ausfuhrgenehmigungen für den betreffenden Empfänger so lange ausgesetzt, bis der Sachverhalt umfassend aufgeklärt ist", teilt die Bundesregierung mit.[220] Bisher hat die Bundesregierung die Exporte für Mexiko nicht generell ausgesetzt – vorübergehend wurden lediglich keine weiteren Ausfuhranträge an die zentrale Beschaffungsstelle bearbeitet.

Auch Kriminelle in Mexiko kämpfen mit Waffen von Heckler & Koch. Mexikanische Sicherheitsbehörden haben bei festgenommenen Kämpfern der Drogenkartelle G3-Sturmgewehre (Vorläufer des G36) und HK91 (halbautomatische Gewehre) gefunden. Diese seien „weit überwiegend in den 80er-Jahren an Kolumbien (G3) und in die USA (HK91) geliefert worden", teilt die Bundesregierung mit. Von dort gelangten die Gewehre „dann später auf bisher nicht geklärten Wegen nach Mexiko".[221] Die Killerbanden des Kartells Los Zetas entstanden aus einer ehemaligen Sondereinheit der mexikanischen Streitkräfte. Spezialkräfte von Polizei und Armee wechseln immer wieder zu den Kartellen über.[222] Sie verwenden die gleichen Waffen wie in ihrer Dienstzeit.

Im Fall Mexiko wird Heckler & Koch nicht nur verdächtigt, gegen das Kriegswaffenkontrollgesetz verstoßen zu haben, was zur ersten Razzia führte. Ein weiteres Ermittlungsverfahren läuft wegen Bestechung. Der ehemalige Mitarbeiter berichtete von Schmiergeldzahlungen an einen mexikanischen General. Heckler & Koch dementierte erneut. Die Firma sprach von einer „gezielten Diffamierungskampagne", die von „interessierter Seite" vorangetrieben werde.[223] In der Mitarbeiterzeitung von Heckler & Koch schrieben die Geschäftsführer Ende 2010: „Neid, Missgunst und erklärte Feindschaft schlug und schlägt uns fast täglich entgegen. Medien werden instrumentalisiert, eine finanzielle Schieflage wird genauso erfunden wie die Vorwürfe, gesetzliche Regeln nicht eingehalten zu haben."

G36 für den libyschen Diktator?

Vorwürfe wurden jedoch nicht nur im Fall Mexiko laut. Auch im Bürgerkrieg in Libyen und im Konflikt zwischen Georgien und Russland tauchten in Oberndorf gefertigte G36 auf – ohne Genehmigung. Im Kaukasuskrieg 2008 setzten georgische Spezialeinheiten das G36 ein. Drei Jahre zuvor hatte Heckler & Koch vergeblich beantragt, 230 G36-Gewehre nach Georgien liefern zu dürfen. Die Große Koalition lehnte auch im Januar 2006 einen weiteren Antrag zur Lieferung von Maschinengewehren und vollautomatischen Gewehren nach Georgien ab. Die G36 von Heckler & Koch gelangten illegal nach Georgien. Wie das geschah, bleibt bis heute offen. „Weder die Bundesregierung noch das Unternehmen Heckler & Koch konnten oder wollten bislang darlegen, wie die deutschen Waffen nach Georgien gelangt sind", stellten die Grünen im Oktober 2008 fest.[224] Bis Juli 2011 hatte die Bundesregierung keine weiteren Erkenntnisse erlangt. Auf eine Kleine Anfrage der Linkspartei teilte sie mit: „Es wurden sechs Fotos ausgewertet. Vier Fotos stammen aus dem Internet, zwei aus nachrichtendienstlichem Aufkommen aus dem Jahr 2009." Die Auswertung des Bildmaterials brachte zutage, dass die Georgier die Variante G36K verwendet hätten. Also die Kompaktversion der Waffe, für „gesteigerte Mobilität", die laut Heckler & Koch „für die Spezialisten im Verband" hergestellt wird,[225] also für Fallschirmjäger und Sondereinheiten entwickelt wurde. Weitere Erkenntnisse gab es – trotz angeblichen Einsatzes des Nachrichtendienstes – nicht: „Der Bundesregierung ist weiterhin keine Seriennummer bekannt."[226] Mit einer Seriennummer ließe sich feststellen, wann das Gewehr hergestellt wurde und an wen Heckler & Koch es geliefert hat. Jedes Rüstungsunternehmen muss ein Kriegswaffenbuch führen, in dem detailliert der Weg der Waffen bis zur Ankunft beim Kunden dokumentiert wird.

Er habe den Verdacht, dass die Gewehre über einen Umweg über die Vereinigten Staaten nach Georgien gelangt seien, sagt der frühere Manager beim Treffen in der

Bahnhofgaststätte. Beweise legt er dafür nicht vor – auch keinen klaren Hinweis, dass die Führung von Heckler & Koch in Oberndorf involviert gewesen sein könnte. Auch der Rüstungsgegner Jürgen Grässlin aus Freiburg hält die USA-These für durchaus plausibel. Er erklärte gegenüber der *Süddeutschen Zeitung*: „Es gab immer wieder Hinweise darauf, dass die USA Georgien bei der Aufrüstung unterstützt haben."[227]

Im August 2011 tauchte das G36 dann erneut in einem Krieg auf: Während im Osten Libyens die Rebellen gegen das Regime in Tripolis zu kämpfen begannen, hielt Saif Al-Islam Gaddafi, einer der Söhne des Diktators, in der Hauptstadt vor seinen Kämpfern eine Ansprache. Dann posierte er mit einem automatischen Gewehr. Jemand filmte ihn dabei, der Videoclip landete im Internet auf der Plattform Youtube. Waffenexperten erkannten, dass es sich dabei um ein G36 von Heckler & Koch handelte. Deutsche Gewehre für den libyschen Diktator? In den Rüstungsexportberichten der Bundesregierung ließ sich keine Exportgenehmigung für diesen Waffentyp nach Libyen finden.

Heckler & Koch erklärte, keine Waffen an Gaddafi geliefert zu haben, und kritisierte alle Kritiker: „Selbst ernannte Experten spekulieren derzeit öffentlich über Lieferungen von Heckler-&-Koch-Produkten nach Libyen. Die entsprechenden Behauptungen entbehren jeder Grundlage. Die spekulativen Aussagen dienen nur dem Zweck, Zweifel an der Zuverlässigkeit des Unternehmens zu befördern. Diesen Behauptungen tritt Heckler & Koch sehr entschieden entgegen." Bei der Waffe, die Saif Al-Islam Gaddafi in dem Video in die Höhe reckte, könne „es sich entweder um eine G36-Nachbildung als Soft-Air-Waffe oder tatsächlich um eine Echtwaffe handeln, die unrechtmäßig über einen Heckler & Koch nicht bekannten Weg beschafft wurde".[228]

Dieser eventuelle Weg des G36, von Heckler & Koch als „unrechtmäßig" beschrieben, wird wenige Wochen später noch interessanter. Denn bei *einem* G36-Gewehr, das in Libyen auftaucht, bleibt es nicht. In Tripolis erbeuteten libysche Rebellen in einer Residenz des später getöteten Diktators Muammar al-Gaddafi und in weiteren Depots G36-Gewehre. Im deutschen Fernsehen laufen Bilder von Kämpfern, die mit dem Sturmgewehr im Häuserkampf schießen und später nach dem Sieg Freudenschüsse abfeuern. Kurt Pelda, ein freier Journalist, hält sich damals in Tripolis auf. Er kommentiert die Waffenfunde im ARD-Magazin *Kontraste*: „Das sind ganz neue Gewehre. Sie sehen aus, wie wenn sie direkt aus der Originalverpackung kommen. Die Rebellen sagen, sie hätten sie im Hauptquartier von Gaddafi in Bab-Al-Asisija gefunden."[229]

Schnell war klar: Wie auch immer die Sturmgewehre aus Oberndorf in Tripolis gelandet waren, über legale Wege war das nicht geschehen. „Ein Antrag für die Genehmigung der Ausfuhr von G36-Gewehren nach Libyen oder ein Antrag auf Zustimmung zu einem Re-Export aus einem Drittland nach Libyen ist nie gestellt worden", informiert ein Bericht des Wirtschaftsministeriums, der Bundestagsabgeordneten vorgelegt wurde. „Ein entsprechender Antrag hätte auch keine Aussicht auf Erfolg gehabt." Waffenlieferungen an Libyen waren besonders heikel; bis 2003 bestand ein von den Vereinten Nationen verhängtes Waffenembargo, ein weiteres der EU bis 2004.

Der Bericht des Wirtschaftsministeriums informiert weiter, dass ein in Libyen aufgetauchtes G36-Gewehr die Seriennummer A231 trug. Doch weder beim zuständigen Beschussamt in Ulm, das alle Gewehre prüft, noch im Kriegswaffenbuch von Heckler & Koch wird eine Waffe mit solcher Nummer geführt. „Das lässt nur den Schluss zu, dass diese Nummer erst nach erfolgtem Beschuss unter Entfernung der ursprünglichen Seriennummer nachträglich angebracht wurde", schreibt das Wirtschaftsministerium. Heckler & Koch sei um Mithilfe bei der Aufklärung gebeten worden.

Heckler & Koch kündigte daraufhin an, einen eigenen Ermittler nach Libyen zu schicken, der die G36-Gewehre untersuchen soll. Die Geschäftsführer Martin Lemperle und Niels Ihloff schreiben in einem Brief an einen Abgeordneten,

„die Funde von Heckler-&-Koch-Produkten (G36) in Libyen haben bei uns im Unternehmen nicht nur Besorgnis ausgelöst, sondern vor allem eine interne Überprüfung der Genehmigungsverfahren und Lieferprozesse zur Folge gehabt. Wir können aufgrund dieser internen Prüfung nochmals und klar unterstreichen, dass Heckler & Koch niemals Waffen nach Libyen geliefert hat."

Die in Tripolis gefundenen G36 seien über Ägypten nach Libyen gelangt, behauptet Heckler & Koch in einem weiteren Brief an Abgeordnete. Das habe die Firma anhand von Bildern festgestellt. Man habe 2003 und 2004 insgesamt 608 Sturmgewehre vom Typ G36 an Ägypten geliefert. Aus dieser Lieferung stammten die in Tripolis aufgefundenen G36. Wenige Wochen vor diesem Schreiben hatte Heckler & Koch noch erklärt, anhand von Fotos könne das Unternehmen nicht klären, woher ein abgebildetes Gewehr stamme. „Eine gesicherte Aussage ist nur möglich durch eine Beurteilung über die Befundung des Originals einer Waffe."[230]

Als die ersten Bilder der libyschen Rebellen mit G36 in den Händen nach Deutschland gelangten, hatten viele Experten zunächst Saudi-Arabien als Lieferanten in Verdacht. In dem Königreich läuft schließlich eines der umstrittensten deutschen Rüstungsprojekte: Heckler & Koch hat eine Lizenz für die Sturmgewehrproduktion an die Saudis vergeben.

Andreas Heeschen, Hauptinvestor von Heckler & Koch, hatte den Deal 2010 gegenüber der *Wirtschaftswoche* bestätigt: „Unsere Partnerländer wollen ihre eigene Produktion haben. Also kaufen wir auf dem Weltmarkt alle notwendigen Maschinen und liefern die komplette Anlage."

Saudi-Arabien sei dennoch nicht in der Lage, allein das G36 zu fertigen, da die Schlüsselkomponenten aus Oberndorf kämen, sagte Heeschen der *Wirtschaftswoche*. Auch die Bundesregierung beteuert, eine eigenständige Produktion sei in der Fabrik in Saudi-Arabien nicht möglich. Doch die Reise eines Bundestagsabgeordneten in das Königreich weckt daran Zweifel. Jan van Aken, ehemaliger Biowaffenkontrolleur der Vereinten Nationen, heute Rüstungsexperte der Linkspartei, reiste im Oktober 2011 nach Riad, um den Geschäften von Heckler & Koch auf den Grund zu gehen.

Die Große Koalition hatte 2008 die Ausfuhr von Maschinen und Fertigungsunterlagen für die Gewehrfabrik in al-Kharj erlaubt – obwohl in Rüstungsexportberichten seit Jahren beteuert wird, dass „grundsätzlich keine Genehmigungen im Zusammenhang mit der Eröffnung neuer Herstellungslinien für Kleinwaffen und Munition in Drittländern" erteilt werden. „Mit den derzeit gültigen Politischen Grundsätzen der Bundesregierung für den Export von Kriegswaffen und sonstigen Rüstungsgütern von 2000 bekennt sich die Bundesregierung zu einer restriktiven Rüstungsexportpolitik, die Beschränkungen im Zusammenhang mit einer Lizenzvergabe einschließt und die in die internationalen Verpflichtungen der Bundesrepublik Deutschland eingebettet ist", teilte die schwarz-rote Bundesregierung noch 2008 mit.[231] Die Vergabe von Produktionslizenzen gilt bei allen Experten als problematisch, weil damit immer ein Kontrollverlust einhergeht.

Auch die Experten des Bonner Konversionszentrums (BICC) haben ihre Bedenken hinsichtlich der Frage, ob die Lizenzvergabe so unproblematisch sei. „Die größte Gefahr bei der unerlaubten Wiederausfuhr liegt im Bereich der Kleinwaffen, welche im Land in Lizenz produziert werden, auch wenn es in der Vergangenheit keinerlei Informationen über Verstöße gab", schreibt Marc von Boemcken in einem Länderporträt der BICC über Saudi-Arabien.[232] Dem Regime in Riad wurde immer wieder von Rüstungsexperten vorgeworfen, Waffen an die Taliban in Afghanistan geliefert zu haben und an afrikanische Staaten, in denen Bürgerkriege herrschten, zum Beispiel an den Sudan.[233]

Gebaut wurde die G36-Fabrik dennoch. Am 30. Juni 2008 legte der saudische Kronprinz den Grundstein für die G36-Fabrik der Military Industries Corporation (MIC) in al-Kharj. Zweieinhalb Jahre später, im Januar 2011, überreicht der Direktor der staatlichen Rüstungsschmiede dem Kronprinzen eines der ersten saudischen G36-Gewehre als Geschenk. Den

MIC-Direktor, Abdulassis bin Ibrahim al-Hudaithy, trifft van Aken in Riad. Der Direktor empfängt den Abgeordneten in seinem Büro in der MIC-Zentrale in der saudischen Hauptstadt. „Wir importieren Teile von Heckler & Koch so lange, bis wir in der Lage sind, komplett selber zu produzieren", sagt der Direktor. „Es war unsere Bedingung, dass hier produziert wird, und unser Ziel ist, 100 Prozent selber herzustellen." Spätestens Ende 2012 solle es so weit sein.

Die deutsche Bundesregierung hat einen anderen Sachstand: Eine eigenständige Produktion sei in der Fabrik in Saudi-Arabien nicht möglich, teilte die Bundesregierung zum Jahresende 2011 mit: Lediglich eine „Fertigung bestimmter Bestandteile des automatischen Gewehres G36", ohne Schlüsselkomponenten, sei in Saudi-Arabien vorgesehen.

Saudi-Arabien gehört zu den größten Kunden der deutschen Waffenindustrie – auch im Kleinwaffenbereich. Das Königreich importierte 2007 allein 5135 Gewehre im Wert von 7,3 Millionen Euro aus Deutschland – ein Großteil dürfte davon von Heckler & Koch geliefert worden sein. Zuvor wurden unter Rot-Grün laut Rüstungsexportbericht bereits 139.000 Gewehre und Waffenteile an Saudi-Arabien ausgeführt. Viel Geld lässt sich auch mit dem Verkauf von Lizenzen verdienen. 2008, in dem Jahr, in dem die Große Koalition den Fabrikbau in Saudi-Arabien genehmigte, wurden von deutschen Herstellern Lizenzen im Kleinwaffenbereich für 69 Millionen Euro vergeben.

In dem riesigen Büro des Direktors stehen zwei Vitrinen mit Produkten der MIC. Auf einer Glasplatte ruht ein G36 in Wüstentarnlackierung. Die Saudis sind stolz auf ihr G36, sie präsentierten es auch auf der Waffenmesse IDEX im Nachbarland Abu Dhabi sowie auf der MIC-Homepage. „Eine Holzbox enthält neun Gewehre, jedes Gewehr in einem separaten Karton", hieß es im Internet. Später wird die zunächst frei zugängliche Seite mit einem Kennwort gesperrt. Zugang erhält nun nur noch, wer bei der MIC registriert ist.

159

Die plötzliche Vorsicht der Saudis könnte mit Anfragen deutscher Bundestagsabgeordneter an die Regierung in Berlin zu tun haben. Die Parlamentarier wollten wissen, weshalb die MIC die in Deutschland entwickelten Gewehre zum Kauf anbietet. Exportieren darf Saudi-Arabien das G36 nämlich nur mit Genehmigung der deutschen Regierung. Das bestätigte der Staatssekretär im Bundeswirtschaftsministerium Jochen Homann der Abgeordneten Katja Keul am 31. August 2011 schriftlich.[234] Das Bundeskabinett sieht bei der Sturmgewehrherstellung in Saudi-Arabien keine Probleme: „Im genannten Fall der Lizenzproduktion der G36 hält die Bundesregierung die getroffenen Maßnahmen zur Sicherung des Endverbleibs nach derzeitigem Kenntnisstand für ausreichend."

Von van Aken auf die Präsentation des Gewehres auf der Messe und im Internet angesprochen, lächelt der Direktor der saudischen MIC nur. Man habe einfach alle Produkte zeigen wollen, sagt er. Den Verkauf der Gewehre beabsichtige sein Land nicht – zumindest nicht in den kommenden zehn Jahren. So lange werde es dauern, die eigenen Streitkräfte mit dem G36 auszurüsten. Danach werde man sehen.

Für Heckler & Koch stellt die MIC nicht irgendeinen Kunden dar. Das Saudi-Arabien-Geschäft sei eines der größten der vergangenen Jahre, sagt ein Insider. Auch deswegen bietet Heckler & Koch dem Partner aus Arabien besondere Dienstleistungen an: Mitarbeiter von Heckler & Koch bilden ihre saudischen Kollegen in al-Kharj aus. Und einige Dutzend Saudis wurden in Oberndorf trainiert.

„Unter Umständen kriminell"

Auch zu Saudi-Arabien will sich Heckler & Koch nicht äußern. Die Kommunikationspolitik von Heckler & Koch wurde noch restriktiver, nachdem die Staatsanwaltschaft Stuttgart Ende 2011 neue Vorwürfe erhob: Die Behörde ermittelt nun auch wegen der Bestechung deutscher

Mandatsträger durch Heckler & Koch. Eine Parteispende habe die Ermittler alarmiert, sagt eine Staatsanwältin. Spenden seien normal, aber wenn diese mit Forderungen verbunden würden, sei dies strafbar – und sichergestellte E-Mails erweckten diesen Eindruck.

Die Heckler & Koch GmbH habe 93.000 Euro in den vergangenen Jahren an Parteien überwiesen, teilt die Firma mit. Die Zentrale von Heckler & Koch liegt im Wahlkreis Rottweil-Tuttlingen, aus dem die Bundestagsabgeordneten Volker Kauder (CDU) und Ernst Burgbacher (FDP) kommen. Der FDP-Politiker wurde 2009 zum Parlamentarischen Staatssekretär im Bundeswirtschaftsministerium berufen, das für Rüstungsexporte zuständig ist. Seit 2009 spendete der Gewehrbauer 20.000 Euro an die FDP – vorher gab es kein Geld für die Liberalen.

70.000 Euro gingen an die Partei von Kauder. Der Fraktionsvorsitzende der Union im Bundestag gilt als Freund des Unternehmens. Heeschen lobte Kauders Einsatz für Heckler & Koch bei dessen Besuch in der Firmenzentrale am 15. September 2009: Der CDU-Politiker habe „immer wieder die Hand über uns gehalten", berichtet die *Neue Rottweiler Zeitung*.

Kauder trete „seit Jahren für die wehrtechnische Industrie in seinem Wahlkreis" ein, bescheinigt ihm auch sein Parteifreund Stefan Teufel, Landtagsabgeordneter der CDU. Zu Heckler & Koch will Kauder sich nicht äußern. Heckler & Koch bestreitet alle Bestechungsvorwürfe.

Der politische Druck auf das Unternehmen wächst trotz aller Dementis. Die SPD kündigte an, keine Spenden mehr von Heckler & Koch annehmen zu wollen. Andere gehen weiter: „Zum wiederholten Male zeigt sich diese Firma als vollkommen unzuverlässig und unter Umständen kriminell", sagt Katja Keul, Rüstungsexpertin der Grünen. Das Kriegswaffenkontrollgesetz schreibt vor, dass unzuverlässigen Rüstungsherstellern keine Ausfuhr gestattet wird. Keul von den Grünen und van Aken von der Linkspartei fordern, Heckler & Koch alle Exporte zu verbieten, bis die Ermittlungen der

Staatsanwaltschaft abgeschlossen sind. Beide Parteien stellten Anträge und Anfragen zu den Auslandsgeschäften von Heckler & Koch im Bundestag. Selbst in Debatten stritten Opposition und Regierungsparteien über den schwäbischen Waffenfabrikanten. Ernste Konsequenzen hatten die Vorwürfe bisher für Heckler & Koch nicht.

Auch ein anderer Skandal schadete Heckler & Koch nicht weiter: 2008 berichtete das TV-Magazin *Report Mainz*, dass Söldner des amerikanischen Unternehmens Blackwater in Afghanistan und Irak mit Waffen aus Oberndorf ausgerüstet seien. Die Lieferung von Rüstungsgütern ist nach deutschen Gesetzen aber lediglich an staatliche Stellen, nicht aber an Privatkämpfer möglich. Die Grünen im Bundestag warfen Heckler & Koch vor, dennoch Blackwater ausgerüstet zu haben: „Über eine Tochterfirma in den USA umging der deutsche Waffenhersteller die Genehmigungspraxis. Blackwater und Heckler & Koch entwickelten nach eigenen Angaben eine gemeinsame Waffe und veranstalteten in den USA Lehrgänge für den Kampf mit Waffen von Heckler & Koch."[235] Nach den Medienberichten soll Heckler & Koch die Zusammenarbeit mit dem Söldnerunternehmen eingestellt haben.

Bei Heckler & Koch feilen die Entwickler längst an einer neuen Wunderwaffe. Das XM25, ein intelligenter Granatwerfer, soll die Zukunft des Krieges verändern. Von einer „wahrlich revolutionären" Waffe schwärmt bereits ein Tester der amerikanischen Armee in der Fachpresse. Der Granatwerfer verschießt Geschosse mit einem eingebauten Mikrochip, die von einem Computer im XM25 ins Ziel gelenkt werden. In Afghanistan habe sich der Granatwerfer bewährt, sagt ein amerikanischer Offizier, der für den Test verantwortlich war. Die Soldaten hätten die Waffe gar nicht wieder hergeben wollen.

Es besteht ein Bedarf von 12.500 Stück bei der US-Armee. Bei einem Stückpreis von 35.000 Dollar steht Heckler & Koch vor einem guten Geschäft. Doch bei allem Jubel über die neue „Wunderwaffe", wie *Bild* schrieb, steht die Firma vor einem großen Problem: Ein Strafprozess in Deutschland gegen

Heckler & Koch könnte die Chancen des Oberndorfer Unternehmens drastisch senken, den Großauftrag in den USA zu bekommen. Und mit Libyen, Mexiko und Georgien endet die Liste der Verdachtsfälle nicht. Maschinenpistolen von Heckler & Koch sollen auch in indischen Unruheprovinzen gelandet sein – ohne Exportgenehmigung; das berichtete der *Spiegel* Ende 2011. Heckler & Koch reagiert wie immer: „Der Auftrag entspricht in allen Punkten den Genehmigungskriterien des deutschen Kriegswaffenkontrollrechts."

9 ECHTE FREUNDE STEHEN ZUSAMMEN

Bundeskanzlerin Angela Merkel prostet beim feierlichen Staatsbankett im Juli 2011 in Luanda ihrem Gastgeber zu. Staatspräsident José Eduardo dos Santos erhebt sein Glas, um auf die Freundschaft anzustoßen. Noch nie war bisher ein Regierungschef der Bundesrepublik in Angola zum Staatsbesuch gewesen. Dos Santos spricht von einem historischen Tag für sein Land. Er kündigt Investitionen von mehr als einer Milliarde Euro an, die seine Regierung auch für deutsche Technik ausgeben wolle. Nach Nigeria ist Angola der größte Ölexporteur Afrikas. Erdölfelder und Diamantenminen spülen viel Geld in die Staatskasse. Angolas Reichtum kommt aus dem Meer. Die meisten Ölquellen liegen vor der Küste, wo ausländische Konzerne große Offshore-Förderanlagen errichtet haben. Davon profitieren vor allem die Getreuen von dos Santos. Angola gilt nach Angaben von Transparency International als eines der korruptesten Länder der Region. Die Einnahmen aus dem Rohstoffgeschäft kommen bei den Armen nicht an.[236] Nur wer am Ölgeschäft beteiligt ist, wird in Angola reich. Rund 1,6 Millionen Barrel werden täglich gefördert. Das westafrikanische Land gehört zu den wichtigsten Öllieferanten Chinas und der USA.

Patrouillenboote von „Angola Merkel"

Auch die deutsche Wirtschaft interessiert sich für das angolanische Öl und die Infrastrukturprojekte, die dos Santos mit den Milliardeneinnahmen anstößt. Der Gast aus Deutschland hat einige Kooperationsangebote für Angola im Gepäck. Merkel bietet Angola eine Energiepartnerschaft an. Die Kanzlerin hat noch eine weitere Geschäftsanregung für dos Santos in ihrem Reisegepäck: Patrouillenboote könnte Angola in Deutschland kaufen, schlägt sie vor. Zur Grenzsicherung und zum Schutz der Ölförderanlagen vor der Küste. „Wir würden Ihnen gerne bei Ihren Verteidigungsanstrengungen behilflich sein", sagte die Kanzlerin auf einer deutsch-angolanischen Wirtschaftskonferenz, „zum Beispiel bei der Ertüchtigung der Marine." Merkel warb so für einen Millionendeal für die deutschen Werften.

„Angola gehört zu den Ländern in der Afrikanischen Union, die sich sehr für Stabilität einsetzen, und unser Ziel ist ja, dass regionale Konflikte auch durch regionale Truppen dann befriedet werden können", sagte Merkel zur Erklärung ihres überraschenden Angebots in die Mikrofone der Reporter. Dass jedes Land seine Grenzen sichern wolle, das sei normal. „Ich glaube nicht, dass wir im umfassenden Sinne hier die Aufrüstung betreiben", sagt die Kanzlerin weiter. Die Patrouillenboote kosten pro Stück zwischen zehn bis 25 Millionen Euro. Ein Vertrag wurde nicht unterschrieben. Es bleibt unklar, ob Angola die deutsche Offerte überhaupt annehmen will. In den vergangenen Jahren gab es nur wenige Rüstungsexporte aus der Bundesrepublik nach Angola: Die Regierung genehmigte 2008 Ausfuhren im Wert von 7 Millionen, 2009 für 11,5 Millionen Euro und 2010 für 1 Million.[237] Wie deutsche Patrouillenboote regionale Konflikte in Afrika lösen sollen, verrät die Kanzlerin nicht. Die schlimmsten Konflikte Afrikas finden seit Jahren in Binnenländern wie Kongo und Ruanda statt. Patrouillenboote dürften bei Friedensmissionen der Afrikanischen Union dort wenig helfen. Angola war vor wenigen Jahren selber noch ein Konfliktgebiet. 2002 endete ein Bürgerkrieg.

Merkels Gastgeber, Präsident dos Santos, gilt nicht als Musterdemokrat. Er regiert seit mehr als 30 Jahren. Mit politischen Gegnern springt er nicht gerade rücksichtsvoll um. Angola ist die zweite Station von Merkels Afrikareise im Sommer 2011. Von Luanda fliegt die deutsche Regierungschefin nach Nigeria weiter. „Die Reise dient vor allem dazu, der deutschen Wirtschaft Türen zu öffnen", fasst der

ARD-Journalist Michael Götschenberg zusammen. Der Experte für Verteidigung und Außenpolitik hatte Merkel nach Luanda begleitet.

Zu Hause wird „Angola Merkel" von der Opposition für das Angebot der Patrouillenboote scharf kritisiert. „Patronin der deutschen Rüstungslobby", nennt die Linkspartei die Kanzlerin. Rolf Mützenich, außenpolitischer Sprecher der SPD, warf Merkel vor, mit ihrem Angebot an Angola gegen die Rüstungsexportrichtlinien zu verstoßen. Er attestierte der Kanzlerin zudem fehlende Sensibilität. Denn während die deutsche Politik noch über die mögliche Lieferung von Leopard-Kampfpanzern an Saudi-Arabien streite, mache die Kanzlerin bereits das nächste Angebot. „Angola braucht sicher jede Hilfe und Unterstützung, aber ganz sicher keine Patrouillenschiffe zur Grenzsicherung", ergänzte die Vorsitzende der Grünen, Claudia Roth.

Hilfe brauchen vor allem die Armen in dem reichen Land. Auf dem Human Development Index der Vereinten Nationen, der den Entwicklungsstand von Ländern misst, liegt Angola unter den 183 aufgeführten Staaten auf Rang 143. Laut Unicef weist Angola weltweit die zweitgrößte Kindersterblichkeit von Jungen und Mädchen unter fünf Jahren auf, lediglich Afghanistan erreicht eine noch schlechtere Zahl.[238] Im Korruptionsindex Transparency International rutschte Angola vom miserablen Platz 158 im Jahr 2008 sogar noch auf Platz 162 im Jahr 2009.

Handelsreisende in Sachen Rüstungsindustrie

Der Rüstungsindustrie dürfte Merkels Engagement für Waffen „made in Germany" hingegen gut gefallen. Ihre Lobbyverbände fordern seit Langem eine stärkere Unterstützung der deutschen Politik für ihre Auslandsgeschäfte ein. Die Hilfe der Kanzlerin für deutsche Werften ging über das Angebot im Gespräch mit dem Präsidenten Angolas noch hinaus. In Merkels Delegation reiste ein

Rüstungsmanager mit, dessen Patrouillenboote weltweit gefragt sind: Friedrich Lürßen, geschäftsführender Gesellschafter der Lürssen-Werft aus Bremen, konnte Merkels Einsatz für sein Unternehmen aus der Nähe beobachten. Der Schiffbaubetrieb hatte sich verschiedenen Medienberichten zufolge an einer angolanischen Ausschreibung für 6 bis 8 Patrouillenboote beteiligt. Die Werft hat ihre Schreibweise an internationale Gepflogenheiten angepasst und schreibt sich mit doppeltem „s", nicht mit dem deutschen „ß" wie im Namen des Inhabers. Lürßen leitet zudem als Präsident des Bundesverbandes der Sicherheits- und Verteidigungsindustrie (BDSV) den wichtigsten Lobbyverein deutscher Rüstungsschmieden.

Für Friedrich Lürßen war das bei Weitem nicht der einzige Staatsbesuch an der Seite eines deutschen Spitzenpolitikers. Er flog außerdem vom 6. bis 11. Januar 2010 gemeinsam mit Außenminister Westerwelle in die Türkei, nach Saudi-Arabien, Katar, in die Vereinigten Arabischen Emirate und den Jemen. An der gleichen Reise nahm auch Dr. Hans Christoph Atzpodien teil, Vorstandsvorsitzender der ThyssenKrupp Marine Systems AG. Die arabische Halbinsel gilt schließlich als wichtigster neuer Markt für die deutsche Rüstungsindustrie. Auch die Chefs des Luft- und Raumfahrtkonzerns EADS begleiten den Außenminister – aber auch die Kanzlerin und weitere Kabinettsmitglieder. Thomas Enders, damals Vorstandsvorsitzender von Airbus, besuchte mit Westerwelle Estland und Japan im Januar 2010. Airbus baut nicht nur Flugzeuge für zivile Fluglinien, sondern auch Transportmaschinen für das Militär. Im März 2010 war dann Stefan Zoller, Chef von Cassidian, mit dem deutschen Chefdiplomaten in Brasilien unterwegs.

Von 2006 bis 2011 nahmen an 35 offiziellen Delegationsreisen der Bundeskanzlerin, des Auswärtigen Amts und des Bundesministeriums für Wirtschaft und Technologie zahlreiche Vertreter deutscher Rüstungsunternehmen teil – in den Jahren 2006, 2008,2009, 2010 und 2011 auch an Reisen nach Saudi-Arabien, Katar, Bahrain und in die Vereinigten Arabischen Emirate.[239] „Mitglieder der Bundesregierung sind immer wieder als Handelsreisende in Sachen Rüstungsindustrie unterwegs", schimpfen die Grünen.[240] Die Chefs der Rüstungskonzerne suchen seit Jahrzehnten die Nähe zur deutschen Politik. Wenige Wirtschaftszweige auf der Welt sind so stark auf die Politik angewiesen wie die Rüstungsindustrie. Von einer „wohlwollenden bis augenzwinkernden Kumpanei zwischen Regierung und Rüstungsfirmen" spricht der Rüstungsexperte Herbert Wulf, früher Direktor von Sipri und Mitbegründer des BICC.[241] In vielen westlichen Ländern sind Waffenexporte ausschließlich mit der Genehmigung der Regierung oder der Parlamente möglich. So viel offene Unterstützung wie unter Kanzlerin Merkel haben die Rüstungsmanager in der Geschichte der Bundesrepublik wohl noch nie bekommen. Die Regierungschefin warb nicht nur in Angola für Patrouillenboote, sondern auch in Neu Delhi für den Kauf des Eurofighter Typhoon. In Indien hatte sich bereits der damalige Verteidigungsminister Karl-Theodor zu Guttenberg massiv für den Kampfjet, der teilweise auch in Deutschland gebaut wird, stark gemacht. Das Engagement der Bundesregierung in Sachen Eurofighter war allerdings nicht von Erfolg gekrönt.[242]

In Merkels Amtszeit fällt auch eine enge Zusammenarbeit mit Saudi-Arabien im Sicherheitsbereich. Die Entscheidung des Kabinetts, deutsche Bundespolizisten nach Saudi-Arabien zu entsenden, die dort den Grenzschutz ausbilden, hat einen großen Rüstungsdeal erst ermöglicht. Die Ausbildung der saudischen Grenzer durch deutsche Beamte stellt nämlich nur einen Teil eines umfangreichen Modernisierungsprogramms dar. Einen weiteren Beitrag leistet die EADS-Tochter Cassidian im technischen Bereich. Die Rüstungssparte von EADS liefert Bodenüberwachungsradar, Sensortechnik und Hochleistungskameras an das Königreich. Damit wird eine Hightech-Grenzanlage im Norden zum Irak und im Süden zum Jemen aufgebaut.

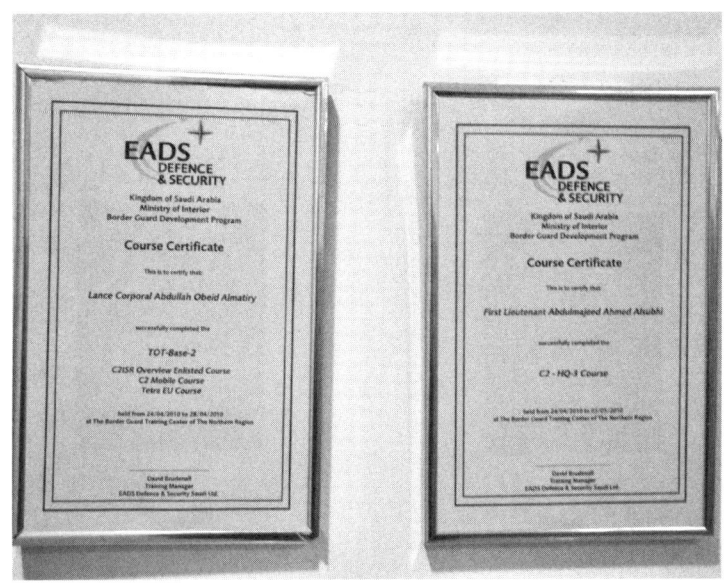

Erfolgreich bestanden: Im Innenministerium in Riad hängen Urkunden von EADS für saudische Unteroffiziere und Offiziere.

Die deutschen Polizeitrainer sind in Ar'ar, einer saudischen Stadt in der Nähe der Grenze zum Irak, im Einsatz. In einer Kaserne des Grenzschutzes bilden sie die saudischen Kameraden unter anderem in Fahrzeug- und Personenkontrolle aus. Auch eine Einweisung an Waffen gehöre zum Programm, nicht aber eine Schießausbildung, erklärt ein hochrangiger Beamter der Bundespolizei in Ar'ar. In Saudi-Arabien hieß es, dass Cassidian den Auftrag für die Grenzsicherung nur bekommen habe, weil zeitgleich die Bundesregierung zugestimmt habe, deutsche Polizisten als Trainer in das Königreich zu schicken.

In die Regierungszeit von Merkel fällt zudem eine Ausbildungsmission der Bundeswehr für die saudische Armee. Drei deutsche Soldaten bildeten in Saudi-Arabien rund 20 saudische Kameraden für die Bedienung einer Drohne aus. Das unbemannte Fluggerät vom Typ Luna wird in Bayern von der Firma EMT hergestellt. Das Training an der Drohne fand zunächst in der Stadt al-Kharj statt. Der zweite Ausbildungsabschnitt führte deutsche und saudische Soldaten dann in die Nähe der jemenitischen Grenze. Dort kämpften in der Vergangenheit saudische Sicherheitskräfte gegen den Clan der Huthis, der auf beiden Seiten der Grenze lebt. Die Huthis bekriegen sich mit der Zentralregierung in Sanaa, mit der wiederum Saudi-Arabien verbündet ist. „In den letzten Jahren sind mehrere Hundert Menschen dem Konflikt zum Opfer gefallen", stellt Marc von Boemcken, Rüstungsexperte des BICC fest. „Eine Lösung scheint derzeit nicht in Sicht."[243] Dennoch genehmigte die Bundesregierung die Drohnenlieferung und schickte deutsche Ausbilder in die Region. Die deutschen Drohnen könnten in dem Konflikt zum Einsatz kommen. In Afghanistan nutzt die Bundeswehr die unbewaffneten Luna-Drohnen im Kampf gegen Aufständische, indem sie deren Kämpfer aus der Luft beobachtet und Zielkoordinaten für Artillerie und Kampfflugzeuge ermittelt.

Die direkte Unterstützung der Kanzlerin für die Rüstungsindustrie während ihrer Afrikareise, das Entsenden von deutschen Soldaten und Polizisten, die ausländische Sicherheitskräfte an deutscher Technik ausbilden, und Merkels Werben für den Eurofighter in Indien widersprechen dem Koalitionsvertrag von Union und FDP aus dem Jahr 2009. Darin bekennen sich die Regierungsparteien offiziell zu einer restriktiven Rüstungsexportpolitik. „Es bleibt bei der verantwortungsbewussten Genehmigungspolitik für die Ausfuhr von Rüstungsgütern." In dem Vertrag versprechen CDU, CSU und FDP aber auch Erleichterungen für die Waffenhersteller. „Bürokratische Hemmnisse werden abgebaut und die Verfahren beschleunigt." Weiter heißt es: „Eine leistungsfähige nationale wehrtechnische Industrie ist für uns von hoher sicherheits- und wirtschaftspolitischer Bedeutung."[244]

Das sehen auch Verteidigungspolitiker von Union, FDP und SPD so, die sich zur Parlamentariergruppe Mars & Minerva zusammengeschlossen haben. Der Name, so verrät es deren Vorsitzender Bernd Siebert (CDU), „lehnt sich einerseits an den römischen Gott Mars, andererseits an Minerva, Schützerin des Handwerks und der gewerblichen Kunstfertigkeit sowie Erfinderin des Wagens an. So sollen Mars und Minerva symbolhaft für die Landstreitkräfte der Bundeswehr und die industrielle Wehrtechnik stehen".[245]

Politisch-persönliche Verflechtungen

Die Waffenschmieden verpflichten aber auch direkt Politiker, um ihre Kontakte zu den Entscheidern auszubauen. Das zeigte der Wechsel des ehemaligen SPD-Bundestagsabgeordneten Ditmar Staffelt vom Parlament in die Industrie. 1998 hatte er den Wahlkreis Berlin-Neukölln gewonnen und war in den Bundestag eingezogen. Vier Jahre später wurde er zum parlamentarischen Staatssekretär im Bundeswirtschaftsministerium berufen, das für Rüstungsexporte zuständig ist. Gleichzeitig ernannte die rot-grüne Regierung Staffelt zum Koordinator für die deutsche Luft- und Raumfahrt. Als Staatssekretär besuchte er verschiedene EADS-Unternehmen, 2003 begleitete er den damaligen Kanzler Gerhard Schröder zu Airbus nach Hamburg. Im November 2008 legte Staffelt sein Mandat nieder und wechselte zu EADS, wo er in Berlin zum „Vorstandsbeauftragten für Politik und Regierungsangelegenheiten in Deutschland" berufen wurde.[246] Weniger umständlich kann er EADS-Cheflobbyist in Deutschland genannt werden. Seine Büroanschrift lautet nun Potsdamer Platz 1, Hauptstadtrepräsentanz von EADS. Ein ehemaliger Weggefährte Staffelts aus dem Wirtschaftsministerium, Georg Wilhelm Adamowitsch, arbeitet mittlerweile ebenfalls in der Lobbybranche. Wie Staffelt war er während der Regierungszeit von Gerhard Schröder Staatssekretär. Ende 2011 wurde Adamowitsch zum Hauptgeschäftsführer des Bundesverbands der Deutschen Sicherheits- und Verteidigungsindustrie (BDSV) ernannt.

Die Organisation Lobby Control spricht bei einem fließenden Wechsel aus der Politik in die Wirtschaft von einem „Drehtüreffekt". Lobby Control kritisiert, dass sich

Interessengruppen, wie im Fall Staffelt der Konzern EADS, mit kürzlich ausgeschiedenen politischen Entscheidungsträgern nicht nur deren Insider-Wissen, sondern auch deren Kontakte in Ministerien und Parlament sichern. „Auf diese Weise erhalten sie einen privilegierten Zugang zur Politik und können Entscheidungen leichter zu ihren Gunsten beeinflussen." Besonders bedenklich sei laut Lobby Control, dass bei Mandatsträgern und politischen Spitzenbeamten ein Interessenkonflikt drohe. Die Aussicht auf lukrative Jobs nach dem Ende einer Politikkarriere könnte Anreize schaffen, politische Entscheidungen zugunsten späterer potenzieller Arbeitgeber zu treffen, teilt LobbyControl mit. „Diese Gefahr besteht insbesondere dann, wenn Verhandlungen über eine Folgeanstellung bereits während der Amtszeit eines Ministers oder leitenden Beamten geführt werden." Auch Wechsel von der Rüstungsindustrie in die Politik lassen sich im politischen Berlin beobachten.

Kritik zieht wegen seiner früheren Tätigkeit beispielsweise der CSU-Bundestagsabgeordnete Florian Hahn auf sich. „Kann man das noch ‚Lobby-Arbeit' nennen? Oder müsste man in diesem Fall nicht sagen: ‚KMW regiert mit'?", schreibt die Anti-Rüstungs-Organisation Waffen vom Bodensee auf ihrer Homepage unter einem Foto von Hahn. Auch die Kampagne 25.000 Euro, die öffentlichen Druck auf die Krauss-Maffei-Wegmann-Eigner ausübt und diese an einen digitalen Pranger stellt, thematisiert Hahns angebliche Nähe zu dessen früherem Arbeitgeber.[247] „Diese Vorwürfe entbehren jeder Grundlage", erwidert Hahn. „Ich habe bei KMW vor mehr als 10 Jahren als Student in der Abteilung Presse- und Öffentlichkeitsarbeit insgesamt etwa ein Jahr gejobbt. Zu meinen Aufgaben gehörte vor allem die Erstellung des Pressespiegels, die Betreuung von Besuchergruppen und das Bearbeiten von Medienanfragen." Eine besondere Beziehung zum Unternehmen bestehe heute nicht mehr.

Hahn fiel als einer der wenigen öffentlichen Verteidiger des Leopard-Deals mit Saudi-Arabien auf. Gegnern eines Panzerexports an das wahabitische Königreich entgegnete

Hahn im Radiosender Bayern 1: „Da kann man im Detail jetzt diskutieren, ob ein Kampfpanzer Leopard 2 jetzt geeignet wäre zur Niederschlagung von Volksaufständen. Ist er sicherlich nicht. Hier ist ein für den Nahen Osten, vor dem Hintergrund der Verhältnisse dort, ein guter König, und ich glaube, deswegen ist das keine Gefahr." Mit solchen Aussagen irritiert er nicht nur die Journalisten des Bayerischen Rundfunks, die feststellten: „Der gute König, von dem Florian Hahn spricht, half allerdings, mit seinen Truppen die Demokratiebewegung im Nachbarland Bahrain niederzuschlagen."

Hahn, Bundestagsabgeordneter aus Bayern, Wahlkreis München-Land, sitzt seit 2009 für seine Partei im Verteidigungs- und im Bildungsausschuss, zusätzlich gehört er als Stellvertreter dem Entwicklungsausschuss an.[248] „In meinem Wahlkreis sind einige große und mittelständische, wehrtechnische Unternehmen ansässig, die mehreren 1000 Arbeitnehmern attraktive Stellen bieten", schreibt Hahn auf Nachfrage. Er sei als Berichterstatter für die Teilstreitkraft Luftwaffe und Beschaffung Luftwaffe für die Union im Verteidigungsausschuss zuständig. „Ein professioneller Kontakt zur Industrie gehört daher genauso zu den Aufgaben eines Abgeordneten wie Kontakte zu Universitäten und sozialen Einrichtungen", teilt Hahn außerdem mit.

„Die zentrale Frage ist für mich, ob ein Export vertretbar ist", sagte Hahn auf einer Veranstaltung der Jungen Union Traunstein im November 2011. Das Treffen der Nachwuchsorganisation von CDU und CSU trug den Titel: „Deutschland als Rüstungsexporteur – Lord of war?!" Besonders kritisch scheint Hahn bei Rüstungsausfuhren nicht zu sein. Den Deal mit Saudi-Arabien verteidigte er zumindest.

Eine solche Karriere, vom Mitarbeiter eines Rüstungsunternehmens in die Politik, ist nicht ungewöhnlich. Wolfgang Pohle, Generalbevollmächtigter im Flick-Konzern, zog Mitte der 1960er-Jahre auf der Landesliste der CSU in den Bundestag ein. Damals gehörte Krauss-Maffei über dessen Mutterkonzern Buderus noch zum Flick-Imperium. Pohle und andere Politiker setzten sich massiv für den Kauf von Kriegsgerät aus dem Haus Krauss-Maffei durch die Bundeswehr und auch für den Export ein. Das Wirtschaftsmagazin *Capital* verlieh Pohle den Spitznamen „Streiter für Flick". Der Generalbevollmächtigte war aber längst nicht der einzige Kontakt, den Flick und seine engsten Mitarbeiter in die Politik unterhielten. In Bonn betrieb der Konzern eine „Politische Stabsstelle der Geschäftsführung", was heute als Lobby-Büro bezeichnet würde. „Dessen Aufgabe war es, Kontakte zu Abgeordneten zu knüpfen, der Konzernzentrale Spendenvorschläge zu machen und Spendengelder zu übergeben sowie Informationen, insbesondere Informationen vertraulicher Art, aus den Ministerien, Fraktionen und Gremien zu beschaffen", stellt ein Historikerteam unter der Leitung von Norbert Frei fest, das ein Flick-Porträt veröffentlichte.[249]

Der Flick-Konzern spendete großzügig an Parteien, vor allem an CDU und CSU. Dies geschah durchaus, um den eigenen Wünschen und Ratschlägen den nötigen Nachdruck zu verleihen. Der Flick-Mann Pohle, für die CSU nicht nur im Bundestag vertreten, sondern auch als Schatzmeister aktiv, betonte, dass sein Arbeitgeber auf der Spenderliste stets ganz oben stünde. Pohle und Karl Theodor Freiherr von und zu Guttenberg, der Großvater des späteren Verteidigungsministers, unterstützten Ende der 1960er-Jahre den Verkauf von Leopard-Kampfpanzern an die Franco-Diktatur. Das Geschäft wurde von der Bundesregierung genehmigt.[250]

Die zahlreichen Spenden des Flick-Konzerns an die Politik lösten Ende 1981 einen Skandal aus, der das Unternehmen und die Republik erschütterte. Am 4. November 1981 durchsuchten Steuerfahnder das Büro des Chefbuchhalters des Konzerns, Rudolf Diehl, dem Steuerhinterziehung vorgeworfen wurde. Dabei stießen die Ermittler auf Schließfächer bei einer Filiale der Dresdner Bank. Darin entdeckten die Fahnder zahlreiche Listen, auf denen alle Zuwendungen des Flick-Konzerns an politische Parteien vermerkt waren, Summen und Empfänger, schwarz auf weiß.

Auf den von Diehl angelegten Listen fanden sich die FDP-Minister Hans Friderichs und Otto Graf Lambsdorff sowie andere Spitzenpolitiker der Liberalen. Bei weiteren Durchsuchungen entdeckten die Ermittler belastendes Material: Flick hatte mehrere Millionen in die Pflege der politischen Landschaft investiert. 15 Millionen Mark gingen an die Union, 6,5 Millionen an die FDP und 4,3 Millionen an die SPD. Die Spendenaffäre beschäftigte die Bundesrepublik mehrere Jahre. 1983 setzte der Bundestag einen Untersuchungsausschuss ein. Ein Jahr später musste Bundestagspräsident Rainer Barzel (CDU) sein Amt niederlegen; er hatte nach seinem Rücktritt als Unions-Fraktionsführer einen üppigen Beratervertrag von Flick erhalten.[251] Friedrich Flick erlebte den Skandal um sein Unternehmen nicht mehr, er starb am 20. Juli 1972.

Vor allem bayerische Politiker pflegten traditionell eine enge Beziehung zur Rüstungswirtschaft. Bereits Franz-Josef Strauß (CSU) galt als Politiker, welcher der Rüstungsindustrie äußerst nah stand. Er setzte sich massiv für den Kauf des F-104G Starfighters durch die Bundeswehr ein. Der Abfangjäger, entwickelt vom US-Unternehmen Lockheed, wurde in Deutschland in Lizenz nachgebaut und Anfang der 60er-Jahre tatsächlich bei der Luftwaffe eingeführt. Die Beschaffung war von Korruptionsskandalen begleitet. Strauß hatte sich mit der Auswahl des Jägers über die Bedenken von Parteifreunden hinweggesetzt, denen die Kosten für den Aufbau einer eigenen Luftfahrtindustrie in Deutschland als zu hoch erschienen. Die Kritiker des Starfighters hatten vergeblich für den Kauf von Flugzeugen im Ausland votiert. Ein engagierter Fürsprecher des Starfighters war der Industrielle Flick. Die Maschine sollte von deutschen Unternehmen in Lizenz gebaut werden, an denen er beteiligt war. Sein Konzern war damit wenige Jahre nach dem Zweiten Weltkrieg und der durch die Alliierten erzwungenen Demilitarisierung wieder eine Größe im Rüstungsgeschäft. Die Rückkehr ins Militärgeschäft verdankte Flick auch seinen guten Kontakten in das Bundesverteidigungsministerium, vor allem zum

Minister Strauß.[252] Der Starfighter machte der Luftwaffe große Probleme. Er wurde von den Piloten als „Rakete mit Sitz bezeichnet", der Jet galt als Flugzeug, das keinen Fehler verzieh.[253] Dutzende Maschinen stürzten ab, „Witwenmacher" war nur einer von zahlreichen wenig schmeichelhaften Spitznamen. Strauß, der Hobbypilot, blieb dem Flugzeugbau ein enger Begleiter: Bei Airbus war er lange Jahre Vorsitzender des Aufsichtsrats.

Eine weitere Beschaffungsmaßnahme der Bundeswehr geriet ebenso zum Rüstungsskandal. 1957 setzte Strauß sich stark für den Kauf von 4472 Schützenpanzern vom Typ HS30 bei der Schweizer Firma Hispano-Suiza ein. Das Unternehmen aus der Schweiz hatte keinerlei Erfahrung mit der Konstruktion und dem Bau von Panzerwagen. Von Anfang an wies der HS30 schwere Mängel auf, die nicht behoben werden konnten. Es sollten zunächst 11.000 Stück beschafft werden, was Experten als eine „völlig absurde" Menge bezeichneten.[254] „Bei der Auftragvergabe sollen Bestechungsgelder in Millionenhöhe geflossen sein. Ein Untersuchungsausschuss des Bundestages kann die Vorwürfe nicht bestätigen, aber auch nicht entkräften", stellt Bernhard Fleckenstein, Professor an der Universität der Bundeswehr in München fest.[255]

Strauß spielte später eine weitere wichtige Rolle bei einem Rüstungsauftrag, den ein Tochterunternehmen der Flick-Gruppe erhielt: Krauss-Maffei konnte sich gegen seine Konkurrenten durchsetzen und erhielt 1963 die Generalunternehmerschaft für den Bau des Kampfpanzers Leopard 1. Der frühere Verteidigungsminister Strauß und späterer Ministerpräsident von Bayern half dabei, den Großauftrag nach München zu holen.[256]

10 DIE DISKRETEN DEALER

Im Café *Einstein* in Berlin-Mitte, Unter den Linden, herrscht zur Mittagszeit Hochbetrieb. Politiker gehen mit Journalisten essen, PR-Berater mit Wirtschaftsführern, Schauspieler mit Agenten. Viele große Konzerne der Bundesrepublik und mancher aus dem Ausland unterhalten in Berlin Hauptstadtrepräsentanzen im Dunstkreis der politischen Macht. Zahlreiche Lobbyfirmen sind zudem im Auftrag ihrer Kunden unterwegs. Außerdem versuchen Verbände und Vereine, die Entscheider in Politik und Verwaltung von ihren Zielen zu überzeugen. Mehr als 5000 Lobbyisten arbeiten in Berlin, schätzt Lobby Control. Die Organisation versucht, den Interessenvertretern auf die Finger zu schauen.[257] Das ist gar nicht so einfach. Die Lobbyisten bilden eine verschwiegene Kaste. Wenn sie erfolgreich arbeiten wollen, darf die Öffentlichkeit von ihrem Tun nichts erfahren. Die Rüstungslobbyisten geben sich noch verschwiegener als die Interessenvertreter anderer Wirtschaftsbranchen.

Eingekreist im Lobbydschungel

Auch Rüstungslobbyisten laden ins *Einstein* zum Frühstück und Lunch ein. Ihre Gäste sind nicht nur Bundestagsabgeordnete, sondern auch deren Mitarbeiter, Beamte aus den Bundesministerien für Wirtschaft, Auswärtiges und Verteidigung sowie der Bundeswehr. An einem Vormittag zu Winterbeginn spricht dort ein Interessenvertreter mit dem Autor. Das Gespräch beginnt damit, dass der Lobbyist über den schlechten Leumund seines Berufsstandes klagt. Er sei Berater, kein Beeinflusser. Dann klagt er, dass sein Unternehmen zu Unrecht einen schlechten Ruf habe. Ins

Ausland verkaufe man vor allem, um die Forschung und Entwicklung in Deutschland finanzieren zu können, von der dann die Bundeswehr profitiere. Außerdem sichere die Ausfuhr von „Sicherheitstechnik" Arbeitsplätze. Bald verabschiedet er sich, im Terminkalender stehen noch wichtigere Termine als Gespräche mit Journalisten.

Interessensvertretung bei guten Speisen findet auch im Restaurant *Tucher* am Pariser Platz statt, wo Ex-Kanzler Schröder mit US-Präsident George W. Bush dinierte, und im *Borchardt*, dem Szenetreff am Gendarmenmarkt. Doch gerade in den bekannten Restaurants herrscht meist zu viel Trubel. Zu wichtigen Treffen laden Lobbyisten in abgeschiedene Hinterzimmer ein. Diskrete und edle Rückzugsmöglichkeiten bietet etwa der China Club Berlin. Das Etablissement liegt ganz in der Nähe der KMW- und Diehl-Hauptstadtvertretungen zwischen der Akademie der Künste und dem Hotel Adlon am Pariser Platz. Um Gäste in die Clubräume einladen zu können, müssen Lobbyisten Mitglieder sein. 10.000 Euro soll die Aufnahmegebühr betragen, heißt es im politischen Berlin, der Jahresbeitrag liege bei 1500 Euro. „Ein exklusiver Kreis ausgesuchter Mitglieder" verfüge „über einen ganz besonderen Treffpunkt mit Blick auf den Reichstag und den Pariser Platz", wirbt der Club ganz unbescheiden. „Perfekter Service und ein einzigartiges Ambiente bieten einen stilvollen Ruhepol inmitten der blühenden Weltmetropole Berlin."[258] Dort lässt sich ganz ungestört auch über künftige Rüstungsprojekte sprechen.

Weniger abgeschieden, aber dennoch nicht für jedermann öffentlich, geht es bei den sogenannten Informationsveranstaltungen und vor allem bei den parlamentarischen Abenden der Rüstungsfirmen zu. So lud Diehl am 4. Mai 2010 zum parlamentarischen Abend in Berlin. Als Veranstaltungsort konnte die Waffenschmiede die Landesvertretung des Freistaats Bayern nutzen. Thomas Diehl, Vorstandsvorsitzender der Diehl-Stiftung, freute sich, einen prominenten Festredner begrüßen zu dürfen: Der damalige Bundeswirtschaftsminister und aktuelle FDP-Fraktionsvorsitzende Rainer Brüderle (FDP) hielt eine Ansprache. Ihm hörten Gäste aus Wirtschaft, Politik, Verwaltung und Bundeswehr zu.

„Diehl ist eines der traditionsreichsten, aber auch innovativsten bayerischen Unternehmen, das sich auf vielen Geschäftsfeldern eine weltweit führende Position erarbeitet hat – ob als führender Zulieferer für Europas große Hausgerätehersteller und die weltweite Automobil-, Elektronik- und Sanitärindustrie oder als internationaler Partner bei Luftfahrtausrüstung und Wehrtechnik", schreibt das Unternehmen über sich selbst. [259] Bescheiden kommt die Wehrtechnik ganz ans Ende der Auflistung. Dabei gehört Diehl laut Sipri aus Stockholm zu den 100 größten Unternehmen der globalen Rüstungsindustrie und liegt unter den deutschen Kriegsgeräteherstellern auf Rang vier.

Wie alle Großen der Waffenbranche pflegt Diehl die Kontakte zu Abgeordneten und Ministern. Das Unternehmen unterhält dazu eine Vertretung in der Hauptstadt. „Von hier aus werden die Kontakte und der Informationsaustausch mit den politischen und ministeriellen Entscheidungsträgern für die Diehl-Hauptverwaltung und alle fünf Teilkonzerne gepflegt", verrät der Konzern. Es gehe um die Begleitung wichtiger Verteidigungsthemen und um die Mitgestaltung von Gesetzesänderungen, die Neuentwicklungen betreffen könnten.[260] Seit den 90er-Jahren sind Diehl-Lobbyisten in Berlin aktiv, noch bevor der Regierungssitz vom Rhein an die Spree verlegt wurde. Die Hauptstadtrepräsentanz von Diehl hat eine der besten Adressen Berlins: Pariser Platz. Die alte Prachtmeile Unter den Linden läuft auf den wohl meistbesuchten Platz Berlins zu, an dessen Ende das Brandenburger Tor steht. Im Gebäude Nr. 6a arbeiten nicht nur die Interessenvertreter von Diehl, dort unterhält auch Krauss-Maffei Wegmann aus München seine Berliner „Botschaft".

Nur 10 Minuten mit dem Auto

Der Pariser Platz sei „von Büros der Rüstungslobby dezent eingekreist", stellt Lobby Control fest. Die US-Rüstungsriesen Lockheed Martin und Boeing residieren dort ebenfalls. Eine Karte von Lobby Control zeigt, wo die anderen großen Rüstungskonzerne in Berlin präsent sind. „Reiseführer durch den Lobbydschungel" nennt die Organisation ihren Prospekt. Wer sich für die Lobbyisten der Waffenschmieden interessiert, kann vom Potsdamer Platz aus einen interessanten Rundgang durch das Regierungsviertel machen. Am Potsdamer Platz, der während der deutschen Teilung verödet im Grenzgebiet lag, residieren heute EADS und Daimler. Beide Großkonzerne gehören mit ihren zivilen Sparten zu den Weltmarkführern, sie machen aber auch mit Militärgeräten rund um den Globus Geschäfte. Daimler verkauft etwa erfolgreich den gepanzerten Geländewagen vom Typ Wolf, der mit der G-Klasse ein ziviles Pendant hat.[261]

EADS und fast alle Töchter wie Airbus und Eurocopter liefern auch an Streitkräfte im In- und Ausland. So überrascht es nicht, dass EADS ein großzügiger Sponsor der Luftwaffe ist. Im Juni 2006 verdankte die Luftwaffe einer Spende von EADS, dass ein Sommerfest eine rauschende Feier wurde. Gemeinsam mit anderen Rüstungsfirmen wie Diehl, MTU, und Thales hatte EADS einen Großteil des Festbudgets finanziert. Ein harmloser Einzelfall? Hans-Martin Tillack, Journalist beim Magazin *Stern*, hat recherchiert, dass allein EADS zwischen 2003 und 2006 das Wehrressort mit finanziellen Zuwendungen und Sachleistungen von mehr als 87.000 Euro bedacht hat. Die meisten Beamten dürfen keine Geschenke im Wert von über 20 Euro pro Jahr annehmen. Airbus gab 15.000 Euro zur Feier „50 Jahre Luftwaffe" dazu, EADS förderte den „Ball des Sanitätsdienstes" und des Oktoberfestes dcs Heeresverbindungsstabs in Fort Ruckert in den USA mit großzügigen Zuwendungen. Zu den Sponsoren des Verteidigungsministeriums aus der Rüstungsindustrie zählen zudem KMW, Thyssen-Krupp, Heckler & Koch sowie die bereits genannten MTU, Thales und Diehl.[262]

Auch der Rüstungsriese Rheinmetall, der einige Hundert Meter entfernt vom Potsdamer Platz seine Hauptstadtrepräsentanz unterhält, ist ein eifriger Sponsor der Militärs und Parteien. Die Repräsentanz in Berlin wirkt eher bescheiden. Sie ist in einem mehrstöckigem Bürogebäude untergebracht. Der Konzern selbst spricht bescheiden von seinem „Büro" in Berlin. Es liegt an der Voßstraße zwischen Leipziger Straße und Pariser Platz. Die Straße ist vor allem bekannt, weil Hitlers Reichskanzlei dort stand. Ganz in der Nähe, in den Ministergärten, liegen zahlreiche Vertretungen der Bundesländer. Der Förderkreis Deutsches Heer, in dem zahlreiche Rüstungsfirmen Mitglied sind, aber auch sechs Bundestagsabgeordnete in Führungsgremien sitzen, hat sich mit seiner Hauptstadtdependenz im gleichen Gebäude wie Rheinmetall einquartiert. Etwa zehn Minuten zu Fuß entfernt unterhält ein weiterer bedeutender deutscher Panzerhersteller sein bundespolitisches Hauptquartier. Der Rundgang führt weiter zum Pariser Platz, zu Krauss-Maffei Wegmann.

Einen perfekten Ausblick kann KMW-Chef Frank Haun seinen Gästen aus der Politik bieten, wenn er Besuch in den Firmenräumen in Berlin empfängt. Ein Balkon geht direkt zum Brandenburger Tor hinaus. Der KMW-Außenposten liegt zudem in direkter Nähe zur amerikanischen Botschaft und zum Reichstagsgebäude. Die Lobbyisten des Münchner Unternehmens brauchen nur wenige Schritte zu gehen, wenn sie zum Parlament wollen.

Die kleine Tour durch Berlin-Mitte endet an der Friedrichstraße. Dort haben zwei Rüstungsverbände und ein Marineunternehmen Räume angemietet. Im Atrium an der Friedrichstraße 60 findet sich die Geschäftsstelle des Bundesverbands der deutschen Luft- und Raumfahrtindustrie (BDLI). EADS und 189 weitere Unternehmen sind in dem Verband Mitglied. Der BDLI veranstaltet alle zwei Jahre die Internationale Luft- und Raumfahrtausstellung (ILA) in Berlin. Zu den Nachbarn des BDLI gehört ThyssenKrupp Marine Systems (TKMS). Die Marinesparte des ThyssenKrupp-Konzerns vereint die Werften Blohm & Voss in Hamburg,

HDW in Kiel und Kockums in Schweden. Töchter von TKMS stellen Korvetten, Fregatten und U-Boote her. 2010 erhielt Portugal zwei U-Boote von TKMS geliefert und Griechenland ein weiteres Unterseeboot. Für solche Exporte braucht ThyssenKrupp die Zustimmung der Bundesregierung. Das Bundeskanzleramt ist 3,2 Kilometer entfernt, bei guter Verkehrslage brauchen die Konzernvertreter etwa zehn Minuten mit dem Auto dorthin. Da TKMS aber auch zu den Lieferanten der deutschen Marine zählt, ist die Nähe zum Verteidigungsministerium (fünf Minuten) und den Haushältern der Parteien (drei bis fünf Minuten) ebenso wichtig. Der Stahlkonzern Thyssen verfügte lange Zeit über verschiedene Rüstungstöchter. Thyssen-Henschel baute in Kassel beispielsweise den Schützenpanzer Marder.[263]

Auch der Bundesverband deutscher Sicherheits- und Verteidigungsindustrie (BDSV) ist in das Regierungszentrum gezogen. Der BDSV unterhält seine Geschäftsstelle in der Friedrichstraße 60. Im BDSV sind rund 80 Rüstungsfirmen zusammengeschlossen. In dem einflussreichsten Lobbyverband der deutschen Rüstungsindustrie sind die Vorstandsvorsitzenden verschiedener großer Waffenschmieden aktiv. Präsident ist Friedrich Lürßen von der Lürssen-Werft aus Bremen. Zu seinen Stellvertretern gehören die Chefs von Rheinmetall, Cassidian, TKMS, Diehl Defence sowie von KMW. Im Januar 2010 hat der Lobbyverband seine Arbeit aufgenommen, um die Mitgliedsunternehmen mit einem breiten Netzwerk im nationalen und internationalen Wettbewerb zu stützen: „Der BDSV transportiert die gebündelten Interessen der deutschen Sicherheits- und Verteidigungsindustrie." Eines der wichtigsten Ziele lautet: „Förderung einer positiven Einstellung zur Branche in Politik, Administration und Gesellschaft."

Auch der BDSV setzt zur Kontaktpflege auf seine parlamentarischen Abende. Ende 2011 begrüßte BDSV-Präsident Lürßen rund 200 Gäste im „bis auf den letzten Platz gefüllten Kaisersaal der Deutschen Parlamentarischen Gesellschaft", wie der Lobbyverband in seinem Newsletter verkündet.

Darunter waren Verteidigungsminister Thomas de Maizière, Generalinspekteur Volker Wieker und „mehrere Dutzend Bundestagsabgeordnete sowie zahlreiche Spitzenvertreter aus Militär und Verwaltung". De Maizière hielt eine Rede, in der er die Leistungen der deutschen Rüstungsindustrie würdigte, schreibt der BDSV: „Zum Abschluss seines Vortrags äußerte der Minister Verständnis dafür, dass der Bestand und die wirtschaftliche Leistungsfähigkeit der deutschen Sicherheits- und Verteidigungsindustrie durch den nationalen Markt allein nicht gewährleistet werden kann. Die Möglichkeit, Rüstungsgüter im Rahmen der politisch vorgegebenen strengen Auflagen zu exportieren, müsse daher, so das Bekenntnis des Ministers, bestehen."[264]

Der BDSV fordert politische Unterstützung für Rüstungsexporte ein. Der Verband scheint Gehör zu finden. 2010 und im Folgejahr reisten mehrere Staatssekretäre mit großen Wirtschaftsdelegationen nach Indien und in die Vereinigten Arabischen Emirate, um über „strategische Partnerschaften im Bereich der Sicherheitstechnologie" zu sprechen, wie der BDSV mitteilt. Im November 2011 trafen sich Manager der deutschen Industrie mit Vertretern der indischen Regierung. Es ging um Themen wie Grenzsicherheit. Für 2012 sei eine weitere Delegationsreise nach Indien geplant und zudem ein Besuch einer indischen Delegation in Deutschland.[265] Das asiatische Land ist ein wichtiger Kunde der deutschen Rüstungsindustrie. Beim Konzern EADS, der mit seiner Tochter Cassidian im BDSV aktiv ist und weltweit hochmoderne Grenzanlagen anbietet, heißt es: „Indien genießt nicht nur ein gewaltiges Marktpotenzial und hervorragende Wachstumsaussichten, sondern verfügt auch über eine ausgereifte Luftfahrt-, Raumfahrt- und Verteidigungsindustrie mit ehrgeizigen Zielen."[266]

2012 und 2013 will der BDSV von einer Außenwirtschaftsoffensive des Bundeswirtschaftsministeriums profitieren. Schwerpunkte sollen „eine verstärkte Teilnahme deutscher Unternehmen an internationalen Messen, die Präsentation deutscher Sicherheitstechnologien und -dienstleistungen sowie Leistungsschauen und Delegationsreisen in ausgewählte Zielländer/ Zielregionen (Indien, Brasilien, Naher und Mittlerer Osten und Südostasien) sein."[267] Solche Märkte haben die Mitglieder des BDSV fest im Visier. „Wenn die Bundeswehr verkleinert und das nationale Budget für Verteidigung weiter gekürzt werden wird", heißt es beim Verband, könne dies nur noch über „zunehmende Exporte kompensiert werden". Der BDSV kämpf für die Erleichterung von Rüstungsausfuhren. Zu seinen Aufgaben zählt der Verband die Interessenvertretung beim Bund, der EU und bei internationalen Institutionen, die enge Zusammenarbeit mit Bundesministerien und der Bundeswehr und die Mitarbeit bei der Vorbereitung und Umsetzung behördlicher Verfügungen, Verordnungen und Gesetze. Dafür hat sich der Verband einen Experten an seine organisatorische Spitze geholt, der jahrelange Erfahrung in Politik und Verwaltung hat. Als neuen Geschäftsführer präsentierte der BDSV im September 2011 Wilhelm Adamowitsch. Der Sozialdemokrat war bis 2007 beamteter Staatssekretär im Wirtschaftsministerium und befand sich damit in verantwortlicher Position in der wichtigsten Genehmigungsbehörde für Rüstungsexporte. „Aufgrund seiner vielfältigen beruflichen Erfahrungen in Wirtschaft, Politik und Verwaltung ist er besonders geeignet, die Interessen des Verbandes und seiner Mitgliedsunternehmen auf nationaler und europäischer Ebene zu vertreten", lobte BDSV-Präsident Lürßen seine neue Spitzenkraft.

2011 bewies der BDSV, dass die Lobbyisten der Waffenbranche sehr schnell von leise auf laut umstellen können. Verteidigungsminister de Maizière hatte angekündigt, die Zahl bereits bestellter Waffensysteme reduzieren zu wollen. Um die Sparvorgaben des Finanzministers erfüllen zu können, wollte er weniger Kampfjets, Schützenpanzer und Hubschrauber abnehmen. Vertreter der Rüstungsindustrie protestierten gegen finanzielle Kürzungen im Wehrbereich. Allen vorweg der BDSV. In einer Presseerklärung aus dem März 2011 heißt es: „So muss der Politik und der Amtsseite bewusst sein, dass bei der derzeitigen ‚Sicherheitspolitik nach Kassenlage' mangels Aufträgen aufgegebene industrielle Fähigkeiten und Kapazitäten endgültig verloren gehen." Hochwertige und innovative Arbeitsplätze seien in Deutschland gefährdet.[268]

Arbeitsplätze sind stets ein gutes Argument, um Politiker zu überzeugen. Normalerweise agieren Interessenvertreter lieber im Hintergrund. Öffentlichen Druck auszuüben gilt als letztes Mittel, da so die Freunde in der Politik bloßgestellt werden. De Maizière gilt bei den Rüstungslobbyisten zudem als guter Verteidigungsminister, da er mit den Waffenherstellern spricht. Sein Vorgänger Guttenberg hatte sein Ministerbüro nur sehr selten für die Fürsprecher der Rüstungsindustrie geöffnet und die Branche wegen zahlreicher Pannen bei Beschaffungsprojekten öffentlich gegeißelt. Man sei sehr froh gewesen, als Guttenberg zurückgetreten sei, sagt ein Rüstungslobbyist in Berlin. Nun sei das Verhältnis zur Spitzenpolitik wieder besser.

Korruption beim Waffenhandel

Die Rüstungsindustrie nutzt nicht nur die Mitarbeiter der eigenen Hauptstadtrepräsentanzen und den BDSV, um politische Entscheider für ihre Projekte gewogen zu stimmen. Auch über die Deutsche Gesellschaft für Wehrtechnik (DWT) und den Förderkreis Deutsches Heer kommen Vertreter der Waffenhersteller in engen Kontakt zu Spitzenpolitikern. Die Informationsabende der DWT, bei denen unter anderem neue Waffensysteme vorgestellt würden, trügen stets zu seiner Meinungsbildung bei, erzählt ein Bundestagsabgeordneter in Berlin. Mit seinem Namen möchte er lieber nicht genannt werden. Aussagen zur Rüstungsindustrie könnten im Wahlkreis missverstanden werden. Andere Politiker kennen solche Hemmungen nicht. Die Gesellschaft für Wehrtechnik hat prominente Förderer wie Thomas Kossendey, den CDU-Politiker aus Niedersachsen und parlamentarischen Staatssekretär im Verteidigungsministerium. Er gehört dem Vorstand der DWT an.

Vorbild vieler deutscher Lobbyisten ist das politische System der USA. Dort haben Interessenvertreter von Wirtschaft und Verbänden traditionell großen Einfluss auf das Weiße Haus und den Kongress. Das gilt auch für die Rüstungslobby. Ihr gelingt es immer wieder, große Auftragsvergaben an Waffenschmieden im Ausland zu verhindern.

In den Vereinigten Staaten werden die Rüstungslobbyisten auch „Beltway Bandits" genannt, weil viele ihrer Büros am Beltway liegen, der Washingtoner Ringautobahn. Von dort erreichen sie das Pentagon, das außerhalb Washingtons in Arlington liegt, ebenso schnell wie die Gebäude des Kongresses, im Herzen der amerikanischen Hauptstadt. Mehr als 300 Unternehmen aus der Rüstungsindustrie lassen ihre Interessen in Washington vertreten. Das Venture-Capital-Unternehmen Carlye Group, das viel Geld mit Beteiligungen an der Rüstungs- und Luftfahrtindustrie verdient, greift auf besonders prominente Lobbyisten zurück. Als Berater arbeiteten George Bush senior und sein ehemaliger Außenminister James Baker für die Carlye Group, die Mehrheitseigner der Rüstungsfirma United Defence ist. Für ihren Auftraggeber besuchten beide ehemalige Spitzenpolitiker alte Freunde in Saudi-Arabien.[269]

Lobbyarbeit an sich stellt keine illegitime Marktverzerrung dar, sie verstößt generell auch nicht gegen deutsches Recht. Doch gerade im Rüstungsbereich stehen Lobbyisten weltweit immer wieder im Verdacht, sich politische Gefälligkeiten zu erkaufen. Da die meisten Vertragsverhandlungen im Geheimen stattfinden und es wenig Kontrolle durch staatliche Behörden gibt, ist der Rüstungsmarkt für Bestechungen besonders anfällig: Studien gehen davon aus, dass die Schmiergeldzahlungen im Waffenhandel rund 40 Prozent der gesamten Korruption bei globalen Transaktionen ausmachen. Die Antikorruptionsorganisation Transparency International (TI) hat zu diesem Thema 835 Geschäftsleute aus 15 Schwellenländern interviewt. Auf die Frage, in welchen Branchen es am wahrscheinlichsten sei, dass Bestechungsgelder gezahlt würden, nannten 38 Prozent die Rüstungsindustrie.[270]

Bestechung, Korruption und Waffenhandel träfen häufig aufeinander, fasst Christian Humborg, Geschäftsführer von TI Deutschland zusammen. „Die Rüstungsindustrie gehört zu den Hochrisikobranchen in Sachen Schmiergeldzahlungen." Vor allem in Schwellen- und Entwicklungsländern sind viele Rüstungsgeschäfte von Korruption begleitet – nicht selten unter Beteiligung von Lobbyisten. In manchen Ländern seien Geschäfte gar nicht möglich, ohne die herrschenden Familien mit Geschenken wohlgesinnt zu stimmen. Das erzählen Rüstungslobbyisten und Auslandsexperten der Branche hinter vorgehaltener Hand. Asiatische Diktatoren, arabische Prinzen, afrikanische Potentaten, die Liste von Geschäftspartnern ist lang, die angeblich bei Laune gehalten werden müssen, um Verträge unter Dach und Fach zu bringen. Von Bestechung oder Schmiergeld spricht allerdings niemand, es geht um hoch dotierte Beraterverträge, Beteiligungen an Tochterfirmen oder Provisionen für die Auftragsvermittlung. Selten hat

Pakistanische Paramilitärs bereiten sich auf die nächste Patrouille im Swat-Tal vor.

solches Geschäftsgebaren Konsequenzen für die Firmen, die Schmiergelder zahlen oder für Mandatsträger, die korrupt sind. Im März 2001 trat der indische Verteidigungsminister George Fernandes zurück, nachdem ein Internetportal einen Film veröffentlichte, der Beamte zeigte, die offen Bestechungsgelder für Waffeneinkäufe verlangt hatten. In Pakistan wurde ein hochrangiger Offizier mit unlauteren Waffengeschäften in Verbindung gebracht. Admiral Mansur ul-Haq zahlte mehr oder weniger freiwillig 7,5 Millionen Dollar an das National Accountability Bureau, einer Art Rechnungshof, die er bei Rüstungsdeals erhalten haben soll.[271]

Eine unlautere Vermischung von Lobbyismus und Schmiergeldzahlungen findet bei Weitem aber nicht nur in Indien, Pakistan oder Saudi-Arabien statt. Deutschland habe die Bestechung von Mandatsträgern im Ausland nicht nur stillschweigend geduldet, sondern diese sogar unterstützt, beklagt Peter Eigen, Gründer von TI. Im Ausland gezahlte Bestechungsgelder waren bis 1999 als „nützliche Ausgaben" von der Steuer absetzbar.[272] Bestochen wurde von den Handlangern deutscher Rüstungsfirmen aber nicht nur im Ausland. Auch die Bundesrepublik wurde von einem schweren Fall von Korruption bei Waffengeschäften erschüttert.

Der Skandal, der manche Politikerkarriere beenden sollte und sogar den tiefen Fall eines einstigen Bundeskanzlers bewirken würde, begann im November 1999 mit Ermittlungen der Staatsanwaltschaft Augsburg. Walter Leisler Kiep, der ehemalige Schatzmeister der CDU, wurde verdächtigt, vom Thyssen-Konzern eine Million Deutsche Mark erhalten zu haben – als Gegenleistung für die politische Genehmigung eines Panzergeschäfts mit Saudi-Arabien.[273] Die Regierung in Riad hatte 1991 aus Sorge vor irakischen Massenvernichtungswaffen in Deutschland 36 Spürpanzer vom Typ Fuchs gekauft.[274]

Politische Landschaftspflege

Bis zum Beginn der 90er-Jahre hatten die deutschen Regierungschefs nur sehr zögerlich Waffenexporte an das wahabitische Königshaus genehmigt. Der damalige Kanzler Helmut Kohl hatte zunächst abgelehnt, den Saudis schwere Waffen zu liefern. Der Ausfuhr von 36 Spürpanzern vom Typ Fuchs stimmte das Kabinett Kohl dann aber überraschend doch zu. Einige der Spürpanzer kamen aus Beständen der Bundeswehr, andere direkt von Thyssen-Henschel. Saudi-Arabien zahlte die ungewöhnlich hohe Summe von 446 Millionen DM. „Spätere Recherchen von Staatsanwälten und Journalisten ergaben, dass darin bis zu 220 Millionen Mark an Schmiergeldern und sonstigen Zahlungen enthalten waren, die das Zustandekommen des Geschäfts begünstigt haben sollen", schreibt der Korruptionsexperte Peter Eigen. Und weiter: „Ein Großteil des Geldes floss sowohl an den Waffenlobbyisten Karlheinz Schreiber als auch an aktive oder ehemalige Politiker und Beamte."[275]

Der Parteispenden-Untersuchungsausschuss des Bundestages notierte in seinem Abschlussbericht: „Am 26. August 1991 übergab Karlheinz Schreiber in St. Margrethen/ Schweiz dem Bundesschatzmeister der CDU Dr. Kiep und dem eigens zu diesem Zweck angereisten Horst Weyrauch eine Million in bar. Das Geld wurde von Horst Weyrauch über die Grenze nach Deutschland verbracht und dort am 27. August 1991 auf ein über die Firma Weyrauch & Kapp GmbH beim Bankhaus Hauck & Aufhäuser in Frankfurt a. M. eingerichtetes Treuhandanderkonto mit der Bezeichnung CBN 891 (= CDU Bonn 8/1991) gestückelt in 3 Teilbeträgen in bar eingezahlt. Die Spende wurde nicht in den Rechenschaftsberichten der CDU ausgewiesen."[276]

Geld von Schreiber soll auch der damalige Staatssekretär im Verteidigungsministerium Ludwig-Holger Pfahls (CSU) bekommen haben. Einer seiner Förderer war Franz Josef Strauß, der nach seinem durch die *Spiegel*-Affäre erzwungenen Rücktritt als Verteidigungsminister für eine weitere Karriere Pfahls sorgte. Schreiber soll Pfahls mit üppigen Zahlungen bedacht haben, um die Lieferung von Fuchs-Panzern der Firma Thyssen nach Saudi-Arabien auf den Weg zu bringen.[277] Schreiber soll von Thyssen 2,4 Millionen Mark an sein Unternehmen BBC überwiesen bekommen haben, 24,4 Millionen Mark gingen an eine Briefkastenfirma in Panama, auf deren Konto der Lobbyist nach Ansicht der Ermittler ebenfalls Zugriff gehabt habe. Es habe sich eindeutig um Schmiergelder gehandelt, stellt Hans Leyendecker, erfahrener Rechercheur der *Süddeutschen Zeitung*, in einem Buch fest.[278]

Als Heiner Geißler, damals Generalsekretär der Christdemokraten, dann zugab, dass die Volkspartei über Geheimkonten verfügte, erreichte der Skandal Helmut Kohl. Er war bereits vor der Spendenaffäre als Kanzler abgewählt worden, wurde 2000 dann von den Christdemokraten dazu gedrängt, als Ehrenvorsitzender der CDU zurückzutreten. Er weigert sich bis heute, die Namen von mehreren Großspendern zu nennen, deren Zuwendungen nicht ausgewiesen worden waren.

Karlheinz Schreiber, der Lobbyist, der die Spendenaffäre ausgelöst hatte, setzte sich rechtzeitig nach Kanada ab und entkam so zunächst den Ermittlern. Die Bundesrepublik forderte Kanada auf, Schreiber auszuliefern. Doch jahrelang passierte nichts. Mit allen juristischen Mittel kämpften Schreiber und seine Anwälte dafür, dass er in seiner Wahlheimat Kanada bleiben konnte. Mitglieder des Parteispenden-Untersuchungsausschusses mussten nach Nordamerika reisen, um Schreiber zu befragen. Der Lobbyist zeigte sich auskunftsfreudig, berichtete von Schmiergeldzahlungen und politischer Landschaftspflege. Vor einem deutschen Gericht wollte er nicht aussagen.[279] 2009 blieb ihm dann keine Wahl mehr, Kanada lieferte den bekanntesten Rüstungslobbyisten Deutschlands aus. Ein Jahr später wurde Schreiber dann vom Landgericht Augsburg zu 8 Jahren Gefängnis wegen Steuerhinterziehung verurteilt. Der Bundesgerichtshof hob das Urteil jedoch im Sommer 2011 auf und überwies den Fall zurück an das Landgericht Augsburg. Damit wird auch der Fuchs-Deal mit Saudi-Arabien neu aufgerollt.

Wie erfolgreich manche Rüstungslobbyisten arbeiten, lässt sich gelegentlich auch im Haushaltsausschuss des Bundestages besichtigen. Dieses Gremium entscheidet letztlich, ob und, wenn ja, wie viele Waffensysteme die Armee anschaffen darf. Der Verteidigungsausschuss gibt zuvor lediglich Empfehlungen ab. Bei neuen Rüstungsvorhaben der Bundeswehr entscheiden sich die Haushälter meist für Kriegsmaterial aus Deutschland. Die Hubschrauber, Flugzeuge oder gepanzerten Fahrzeuge aus heimischer Produktion sind selten billiger als die Konkurrenzprodukte aus dem Ausland, sagen Rüstungsexperten. Den Abgeordneten geht es darum, eine leistungsfähige Rüstungsindustrie in Deutschland zu erhalten.

Die Politiker zeigen zudem eine große Geduld mit deutschen Rüstungsherstellern, die Jahrzehnte später liefern als vereinbart, deren Produkte viel teurer werden als geplant und weniger können, als vom Kunden einst verlangt wurde. Im Mai 2003 freute sich der damalige Verteidigungsminister Peter Struck von der SPD über die Zustimmung des Haushaltsausschusses zu seinem wichtigsten Rüstungsprojekt: Der Ausschuss gab 8,2 Milliarden Euro für den Kauf von 60 Transportflugzeugen vom Typ A400M frei. 10.000 Arbeitsplätze seien so in der Bundesrepublik gesichert worden, sagte Struck.[280] Der Hersteller Airbus sollte die ersten zwölf Maschinen bis 2012 an die Truppe liefern. Präsentieren konnte Airbus bisher jedoch lediglich einen ersten Prototypen. Aus dem Ausland hätte die Bundeswehr bereits erprobte Transporter deutlich billiger und schneller haben können. Die Bestellung der russischen Antonov AN7X, die deutsche Firmen in Lizenz hätten bauen können, wäre billiger, rügte der Rechnungshof und sprach von industriepolitischer Rücksichtnahme.[281]

Industriepolitische Rücksichtnahme der besonderen Art wird auch Johannes Kahrs vorgeworfen. Selten gelangt die Nähe eines Politikers zur Rüstungsindustrie in die Öffentlichkeit. Die großzügigen Spenden der Rüstungsindustrie an den Kreisverband von Kahrs machten 2009 jedoch bundesweit Schlagzeilen. Der Hamburger Bundestagsabgeordnete der SPD ist Sprecher des einflussreichen rechten Seeheimer Kreises der Sozialdemokraten. 2005 und 2006 soll der SPD-Kreisverband Hamburg-Mitte, dessen Vorsitzender Kahrs seit 2002 ist, von Rheinmetall insgesamt 50.000 Euro und von KMW 9000 Euro gespendet bekommen haben, schreibt die *Frankfurter Allgemeine Zeitung*. „Die Summen lagen knapp unter der veröffentlichungspflichtigen Grenze von 10.000 Euro".[282] Die Zahlungen seien „gestückelt" worden, damit sie nicht dem Bundestagspräsidenten gemeldet werden mussten. „Dank großzügiger Zuwendungen von Krauss-Maffei Wegmann und Rheinmetall konnte sich Kahrs aufwendige Großflächenplakate leisten", stellt der Korruptionsexperte Hans-Martin Tillack vom *Stern* fest. Kahrs versicherte, die Unternehmen hätten seinen Wahlkampf unterstützt, weil sie ihn und seine Arbeit gut fänden.[283] Zu einem Gespräch mit dem Autor war Kahrs nicht bereit. Er antwortete auf Fragen schriftlich: „Wichtig ist mir außerdem in dem Zusammenhang, dass es seit dem ich im Verteidigungsausschuss bin oder im Haushaltsausschuss für Verteidigung zuständig war keine Spenden der Firma KMW an mich oder den SPD-Bezirk Hamburg-Mitte gab."

Im Haushaltsausschuss des Bundestages war Kahrs unter anderem für die Finanzierung von Rüstungsprojekten zuständig, an denen beide Unternehmen großes Interesse hatten. In der Öffentlichkeit wurde ein möglicher Interessenkonflikts Kahrs befürchtet. Im Internet entstand sogar ein Blog, der sich mit Kahrs Politik auseinandersetzte: „Kahrswatch 2009" tauften ihn seine Betreiber.[284]

Seine Kritiker behaupten, dass Kahrs sich sehr für die Interessen seiner Spender eingesetzt habe. In der Fachsendung *Streitkräfte und Strategien*, die vom Radiosender *NDR Info* ausgestrahlt wird, sagte der mittlerweile verstorbene Militärexperte und Blogger Michael Forster am 25. Juli 2009, dass Kahrs für einen Sinneswandel bei der Auswahl von Drohnen für die Bundeswehr gesorgt habe. Die Luftwaffe und das Verteidigungsministerium hätten zunächst eine amerikanische

Drohne leasen wollen, berichtete der *NDR*. Dann habe der Rüstungsstaatssekretär, Rüdiger Wolf, eine 180-Grad-Wende vollzogen und sich für die israelische Drohne Heron 1 entschieden. Sie wurde der Bundeswehr von Rheinmetall angeboten.[285] Forster erklärte den Vorgang so: „Also nach meinem Kenntnisstand ist es so gewesen – und das ist mir mehrfach bestätigt worden von verschiedenen Quellen –, dass der SPD-Abgeordnete Kahrs, der im Haushaltsausschuss der Berichterstatter der SPD für Verteidigungsfragen ist, dass der mit Nachdruck für Heron 1 eingetreten ist und dem Staatssekretär Wolf gedroht hat, dass er bei der Frage der Eurofighter-Tranche 3a nicht zustimmen werde. Und das war natürlich ein immenses Druckmittel und daraufhin ist die Vorlage umgeschrieben worden."[286]

Der *Spiegel* berichtete zudem von einem anderen Fall, in dem Kahrs sich in Rüstungsbestellungen für die Bundeswehr eingeschaltet habe, um einen Kauf von gepanzerten Fahrzeugen im Ausland zu verhindern. Kahrs und andere Abgeordnete hätten demnach versucht, den Kauf von Eagle-IV-Jeeps in der Schweiz zu stoppen. Das Militärfachblatt *Kommando* kommentierte, dass „deutsche Politiker sogar die Beschaffung des Mowag Eagle IV aus der Schweiz für die Bundeswehr absichtlich verzögerten, um der deutschen Industrie einen Entwicklungsvorsprung zu gewährleisten und damit grob fahrlässig das Leben deutscher Soldaten in Afghanistan aktiv gefährdeten".[287] Der Schweizer Konzern Mowag, der zum amerikanischen Rüstungsriesen General Dynamics gehört, stellt mit dem Eagle IV ein geschütztes Fahrzeug her, dass mit dem AMPV, ebenfalls ein gepanzerter Geländewagen, von KMW und Rheinmetall konkurriert.[288]

Kahrs weist alle Anschuldigungen zurück: „Richtig ist, dass ich damals keinen Einfluss auf das Verfahren zur Beschaffung des Fahrzeuges EAGLE IV genommen habe, um dem Hersteller Krauss-Maffei Wegmann in irgendeiner Form zu helfen", schreibt der Abgeordnete. Die Verknüpfung von zwei Vorlagen aus dem Einzelplan 14 im Haushaltsausschuss sei übliches parlamentarisches Gebaren.

Auffällig war jedoch auch das Abstimmungsverhalten von Johannes Kahrs im vergangenen Jahr, als viele Sozialdemokraten sich über den geplanten Verkauf von Kampfpanzern nach Saudi-Arabien empörten. Als der Bundestag im Juli 2011 über einen Antrag der Grünen abstimmte, keine Waffen mehr nach Saudi-Arabien zu liefern, war Johannes Kahrs der einzige Sozialdemokrat, der gegen den Antrag stimmte. Von dem Panzer-Deal mit Riad würden vor allem Rheinmetall und KMW profitieren. Medienberichten zu Folge wichtige Spender von Kahrs' Kreisverband. Die SPD unterstützte den Vorstoß der Grünen, um die Ausfuhr von Leopard-Kampfpanzern zu verhindern.

Nach der Wahl 2009 bekam Kahrs im Haushaltsausschuss neue Aufgaben, er ist nun nicht mehr für Rüstung, sondern für Verkehr zuständig. Dennoch gehört er weiterhin dem Präsidium des Förderkreises Deutsches Heer (FKH) an. Zu dessen Zielen zählt unter anderem, „das gemeinsame Bemühen um eine leistungsfähige nationale Industriebasis für die Ausrüstung des deutschen Heeres und der deutschen Landstreitkräfte insgesamt". Die Interessenvertretung der Heeresindustrie wurde am 11. Oktober 1995 in Bonn gegründet. „Der FKH will all denjenigen ein Forum für Kommunikation, Argumentation und Interessenausgleich bieten, die sich umfassend und aktiv der Bundeswehr und hier vor allem dem Deutschen Heer verpflichtet fühlen", schreibt der Verein in einer Selbstdarstellung. Ziel sei zudem, das „Vertiefen des Verständnisses für wehrtechnische und wehrwirtschaftliche Fragen und konsequentes Eintreten für eine Ausrüstung, die sich an den bundeswehr- und streitkräftegemeinsamen sowie international geprägten Aufgaben der Landstreitkräfte ausrichtet."

Beim FKH treffen Politiker und Rüstungsmanager aufeinander. Zu Kahrs Kollegen im Präsidium gehören unter anderem Frank Haun, Chef von Krauss-Maffei Wegmann, und Klaus Eberhardt, CEO von Rheinmetall. Der Sozialdemokrat war 2009 erneut in die Kritik geraten, weil er seine Tätigkeit im FKH-Präsidium dem Bundestag nicht mitgeteilt und damit gegen die Veröffentlichungsbestimmung verstoßen habe, berichteten *Süddeutsche Zeitung* und *Handelsblatt*.[289] Dafür bekam Kahrs harsche Kritik. Die Organisation Lobby Controll monierte, dass Abgeordnete wie Kahrs, die unvollständige Angaben machten, vom Bundestagspräsidenten dafür nicht bestraft würden.[290] „Dass Kahrs zur Rüstungslobby gehört, kommuniziert er nicht gerne", schrieb der Hamburger Landesverband der Linkspartei daraufhin.

Neben Kahrs sitzen weitere Bundestagsabgeordnete im Präsidium der Heeresfreunde. Dazu gehört Jörg van Essen, Parlamentarischer Geschäftsführer der FDP, der Vizepräsident des FKH ist, Karin Evers-Meyer von der SPD, Henning Otte und Bernd Siebert (beide CDU) sowie Thomas Silberhorn (CSU). Van Essen und Siebert nennen ihre Funktionen im Förderkreis Heer offen auf ihren Homepages. Bei Kahrs, Otte, Evers-Meyer und Silberhorn finden sich auf deren Internetauftritten im Juni 2012 keine Angaben zu ihrer Mitgliedschaft im Präsidium des Förderkreises Heer. In den Angaben des Bundestages zu den einzelnen Abgeordneten werden die Ämter im Förderkreis als „veröffentlichungspflichtige Angaben" allerdings genannt.

Mit Journalisten möchte der Förderkreis ungern über seine Arbeit sprechen und redet die eigene Bedeutung klein. Verteidigungspolitiker aller Fraktionen bezeichnen den Förderkreis in Gesprächen hingegen als sehr einflussreich, finanziell gut ausgestattet und ausgezeichnet vernetzt. Das zeigte auch eine parlamentarische Informationsveranstaltung über die Ausrüstung und Ausstattung des Soldaten im Einsatz. FKH-Präsident Manfred Dietrich, Generalleutnant a.D., begrüßte damals, am 23. März 2010, im Haus der Commerzbank in Berlin mehr als 80 Gäste. „Besonders erfreulich waren die hohe Zahl an Abgeordneten des Deutschen Bundestages sowie die Teilnahme des Wehrbeauftragten, Reinhold Robbe", schreibt das Mitgliedermagazin InfoBriefHeer. 16 Firmen und Institute stellten Rüstungsprodukte aus, vermerkte der FKH: „Auch wenn die Hauspolitik des Gastgebers die Ausstellung von Waffen nicht zuließ, wurde durch bildliche Darstellung und – wo immer möglich – durch Hardware die Vielschichtigkeit und Komplexität der – auf den ersten Blick scheinbar einfachen – Ausrüstung des Soldaten für den Einsatz deutlich".

Wie viel Einfluss die Rüstungslobby tatsächlich hat, lässt sich kaum messen oder beweisen. Nicht jeder Politiker empfängt die Vertreter der Waffenindustrie in seinen Büros oder besucht die Veranstaltungen der Verbände und der Rüstungsindustrie. Vor allem die Grünen und die Linkspartei halten sich in der Beziehung zur sogenannten Sicherheitsindustrie sehr zurück. Auch in den anderen Parteien gibt es Abgeordnete, die sich mit den Argumenten der Lobby auseinandersetzen, aber nicht gemein machen wollen. Der SPD-Kreisverband Kiel hat allen Mandatsträgern die Annahme von Spenden aus der Industrie verboten, obwohl dort der Marineschiffbau stark ist.

Nachdem bekannt wurde, dass der Gewehrbauer Heckler & Koch über mehrere Jahre hinweg 70.000 Euro an den CDU-Kreisverband von Volker Kauder, Fraktionsvorsitzender der Union im Bundestag, gespendet hat, wurde in der deutschen Politik über die Spenden der Waffenschmieden diskutiert. Der Vorschlag, solche Spenden generell nicht mehr anzunehmen, fiel unter den Tisch. Ein Blick in die Auflistung von Großspenden an die Bundesparteien zeigt, dass die Panzerbauer spendable Geber waren: Krauss-Maffei Wegmann überwies 2008 und 2009 insgesamt 33.000 Euro an die CSU, 22.000 an die CDU, 19.000 an die SPD, 13.000 an die FDP. Von Rheinmetall erhielten die Sozialdemokraten im gleichen Zeitraum 63.500 Euro, die CDU 58.500 Euro und die Liberalen 30.000 Euro. Auch EADS gehört zu den Spendern der Union, SPD und FDP. Ein Verbot solcher Spenden, wie von einigen Bundestagsabgeordneten gefordert, wäre ein wichtiges Zeichen gegen den Vorwurf, sich von der Rüstungsindustrie kaufen zu lassen. Der Grüne Querdenker Hans-Christian Ströbele löste im Sommer 2011 bei den Regierungsparteien große Empörung aus, als er bei der Debatte um den Export von Kampfpanzern nach Saudi-Arabien darauf hinwies, dass in der Vergangenheit bei einem anderen Waffendeal mit Riad bereits große Summen an die CDU geflossen seien. Beweise hatte Ströbele für seine These nicht.

[11] DER STAAT ALS WAFFENHÄNDLER

Dieses Angebot kann sich auf dem internationalen Waffenmarkt sehen lassen: 24 Panzerhaubitzen PzH 2000 und sechs U-Boote der Klasse 206A können für wenig Geld übernommen werden. Wie beim Autohändler um die Ecke gilt: Gekauft wie gesehen. Für gute Kunden bietet der Verkäufer sogar zusätzlich eine Einführung in die Waffensysteme durch professionelle Ausbilder aus Deutschland an.

Verkauft werden die Panzerhaubitzen und die Unterseeboote von der Bundeswehr – genauer vom Bundesamt für Wehrtechnik und Beschaffung, eine Behörde des Verteidigungsministeriums. Die angebotenen Rüstungsgüter werden bei der Bundeswehr nicht mehr eingesetzt und sollen nun zu Geld gemacht werden. Interessenten dürfte es sowohl für die U-Boote als auch für die Haubitzen geben. Die Artillerie bewährt sich aus Sicht der Bundeswehr gerade im Kampfeinsatz in Afghanistan. Dort setzen Soldaten die Haubitze im Norden bei Gefechten gegen Aufständische ein.

Die U-Boote der Klasse 206 A sollten eigentlich noch gar nicht ausgemustert werden. Sie waren für einige weitere Jahre im Dienst der Flotte vorgesehen. Die Marine hat sie am 1. Juni 2010 vorzeitig verabschiedet – aus finanziellen Gründen. Die kleinste Teilstreitkraft der Bundeswehr muss sparen. Die U-Boote wurden bereits Ende der 1970er-Jahre in Dienst gestellt. „In zahlreichen Einsätzen und Manövern hat dieser U-Boot-Typ über viele Jahre seine besondere Leistungsfähigkeit national und international eindrucksvoll unter Beweis gestellt", schreibt die Marine wehmütig zum Abschied. Alte Waffensysteme sind wartungsintensiv und verschlingen deswegen viel Geld. Für die sechs Boote der Klasse 206A, die nun zum Verkauf stehen, dürfte sich dennoch bald ein Abnehmer finden. Deutsche Unterwasser-Boote gehören zu den besten der Welt. Neue Boote kosten bei HDW in Kiel Hunderte Millionen Euro – die gebrauchte Ware der Bundeswehr dürfte einen Bruchteil davon kosten.

Bis 2022 sollen weitere Waffensysteme von Heer, Marine und Luftwaffe aussortiert werden, das Militär spricht von einer „Länderabgabe", wenn sie ausgedientes Kriegsmaterial verkauft. „Es wird grundsätzlich angestrebt, für die außer Dienst gestellten Waffensysteme durch Weiterverkauf einen Erlös zu erzielen", heißt es bei der Bundesregierung.[291] 29 F-4-Phantom-Jagdbomber, 78 Hubschrauber vom Typ UH-1D und 126 vom Typ Bo 105, acht Bergepanzer, zehn Schnellboote, 30 M-113-Panzer, 16 Feuerleitpanzer, 14 Patriot-Raketensysteme, 84 Tornado-Kampfjets, acht Fregatten vom Typ F122, 64 Frachtflugzeuge C-160 sollen in den nächsten Jahren ausgemustert und dann zum Kauf angeboten werden. Interessenten dürfte es auch für das Kriegsgerät geben, das in die Jahre gekommen ist. Schließlich ist der Anbieter dafür bekannt, sein Material gut zu warten und zu pflegen.

Die Geschäfte der Bundeswehr stoßen bei Grünen und Linken im Bundestag auf Kritik. „Im sogenannten Verwertungsbestand befindet sich noch ein beachtliches Arsenal, das verkauft werden soll", sagt Paul Schäfer, Verteidigungsexperte der Linkspartei. „Das ist ein Widerspruch zu den vermeintlichen Abrüstungsbemühungen, welche die Bundesregierung als eines ihrer Ziele nennt." Der Politiker fordert eine deutlich strengere Auswahl der Empfängerländer: „Was geschieht mit den LKW, die in Mali gelandet sind?", fragt er. Die Fahrzeuge hatte Mali kostenlos von der Bundeswehr erhalten. Nun kämpfen in dem afrikanischen Staat die Armee gegen Aufständische der Tuareg und islamistische Gruppen gegeneinander. Auch die alten, schweren Laster aus Deutschland könnten dabei eingesetzt werden, befürchtet Schäfer. „Generell wäre es besser, wenn die ausgemusterten Waffen verschrottet werden."

Auf Kritik stößt auch, wie die Genehmigungen für die Exporte der alten Bundeswehrwaffen zustande kommen. Panzer, Haubitzen, Fregatten und andere Waffensysteme fallen bei Verkauf und Ausfuhr unter das Kriegswaffenkontrollgesetz. Bei Rüstungsexporten durch Privatunternehmen ist normalerweise das Bundeswirtschaftsministerium für Genehmigungen zuständig. Bei den Waffenverkäufen durch die Bundeswehr sei das Bundesverteidigungsministerium die zuständige Genehmigungsbehörde. Das zuständige Referat in der Hauptabteilung Rüstung beteilige das Auswärtige Amt und das Wirtschaftsministerium, teilt die Bundesregierung auf eine Anfrage der Linkspartei mit. Letztlich genehmigt sich das Verteidigungsministerium die Waffenverkäufe, die dem Wehretat zu Gute kommen, selbst. Paul Schäfer findet bedenklich, dass das Ministerium sich quasi selbst kontrolliere. „Wir wollen, dass für alle Rüstungsexporte das Auswärtige Amt zuständig ist", sagt Schäfer. „Die Bundeswehr will die Altbestände schließlich loswerden und Geld einnehmen." Eine Auflistung der staatlichen Waffengeschäfte, die das Verteidigungsministerium auf Verlangen der Linkspartei erstellt hat, füllt zahlreiche Din-A4-Seiten. Teile der Antwort sind als Verschlusssache eingestuft.

Die langen Verkaufslisten des Verteidigungsministeriums, die der Öffentlichkeit so vorenthalten werden, überraschen vor allem durch die Vielzahl der Kunden und wegen der unerwarteten Höhe der Erlöse: Zwischen 1999 und 2011 verkaufte die Bundesrepublik ausgemusterte Waffen für 935,1 Millionen Euro. Vor allem 2007 ragte mit Verkäufen über insgesamt 285 Millionen Euro heraus. In dem Jahr bestellte Südkorea für mehr als 220 Millionen acht Patriot-Abwehrraketen-Systeme.

Zu den Abnehmern der ausgemusterten Waffensysteme gehörten in den vergangenen Jahren viele NATO-Staaten und andere Verbündete wie Schweden, Schweiz, Australien und Neuseeland. Aber auch zahlreiche Schwellenstaaten und Entwicklungsländer waren unter den Kunden. Im Jahr 1999 erhielt Thailand 25 Alpha-Jet aus Deutschland für 1,25 Millionen Euro. 2002 übernahm Ägypten von der deutschen Marine Schnellboote und Versorgungsschiffe für 18,7 Millionen und zwei Jahre später noch 115 Lastwagen für 1,5 Millionen.

Tunesien kaufte 2004 sechs Schnellboote für 34 Millionen Euro. Die Vereinigten Arabischen Emirate erstanden 2005 zwei Minenjagdboote der Klasse 332 und sicherten sich im Kaufvertrag eine Ausbildung ihrer Besatzungen durch deutsche Soldaten. 32,4 Millionen nahm das deutsche Verteidigungsministerium mit dem Deal ein. Zu den Abnehmern deutscher Waffen zählte auch Uruguay, das sich 2008 für 150 Maschinengewehre und 50 LKW aus deutschen Militärbeständen entschied, Kostenpunkt: 747.000 Euro. Zahlreiche afrikanische und asiatische Staaten bekamen zudem kostenlos Lastwagen, Busse, Wolf-Jeeps und anderes „entmilitarisiertes" Gerät – Kriegswaffen verschenkte die Bundesrepublik nicht.

In manchem Jahr machen die Verkäufe der Altbestände der Bundeswehr einen nicht unbedeutenden Teil der gesamten Kriegswaffenexporte Deutschlands aus. „Der Anteil von Kriegswaffen aus Beständen der Bundeswehr an der Gesamtausfuhr von Kriegswaffen erreichte 2003 sogar einen Anteil von 22 Prozent", schreibt die Linkspartei in ihrer Anfrage. In den kommenden Jahren dürfte der „Verwertungsbestand" weiter steigen. Die Bundeswehr wird verkleinert und stärker auf Auslandseinsätze ausgerichtet. So hat Verteidigungsminister de Maizière bereits angekündigt, mehr als 100 weitere Leopard-2-Kampfpanzer ausmustern zu wollen. Große Rüstungsprojekte laufen zudem 2012 an: Der neue Transportpanzer Boxer kommt in die Truppe, ebenso der Kampfhubschrauber Tiger und der Transporthelikopter NH-90. Das neue Kriegsgerät ersetzt ältere Fahrzeuge und Hubschrauber. Auch Hunderte Schützenpanzer dürfte das Verteidigungsministerium schon bald auf dem Waffenmarkt anbieten. Denn bis spätestens 2019 wird der neue Puma den alten Schützenpanzer Marder ersetzen.[292] Fast 50 Jahre wird der Schützenpanzer zum Ende des Jahrzehnts alt sein. Mehrfach wurde der Panzer „kampfwertgesteigert". Der Marder gilt als konflikterprobt durch seinen Einsatz im Krieg in Afghanistan. Einige Marder hat das Heer bereits abgegeben, Chile übernahm mehr als 200 Stück.

Zu den treuen Kunden der Bundeswehr gehört auch Griechenland. Das Land wird seit der Finanzkrise von Politikern in Berlin für fehlende Haushaltsdisziplin gescholten. Das immer wieder kurz vor der Staatspleite stehende Griechenland kaufte in den Jahren 1999 und 2010 insgesamt 283 Panzerhaubitzen vom Typ M109 für fast 21 Millionen Euro.[293] Griechenland hat trotz bedenklicher Staatsfinanzen in den vergangenen Jahren stark aufgerüstet. Das Land sieht die Türkei als Sicherheitsrisiko an, obwohl beide Staaten zur NATO gehören. Auch die Türkei beteiligt sich am Wettrüsten mit dem Nachbarn. Griechenland und die Türkei verfügen teilweise über die gleichen Waffensysteme, beide sind gute Kunden der deutschen Rüstungsindustrie – und der Bundeswehr. 2005 investierte Athen 50 Millionen Euro in gebrauchte Leopard-2-Kampfpanzer und Unterstützungsfahrzeuge. Insgesamt lieferte die Bundeswehr 347 Fahrzeuge an Griechenland. Die Türkei übernahm 2005 ebenfalls Leopard 2 aus Altbeständen: für 298 Panzer überwies Ankara eine Summe von 74 Millionen Euro.

Auch Chile erhielt Leopard 2, für 172 Stück zahlte das südamerikanische Land 46 Millionen Euro im Jahr 2006. Brasilien begnügte sich hingegen mit dem Vorgängermodell und gab 2006 und 2007 für 500 Leopard 1 und Bergepanzer insgesamt 22 Millionen aus. Aus militärischer Sicht machten diese Käufe nur sehr bedingt Sinn, stellten Experten fest.

Rätselhaft bleiben auch die Rüstungsambitionen des Stadtstaates Singapur, die er mit Hilfe der Bundesrepublik umsetzt. Das nur 710 Quadratkilometer große Land, das von der Fläche her kleiner ist als die Hansestadt Hamburg und rund 4,8 Millionen Einwohner hat, kaufte 168 alte Kampfpanzer vom Typ Leopard 2 aus Bundeswehrbeständen. Von wem Singapur sich bedroht fühlt und gegen wen es sich mit den Panzern verteidigen will, bleibt völlig unklar. Das Land liegt im Süden von Malaysia, kein Staat, der als expansionistisch gilt. Das deutsche Heer wird nach der Bundeswehrreform nur noch über 225 Leopard 2 verfügen. Singapur kann sich also rühmen, eine fast so große Panzertruppe wie das ungleich größere Deutschland zu unterhalten. Singapur überwies für die 168 Leoparden, die es 2007 und 2008 bestellte, 39 Millionen Euro. Das Militär des Zwergstaats dürfte den Deal als Schnäppchen auffassen. Denn für diese Summe hätte Singapur schätzungsweise höchstens fünf bis acht neue Leopard 2 A7+ von Krauss-Maffei Wegmann kaufen können.

Von den Waffengeschäften des Verteidigungsministeriums erfährt die Öffentlichkeit fast nie etwas. Die Waffenhändler des Staates legen wie ihre Kollegen in der Privatwirtschaft großen Wert auf Diskretion und reibungslose Geschäfte. Lediglich eine Panne bei einer Lieferung ausgemusterter Waffen Ende 2011 sorgte für ungewollte Aufmerksamkeit. Südkorea hatte die 2007 bei der Bundeswehr gekauften Patriot-Abwehrraketen auf die Reise geschickt. Die Lenkraketen verließen an Bord des Frachtschiffes „Thor Liberty" gemeinsam mit 160 Tonnen Sprengstoff die Bundesrepublik. Die Reise des Schiffes endete bald schon wieder ungewollt in Finnland, wo die Behörden den Frachter festhielten. Der Kapitän konnte anscheinend nicht die vorgeschriebenen Transportpapiere für die explosive Fracht vorlegen. In deutschen Online-Medien war von Waffenschmuggel zu lesen. Als die Opposition im Bundestag bei der Regierung nachfragte, warum der Frachter in Finnland festgesetzt worden sei, antworte das Verteidigungsministerium stellvertretend: „Der Bundesregierung liegen hierzu keine Informationen vor."

Die Regierung wies zudem daraufhin, dass der Sprengstoff nicht von der Bundeswehr veräußert wurde. Beim Verkauf des Patriot-Systems hätte die deutsche Seite alle Vorschriften eingehalten. Die Ausfuhrpapiere seien vom Bundesamt für Wehrtechnik und Beschaffung ordnungsgemäß erstellt und übergeben worden. „Der Transport der Lenkflugkörper erfolgte vertragsgemäß in alleiniger Verantwortung der Republik Korea", heißt es in der Antwort auf eine Kleine Anfrage.[294] Finnland ließ den Frachter später seine Reise nach Südkorea fortsetzen. Die Bundesregierung fühlte sich für die Patriot-Raketen nicht mehr zuständig, nachdem die „Thor Liberty" mit ihrer explosiven Fracht an Bord die deutschen Hoheitsgewässer verlassen hatte.

Ahnungslos gab sich die Regierung auch bei einem anderen Fall: Von 10.000 Pistolen, die aus Bundeswehrbeständen an die afghanische Polizei und Armee geliefert wurden, sollen nach Medienberichten zahlreiche Waffen verschwunden und auf dem Schwarzmarkt in Afghanistan und Pakistan gelandet sein. Dort könnten auch Aufständische, die gegen die Bundeswehr kämpfen, die Waffen kaufen, befürchteten Sicherheitsexperten. Über einen Verstoß der afghanischen Behörden gegen die mit der Bundesrepublik getroffenen Abmachungen lägen keine Erkenntnisse vor, teilte das Verteidigungsministerium kurz angebunden mit: „Der afghanische Innenminister hatte, neben dem afghanischen Verteidigungsminister, die Einhaltung der Endverbleibserklärung zugesichert."[295]

In der Vergangenheit zeigten sich deutsche Regierungsvertreter bei Waffengeschäften im Staatsauftrag ähnlich schweigsam. Der Bund hatte 1966 die Firma Fritz Werner Industrie-Ausrüstungen übernommen und gliederte sie in die staatseigene Deutsche Industrieanlagen Gesellschaft (DIAG) ein. Fritz Werner gehörte damals zu den größeren westdeutschen Rüstungsunternehmen: 1977 erzielte das Unternehmen einen Umsatz von 411 und 1979 von 259 Millionen DM, gaben die Rüstungsexperten Herbert Wulf und Michael Brzoska an. Sie bezeichneten Fritz Werner als einen Spezialisten von Weltruf mit entsprechenden Exporten.[296] Ministerialbeamte des Wirtschaftsministeriums saßen in dessen Aufsichtsrat. Sie verhinderten nicht, dass die staatseigene Firma in zahlreichen Ländern Waffenfabriken errichtete.

Fritz Werner hat bis heute seinen Firmensitz im beschaulichen Geisenheim im Rheingau. Die Region ist bekannt für guten Wein – und wegen Fritz Werner auch für unkomplizierte Aufrüstungshilfe. Das Unternehmen setzte stets auf zivile und auf militärische Geschäftsfelder. Im Prospekt der Maschinenfabrik fanden sich in den 1980er-Jahren

Produktionsanlagen für Fahrräder und Mofas sowie für Konsumgüter, so steht es in der Fachliteratur. „Diese Firma baute Rüstungsfabriken in Algerien und Birma, in Indonesien und Nikaragua, in Nigeria und im Sudan und weiß der Teufel, wo sonst noch", schreiben die *Stern*-Journalisten Wolf Perdelwitz und Hasko Fischer in ihrem Buch „Waffenschmiede Deutschland".[297]

Auf Nachfragen von Bundestagsabgeordneten der Grünen zum Rüstungsgeschäft von Fritz Werner antwortete die Bundesregierung: Es sei bekannt, dass die Firma Geschäftsbeziehungen zu Partnern im Ausland unterhalte. „Zu Einzelheiten dieser Unternehmensinterna nimmt die Bundesregierung nicht Stellung."[298]

Recherchen des Bonner Journalisten Helmut Lorscheid in den 1980er-Jahren ergaben, dass Fritz Werner in Iran, Saudi-Arabien, der Türkei und Myanmar Fabriken für das Sturmgewehr G3 von Heckler & Koch errichtet hat. Die Bundesregierung hatte zahlreiche Lizenzen zum Nachbau des Gewehres an Regime vergeben, die im Kalten Krieg den NATO-Staaten nah standen. Auch der Schah von Persien, im Kalten Krieg ein enger Freund der USA und dessen Verbündeter, wurde zum Rüstungspartner der Bundesrepublik. In seiner G3-Fabrik sollten pro Jahr 100.000 Gewehre gebaut werden. 1973 hatte die sozial-liberale Bundesregierung der G3-Fertigung im Iran zugestimmt. Als der Monarch 1979 von islamischen Revolutionären aus dem Amt gejagt wurde, setzte die Produktion der deutschen Sturmgewehre im Iran nur kurz aus. Rund 100 Ingenieure und Facharbeiter von Fritz Werner sorgten dafür, dass die Fabrik wieder die Produktion aufnahm. Fritz Werner lieferte das nötige Werkzeug und Maschinenteile zur Gewehrherstellung. Im Krieg zwischen Iran und Irak ab 1980 zogen die Revolutionsgarden Teherans dann mit dem G3 in die Schlacht. Während des acht Jahre andauernden Golfkriegs hielt Fritz Werner die iranische Gewehrproduktion am Laufen. Nach Angaben des Unternehmens handelte es sich nur um Ersatz- und Verschleißteile für Maschinen.[299] Die Bundesregierung erklärte offiziell, sie sei in dem Konflikt strikt neutral. Der staatseigene Betrieb half den Ajatollahs dennoch beim Aufrüsten. Parteinahme kann Fritz Werner dennoch nicht vorgeworfen werden, schließlich sollen beide Kriegsparteien Nachschub aus Geisenheim bekommen haben. Fritz Werner lieferte auch Waffenteile in den Irak.[300] 1990 privatisierte die Bundesrepublik ihren Rüstungsbetrieb und der Konzern Ferrostaal übernahm Fritz Werner. In den folgenden Jahren wurde es ruhiger um den ehemaligen Staatsbetrieb und dessen Waffengeschäfte im Ausland. Dafür sorgte Ferrostaal nun für Negativschlagzeilen. Mitarbeiter des Unternehmens sollen bei U-Boot-Verkäufen Schmiergelder gezahlt haben, berichteten *Spiegel* und andere Medien. Unter anderem soll es bei Deals mit der griechischen Regierung zu Bestechungen gekommen sein. Auf einer außerordentlichen Hauptversammlung stimmten die Anteilseigner von Ferrostaal 2011 zu, „im Rahmen einer Verständigung mit dem Landgericht München I und der Staatsanwaltschaft München I Geldbußen in Höhe von insgesamt 149 Mio EUR anzunehmen", teilte das Unternehmen mit.

Die Bundesrepublik wird nun erneut ins Rüstungsgeschäft einsteigen. Daimler will sich von Anteilen an EADS trennen und diese teilweise an den Bund veräußern. Der Kauf von Aktien durch den Staat soll verhindern, dass Deutschland an Einfluss im Konzern verliert und sich das deutsch-französische Machtverhältnis verschiebt. Der französische Staat und der Mischkonzern Lagardère besitzen zusammen 22,5 Prozent der EADS-Aktien. Daimler hält ebenfalls 22,5 Prozent der Stimmen. Im Sommer 2012 soll die staatliche Kreditanstalt KfW nun 7,5 Prozent der EADS-Aktien vom Autobauer übernehmen. Bundesregierung steigt in Flugzeuggeschäft ein, titelten Tageszeitungen, als der Plan zur Übernahme von EADS-Anteilen bekannt wurde. Dass EADS über seine Töchter Airbus, Cassidian und Eurocopter sowie indirekt über seine Beteiligung an MBDA auch an der Rüstungsproduktion verdient, ging in der Öffentlichkeit unter.

Die Kritischen Aktionäre Daimler forderten die Bundesregierung auf, sich für ein Ende der Rüstungsproduktion bei EADS einzusetzen. Diesen Wunsch wird die Regierung den Rüstungsgegnern allerdings sicherlich nicht erfüllen. Das Kabinett Merkel dürfte künftig vor einem Interessenkonflikt stehen: Die EADS-Töchter Eurocopter und Airbus sind gleich mehrfach von Sparmaßnahmen der Bundeswehr betroffen. Der Verteidigungsminister will weniger Kampfhubschrauber, Transporthelikopter und Frachtflugzeuge abnehmen. Das widerspricht allerdings den Interessen Deutschlands als Aktionär und damit auch als Dividendenempfänger. Die Rüstungsindustrie hat für das Dilemma bereits eine Lösung parat: Sie fordert als Kompensationen für gestrichene Waffenkäufe einfach mehr Rüstungsexporte.

12 DATEN, FAKTEN, ZAHLEN

Planet der Waffen

Von den 100 größten Rüstungsproduzenten und Anbietern von militärischen Dienstleistungen kommen im Jahr 2010 laut Sipri 47 aus den Vereinigten Staaten und 38 aus Westeuropa. Insgesamt stammten 84 der 100 größten Unternehmen aus Mitgliedsländern der NATO.

Die zehn größten Unternehmen nach Umsatz im Waffenverkauf (mit Ausnahme Chinas) sind laut Sipri Yearbook 2012:[301]

Sipri-Platz	Unternehmen	Land	Produktion (unter anderem)
1.	Lockheed Martin	USA	Kampfjets, Raketen, Elektronik
2.	BAE Systems	GB	Flugzeuge, Panzer, Artillerie, Raketen
3.	Boeing	USA	Flugzeuge, Elektronik, Raketen
4.	Northrop Grumman	USA	Flugzeuge, Schiffe, Elektronik
5.	General Dynamics	USA	Artillerie, Munition, Elektronik,
6.	Raytheon	USA	Raketen, Radar, Elektronik
7	BAE Systems Inc. USA	USA	Artillerie, Elektronik, Fahrzeuge
8.	EADS	Europa*	Flugzeuge, Radar, Raketen
9.	Finmeccanica	Italien	Flugzeuge, Artillerie, Fahrzeuge
10.	L-3 Communications	USA	Elektronik, Dienstleistung

* EADS und MBDA produzieren auch in Deutschland.

Rüstungsunternehmen aus dem deutschsprachigen
Raum belegen folgende Plätze:

Sipri-Platz	Unternehmen	Land	Produktion (unter anderem)
20.	MBDA	Europa*	Raketen
31.	Rheinmetall	Deutschland	Panzer, Artillerie, Munition
52.	Krauss-Maffei Wegmann	Deutschland	Panzer, geschützte Fahrzeuge
56.	Thyssenkrupp	Deutschland	Schiffbau
63.	Diehl	Deutschland	Raketen, Munition, Panzerketten
77.	RUAG	Schweiz	Munition, Kleinwaffen, Luftfahrt
100.	MTU Aero Engines	Deutschland	Turbinen, Triebwerke

Weltmarktpreise für Waffen

Rüstungsgeschäfte finden meist in Hinterzimmern statt,
selten sprechen Waffenschmieden und Käufer über exakte
Preise. Die Stückpreise schwanken je nach Ausstattung und
Bestellmenge stark. Einige Beispiele:

Flugzeugträger der Nimitz-Klasse	rund 4,5 Milliarden Euro
B2-Spirit, strategischer Tarnkappenbomber	rund 1,6 Milliarden Euro
Fregatte 125, Baden-Württemberg-Klasse	rund 650 Millionen Euro
Eurofighter	rund 83 Millionen Euro
F15-K-Kampfjet	rund 75 Millionen Euro
Leopard 2 Kampfpanzer, neue Generation	bis zu 12 Millionen Euro
M1 Abrams Kampfpanzer	bis zu 8 Millionen Euro
Schützenpanzer Puma	rund 7 Millionen Euro
Scharfschützengewehr mit Zielfernrohr	rund 8000 Euro
Modernes Sturmgewehr	rund 3000 Euro
AK-47, alte Kalaschnikow gebraucht auf dem Schwarzmarkt	rund 200 Euro

Die wichtigsten Produzenten des Leopard-2-Kampfpanzers

KRAUSS-MAFFEI WEGMANN Generalunternehmer, Wanne, Turm

Umsatz in 2010: 898 Millionen Euro
Umsatz in 2009: 1.235 Millionen Euro
Krauss-Maffei Wegmann ist ein „reines" Rüstungsunternehmen

RHEINMETALL Glattrohrkanone, Maschinengewehre, Waffenelektronik

Umsatz in 2010: 3.989 Millionen Euro – davon Defence
                 rund 50 Prozent: 2.007 Millionen Euro
Umsatz in 2009: 3.420 Millionen Euro – davon Defence
                 rund 55 Prozent: 1.898 Millionen Euro

DIEHL Ketten

Umsatz in 2010: 2.725 Millionen Euro – davon Defence
                 26,6 Prozent: 726 Millionen
Umsatz in 2009: 2.205 Millionen Euro – davon Defence: 693 Millionen Euro

RENK Lastschaltgetriebe

Umsatz in 2010: 343,5 Millionen Euro – 81 Millionen davon Konzernbereich
                 Fahrzeuggetriebe, der vor allem für militärische
                 Kettenfahrzeuge produziert.
Umsatz in 2009: 415,9 Millionen Euro – 81 Millionen
                 davon Konzernbereich Fahrzeuggetriebe.

MTU FRIEDRICHSHAFEN Motor

Umsatz in 2010: 2.707,4 Millionen Euro – davon militärisches
                 Triebwerksgeschäft: 485,9 Millionen
Umsatz in 2009: 2.610,8 Millionen Euro – davon militärisches
                 Triebwerksgeschäft: 532,0 Millionen

CARL ZEISS Optik, Kameras

Umsatz in 2009/2010: 2.981 Millionen Euro – davon die Sparte Markenoptik/Optronik, die unter anderem Optik für Panzer und U-Boote produziert: 312 Millionen Euro
Umsatz in 2008/2009: 2.101 Millionen Euro – davon die Sparte Markenoptik/Optronik: 304 Millionen Euro

INTERNET-TIPPS

Arbeitsgemeinschaft Kriegsursachenforschung
Die AKUF der Universität Hamburg forscht zur weltweiten
Konfliktentwicklung.
http://www.sozialwiss.uni-hamburg.de/publish/lpw/Akuf/index.htm

Augen geradeaus
Thomas Wiegold, freier Journalist und Experte für alle Themen
rund um die Bundeswehr, bloggt meist mehrmals täglich zu
Sicherheitsthemen.
www.augengeradeaus.net

Berliner Informationszentrum für Transatlantische Sicherheit
Von Otfried Nassauer und Mitstreitern gegründetes Institut, das
sich unter anderem mit Rüstungsproduktion und Waffenhandel
beschäftigt.
www.bits.de

Bonn International Center for Conversion
Die Wissenschaftller des BICC forschen unter anderem zur weltweiten Aufrüstung und Militarisierung.
www.bicc.de

Bundeswehr Monitoring
Das Projekt der Arbeitsstelle Frieden und Abrüstung berichtet
kritisch über die Bundeswehr und Rüstungsprojekte.
http://www.bundeswehr-monitoring.de/ruestung.html

Control Arms
Für den Friedensnobelpreis nominierte Kampagne, die gegen
Waffenexporte kämpft.
http://www.controlarms.org/index_c.php

Danger Room
Blog des amerikanischen Magazins Wired über Terrorismus,
Militär und Rüstung.
http://www.wired.com/dangerroom/

Deutsche Gesellschaft für die Vereinten Nationen
Die DGVN betreibt ein Online-Portal zur Friedenssicherung und
Konfliktverhütung, in dem es auch um Rüstungsexporte geht.
http://www.frieden-sichern.de/abruestung.html

Gemeinsame Konferenz Kirche und Entwicklung
Die *GKKE* legt seit 1997 jährlich einen alternativen Rüstungsexportbericht vor.
www3.gkke.org

Hessische Stiftung Friedens- und Konfliktforschung
Forschungseinrichtung in Frankfurt am Main, die sich unter
anderem auch mit Rüstungsexporten beschäftigt.
www.hsfk.de

Informationsportal Krieg und Frieden
Gemeinschaftsprojekt der Bundeszentrale für politische Bildung
und dem BICC. Mit Karten werden unter anderem Rohstoffkonflikte,
Rüstungsexporte, Militärausgaben und Krisengebiete visualisiert.
http://sicherheitspolitik.bpb.de/

International Crisis Group
Unabhängiger Thinktank, der zu Konflikten und Kriegen forscht.
http://www.crisisgroup.org/en.aspx

Lobby Control
Organisation, die das Wirken von Lobbyisten in Berlin kritisch
beleuchtet.
www.lobbycontrol.de

RüstungsInformations Büro Freiburg
Von Rüstungsgegnern um Jürgen Grässlin gegründetes Informa-
tionsbüro, das sich vor allem mit Heckler & Koch und Daimler
beschäftigt.
http://www.rib-ev.de/

Stockholm International Peace Research Institute
Die Sipri-Forscher veröffentlichen mehrfach im Jahr Studien und
Berichte über den Waffenhandel und die globale Rüstungsindustrie.
www.sipri.org

Transparency International
Anti-Korruptions-Organisation
http://www.transparency.de/Tabellarisches-Ranking.2021.0.html

UN-Register für den Handel mit Großwaffensystemen
Die Vereinten Nationen versuchen, mit dem Register den weltweiten Waffenhandel transparenter zu machen.
www.un.org/disarmament/convarms/Register/

Waffen vom Bodensee
Informationen über Rüstungshersteller aus der Bodensee-Region,
von Rüstungsgegnern zusammengetragen.
http://www.waffenvombodensee.com/

ABKÜRZUNGEN UND BEGRIFFS- ERLÄUTERUNGEN

AEG: Allgemeine Elektro Geräte AG

AK-47: Awtomat Kalaschnikowa, obrasza 47, Sturmgewehr des Erfinders Kalaschnikow

AKUF: Arbeitsgemeinschaft Kriegsursachenforschung der Universität Hamburg

AMPV: Armoured Multi Purpose Vehicle – Führungs- und Funktionsfahrzeug von Rheinmetall und KMW

AWG: Außenwirtschaftsgesetz

BAE: British Aerospace

BAFA: Bundesanstalt für Wirtschaft und Ausfuhrkontrolle

BDSV: Bundesverband der Sicherheits- und Verteidigungsindustrie

BICC: Bonn International Center for Conversion

BND: Bundesnachrichtendienst – deutscher Auslandsgeheimdienst

Boxer: Transportkraftfahrzeug, das von einem Joint Venture von KMW und RM für die deutsche und die niederländische Armee hergestellt wird.

B+V: Blohm + Voss, Hamburger Werft

CDU: Christlich Demokratische Union

CIA: Central Intelligence Agency – Auslandsgeheimdienst der USA

CSU: Christlich-Soziale Union

DASA: Deutsche Aerospace Aktiengesellschaft, mehrfach umbenannt, zuletzt in: DaimlerChrysler Aerospace Aktiengesellschaft. In EADS aufgegangen

DGAP: Deutsche Gesellschaft für Außenpolitik

DSEi: Defence & Security Equipment International (DSEi) – Rüstungsmesse in London

EADS: European Aeronautic Defence and Space Company, europäischer Luft- und Raumfahrtkonzern

EDA: European Defence Agency – Europäische Verteidigungsagentur

EKD:	Evangelische Kirche in Deutschland
EPD:	Evangelischer Pressedienst, Nachrichtenagentur.
EU:	Europäische Union
FDP:	Freie Demokratische Partei
FFG:	Flensburger Fahrzeugbau Gesellschaft
FTD:	Financial Times Deutschland – Vom Verlag Gruner + Jahr herausgegebene Wirtschaftszeitung
G3:	Gewehr 3. Von Heckler & Koch produziertes Sturmgewehr
G36:	Gewehr 36. Standardgewehr der Bundeswehr, hergestellt von Heckler & Koch.
GKKE:	Gemeinsame Konferenz Kirche und Entwicklung
GUS:	Gemeinschaft unabhängiger Staaten
HDW:	Howaldtswerke-Deutsche Werft, U-Boot-Bauer aus Kiel
HK:	Heckler & Koch, Gewehr- und Pistolenfabrikant aus Baden-Württemberg
HSFK:	Hessische Stiftung Friedens- und Konfliktforschung
ISAF:	International Security Assistance Force – Internationale Sicherheitstruppe für Afghanistan
KFOR:	Kosovo Force – multinationale Streitkräfte im Kosovo
KMW:	Krauss-Maffei Wegmann, deutscher Fahrzeugbauer, bekannt für seine Panzer
Leopard 1:	Deutscher Kampfpanzer des Generalunternehmers KMW
Leopard 2:	Deutscher Kampfpanzer des Generalunternehmers KMW
MBDA:	Raketenbauer, dessen Namen sich aus Buchstaben der Eigner zusammensetzt: Matra BAe Dynamics und Alenia Marconi Systems
MG:	Maschinengewehr
MP:	Maschinenpistole
MTU:	Motoren- und Turbinen-Union
NATO:	North Atlantic Treaty Organization – Nordatlantik-Vertragsorganisation, Verteidigungsbündnis
NH90:	NATO Helicopter 90 – von einem europäischen Konsortium hergestellter Mehrzweckhubschrauber
PSM:	Projekt System & Management. Joint Venture von KMW und Rheinmetall
Puma:	Schützenpanzer, der von KMW und RM für die Bundeswehr produziert wird.
PzH:	Panzerhaubitze

RLS:	Rheinmetall Landsysteme, Geschäftsbereich von Rheinmetall
RM:	Rheinmetall, größtes deutsches Rüstungsunternehmen
SIPRI:	Stockholm International Peace Research Institute, schwedisches Friedensforschungsinstitut
SPD:	Sozialdemokratische Partei Deutschland
SPz:	Schützenpanzer
SZ:	Süddeutsche Zeitung
UdSSR:	Union der Sozialistischen Unionsrepubliken (Sowjetunion)
UN:	United Nations – Vereinte Nationen
UNDP:	United Nations Development Programme – Entwicklungsprogramm der Vereinten Nationen
UNHCR:	UN High Commissioner for Refugees – Flüchtlingshilfswerk der UN
USA:	United States of America – Vereinigte Staaten
WTO:	World Trade Organization – Welthandelsorganisation

VERWENDETE FACHLITERATUR

Albrecht, Ulrich / Lock, Peter / Wulf, Herbert: Mit Rüstung gegen Arbeitslosigkeit? Rowohlt Taschenbuchverlag, Reinbek bei Hamburg 1982.

Bitzinger, Richard: Introduction: Challenges Facing the Global Arms Industry in the 21st Century, in: Ders. (Hrsg): The Modern Defence Industry, ABC Clio, Santa Barbara, Denver, Oxford 2009, S. 1–9.

Boemcken, Marc von: Länderportrait Saudi-Arabien, Bonn International Center for Conversion 2011.

Bontrup, Heinz-J. / Zdrowomyslaw, Norbert: Die deutsche Rüstungsindustrie, Distel Verlag, Heilbronn 1988.

Brzoska, Michael / Guha, Anton-Andreas / Wellmann, Christian: Das Geschäft mit dem Tod, Eichborn Verlag, Frankfurt am Main 1982.

Buch, Detlef / Dickow, Marcel: Europäische Rüstungsindustrie: Kein Heil im Export, SWP-Aktuell 13, März 2012.

Dembinski, Matthias / Schuhmacher, Barbara: Wie Europa dem Rüstungsexport Schranken setzt. Von der Zusammenarbeit europäischer Regierungen zum europäischen Regieren, HSFK-Report Nr. 9/2005, Frankfurt am Main 2005.

Dombrowski, Peter; Ross, Andrew L.: The Revolution in Military Affairs, Transformation, and the U.S. Defence Industry, in: Bitzinger, Richard (Hrsg): The Modern Defence Industry, ABC Clio, Santa Barbara, Denver, Oxford 2009, S. 153–174.

Dunne, J. Paul: Development in the Global Arms Industry from the End of the Cold War to the mid-2000s, in: Bitzinger, Richard (Hrsg): The Modern Defence Industry, ABC Clio, Santa Barbara, Denver, Oxford 2009, S. 13–37.

Eigen, Peter: Das Netz der Korruption. Wie eine weltweite Bewegung gegen Bestechung kämpft, Campus Verlag, Frankfurt am Main / New York 2003.

Feinstein, Andrew: Waffenhandel. Das globale Geschäft mit dem Tod, Hoffmann und Campe, Hamburg 2012.

Fischer, Hasko / Perdelwitz, Wolf: Waffenschmiede Deutschland, Stern-Buch, Hamburg 1984.

Follath, Erich: Der neue Kalte Krieg. Wie der Wettlauf um Ressourcen das Machtverhältnis zwischen den Staaten grundlegend verändert, in: Ders. / Jung, Alexander: Der neue Kalte Krieg. Kampf um die Rohstoffe, Deutsche Verlags-Anstalt, München 2006, S. 9–20.

Grässlin, Jürgen: Das Daimler-Desaster. Vom Vorzeigekonzern zum Sanierungsfall?, Droemer, München 2005.

Grässlin, Jürgen: „Versteck dich, wenn sie schießen. Die wahre Geschichte von Samiira, Hayrettin und einem deutschen Gewehr", Droemer, München 2003.

Häffner, Michaela: Nationalsozialismus von 1933 bis 1945, in: Stadt Oberndorf (Hrsg.): Geschichte der Stadt Oberndorf am Neckar. Bd. 2, Vom Übergang an Württemberg bis heute, Oberndorf am Neckar 2006, S. 96–158.

Hayward, Keith: The Globalization of Defense Industries, in: Bitzinger, Richard (Hrsg): The Modern Defence Industry, ABC Clio, Santa Barbara, Denver, Oxford 2009, S. 107–122.

Hoffmann, Andrea: Bauliche Entwicklung bis 1975, in: Stadt Oberndorf (Hrsg.): Geschichte der Stadt Oberndorf am Neckar. Bd. 2, Vom Übergang an Württemberg bis heute, Oberndorf am Neckar 2006, S. 355–367.

Jaacks, Heiderose: Besatzungszeit 1945 bis 1949, in: Stadt Oberndorf (Hrsg.): Geschichte der Stadt Oberndorf am Neckar. Bd. 2, Vom Übergang an Württemberg bis heute, Oberndorf am Neckar 2006, S. 290–324.

Jaacks, Heiderose: Die industrielle Entwicklung von 1945 bis 1975, in: Stadt Oberndorf (Hrsg.): Geschichte der Stadt Oberndorf am Neckar. Bd. 2, Vom Übergang an Württemberg bis heute, Oberndorf am Neckar 2006, S. 435–324.

Kenntner, Otto: Die Anfänge in Oberndorf a. N. nach dem Krieg, Oberndorf 1997.

Kussmann-Hochhalter, Andreas / Müller, Hans Peter / Rüth, Ingeborg: Die wirtschaftliche Entwicklung Oberndorfs bis 1945, in: Stadt Oberndorf (Hrsg.): Geschichte der Stadt Oberndorf am Neckar. Bd. 2, Vom Übergang an Württemberg bis heute, Oberndorf am Neckar 2006, S. 398–428.

Leyendecker, Hans: Die Korruptionsfalle. Wie unser Land im Filz versinkt, Rowohlt Verlag, 2. Auflage, Reinbek bei Hamburg 2003.

Maul-Ilg, Manfred: Erster Weltkrieg und Weimarer Republik, in: Stadt Oberndorf (Hrsg.): Geschichte der Stadt Oberndorf am Neckar. Bd. 2, Vom Übergang an Württemberg bis heute, Oberndorf am Neckar 2006, S. 54–95.

Molt , Matthias: Von der Wehrmacht zur Bundeswehr. Personelle Kontinuität und Diskontinuität beim Aufbau der deutschen Streitkräfte 1955–1966, Dissertationsschrift, Heidelberg 2007.

Moltmann, Bernhard: Rüstungsexporte: richtig oder falsch? Plädoyer für eine ethische Urteilsbildung, HSFK-Report, Nr. 2/2006, Frankfurt am Main 2006.

Müller, Hans Peter: Oberndorf im Königreich Württemberg und im Deutschen Kaiserreich, in: Stadt Oberndorf (Hrsg.): Geschichte der Stadt Oberndorf am Neckar. Bd. 2, Vom Übergang an Württemberg bis heute, Oberndorf am Neckar 2006, S. 12-53.

Pfeiffer, Hermannus: Seemacht Deutschland. Die Hanse, Kaiser Wilhelm II. und der neue Marine Komplex, Ch. Links Verlag, Berlin 2009.

Scholvin, Sören: Kein Prosperitätsregime im Irak. Kooptation patrimonialer Machthaber und Truppenabzug statt Demokratisierung, AKUF Analysen, Nr. 7, November 2009.

Schreiber, Wolfgang: Kriege und bewaffnete Konflikte 2011. Ein erster Überblick, AKUF Analyse Nr. 10, Dezember 2011.

Schreiber, Wolfgang: Kriege und bewaffnete Konflikte 2010. Ein erster Überblick, AKUF Analyse Nr. 9, Dezember 2010.

Sipri: Trends in international arms transfers 2011, Sipri Fact Sheet, March 2012.

Thörner, Marc: Die Arabische Revolution und ihre Feinde. Nautilus Flugschrift, Verlag Lutz Schulenburg, Hamburg 2012.

Tillack, Hans-Martin: Die korrupte Republik. Über die einträgliche Kungelei von Politik, Bürokratie und Wirtschaft, Hoffmann und Campe, Hamburg 2009.

Wildmann, Jörg: Die Mauser-Werke, in: Stadt Oberndorf (Hrsg.): Geschichte der Stadt Oberndorf am Neckar. Bd. 2, Vom Übergang an Württemberg bis heute, Oberndorf am Neckar 2006, S. 445–458.

Wisotzki, Simone: Kleinwaffen ohne Grenzen. Strategien jenseits der Rüstungskontrolle gefordert, HSFK-Report Nr. 15/2005, Frankfurt am Main 2005.

Witthöft, Hans Jürgen: Blohm + Voss. Fortschritt aus Tradition, Seehafen Verlag Hamburg, Hamburg 2003.

Wulf, Herbert: Waffenexport aus Deutschland. Geschäfte mit dem fernen Tod, Rowohlt, Reinbek 1991.

ANMERKUNGEN

1. Friederichs, Hauke: Identifiziert und attackiert, in: Die ZEIT, Nr. 23, 31. Mai 2012, S. 18. / www.25000euro.de
2. Rheinmetall: Geschäftsbericht 2011, S. 11.
3. Deutscher Bundestag: Der Bundessicherheitsrat. Ausarbeitung der Wissenschaftlichen Dienste, Mai 2008; Spiegel: Geheimnisse mit Tradition, Nr. 50/2002, S. 28ff. Den Bundessicherheitsrat bilden die Kanzlerin, der Chef des Bundeskanzleramtes, die Minister für Auswärtiges, Verteidigung, Inneres, Finanzen, Justiz, Wirtschaft und Entwicklung.
4. Lediglich bei Kriegswaffen wird das für den Bericht verantwortliche Bundeswirtschaftsministerium etwas genauer. Im Bericht für das Jahr 2010 sind einzelne Exporte von Großwaffensystemen aufgezählt. Ein Fall: Unter der Rubrik Güter wird der Leopard 2 genannt, als das Empfängerland Singapur genannt und schließlich die Stückzahl mit 56 angegeben. Beteiligte Rüstungsunternehmen werden nicht aufgeführt. Siehe: Bundesministerium für Wirtschaft und Technologie: Bericht der Bundesregierung über ihre Exportpolitik für konventionelle Rüstungsgüter im Jahre 2010, Berlin 2011.
5. Moltmann, Bernhard: Dunkle Geschäfte, in Amnesty Journal, Nr. 4, 5 / 2012, S. 31.
6. BITS: Mercedes-LKW für Georgiens Raketenwerfer, 25. August 2008: http://www.bits.de/public/articles/tagesspiegel/250808.htm.
7. Deutscher Bundestag: Antwort der Bundesregierung auf die Kleine Anfrage der Abgeordneten Winfried Nachtwei, Dr. Wolfgang Strengmann-Kuhn, Alexander Bonde und weiterer Abgeordneter der Fraktion BÜNDNIS 90/DIE GRÜNEN: Umgehung deutscher Exportkontrollen und Einsatz deutscher Rüstungsgüter in Georgien, Drucksache 16/10697 16, 22. Oktober 2008.
8. Mit 30,28 Prozent war Daimler der größte Anteilseigner an EADS, der französische Staat und der Mischkonzern Lagardère hielten zusammen ebenfalls 30,28 Prozent. FR: EADS startet Versuchsballon, 13. November 2004, S. 13.
9. Szandar, Alexander: Voll verkabelt, in: Der Spiegel, Nr. 29/2000, S. 51.

10 Kritische Aktionäre Daimler: Gegenantrag zur Daimler-
    Hauptversammlung 2011, S. 2.
11 Russmann, Paul : Gegenantrag zur Daimler-Hauptversamm-
    lung 2012, 14. März 2012.
12 EADS: Aero-notes, Nummer 29, April 2011, S. 7.
13 EADS: Chronik, S. 45, http://www.eads.com/dms/eads/
    germany/de/press/documents/Key-documents/About-EADS/
    EADS-Chronicle-d/EADS%20Chronicle_ge.pdf.
14 BICC: Der Globale Militarisierungsindex (GMI), S. 5.
15 http://www.un.org/disarmament/convarms/Register.
16 Boemcken, Marc von: Länderportrait Saudi-Arabien, Bonn
    International Center for Conversion 2011, S. 21.
17 Sipri: Yearbook 2011. Armaments, Disarmament und Interna-
    tional Security. Kurzfassung auf Deutsch der Friedrich Ebert
    Stiftung 2011, S. 13.
18 Das Bundesverfassungsgericht: Übersicht über die Verfahren,
    in denen das Bundesverfassungsgericht anstrebt, im Jahre
    2012 unter anderem zu entscheiden, S. 4.
19 Auch verschiedene namhafte Wissenschaftler zählen
    Deutschland zu den größten Rüstungsherstellern. Vergleiche:
    Bitzinger, Richard: Introduction: Challenges Facing the
    Global Arms Industry in the 21st Century, in: Ders. (Hrsg): The
    Modern Defence Industry, ABC Clio, Santa Barbara, Denver,
    Oxford 2009, S. 1
20 Sipri: Trends in international arms transfers 2011, Sipri Fact
    Sheet, March 2012, S. 1ff.
21 GKKE: Rüstungsexportbericht 2011. Vorgelegt von der GKKE-
    Fachgruppe Rüstungsexporte, Redaktionsschluss: 09.12.2011,
    S. 5.
22 Rüstungsexportbericht der Bundesregierung 2010.
23 Koalitionsvertrag zwischen CDU, CSU und FDP, 17. Legisla-
    turperiode, 2009, S. 119f.
24 http://sicherheitspolitik.bpb.de.
25 Moltmann, Bernhard: Vor dem Sprung in eine neue Ära. Die
    deutsche Rüstungsexportpolitik, HSFK-Standpunkte 1/2001, S. 3.
26 Bundesregierung: 9. Bericht der Bundesregierung über ihre
    Menschenrechtspolitik. Berichtszeitraum: 1. März 2008 bis 28.
    Februar 2010, S. 210.
27 Bundesregierung: Politische Grundsätze der Bundesregierung
    für den Export von Kriegswaffen und sonstigen Rüstungs-
    gütern, S. 1.
28 Bundesregierung: Rüstungsexportbericht 2009, S. 119.
29 Vgl. das Interview des Autors mit Helmut Schmidt in diesem
    Buch, S. 11ff.

30 GKKE: Rüstungsexportbericht 2001, S. 12.
31 Schmidt, Helmut: Das ganz andere 21. Jahrhundert, in: Schmidt, Helmut (Hrsg.): Erkundungen. Beiträge zum Verständnis unserer Welt, Deutsche Verlags-Anstalt, Stuttgart 1999, S. 290f.
32 Handelsblatt: Golfstaaten wollen mit deutschen Panzern aufrüsten, www.handelsblatt.com.
33 Rheinmetall: Geschäftsbericht 2011, S. 13 und 18.
34 Krell, Gert: Grass und die Bombe, in: Blätter für deutsche und internationale Politik, Nr. 5 / 2012, S. 39ff.
35 Wehrtechnik, Nr. 2 / 2012, S 8f. Joffe, Josef: Der Nervenkrieg eskaliert, in: Die ZEIT, Nr. 16, 12. April 2012, S. 3.
36 Neuer Kaiser Verlag: Kampfflugzeuge heute, Klagenfurt 1998, S. 178f.
37 http://www.panavia.de/index.php?option=com_content&view=article&id=40&Itemid=62.
38 Aerospaceweb.org.
39 BBC: Saudi jets attack Jemen rebels : http://news.bbc.co.uk/2/hi/8344394.stm.
40 Moltmann: Rüstungsexporte, S. 11.
41 Gall, Lothar: Von der Entlassung Alfried Krupp von Bohlen und Halbachs bis zur Errichtung seiner Stiftung 1951 bis 1967/68, in: Ders. (Hrsg.): Krupp im 20. Jahrhundert, Siedler Verlag, Berlin 2002, S. 475ff.; Frei, Norbert et al.: Flick. Der Konzern, die Familie, die Macht, Karl Blessing Verlag, München 2009, S. 358ff und 568ff.
42 Molt, Matthias: Von der Wehrmacht zur Bundeswehr. Personelle Kontinuität und Diskontinuität beim Aufbau der deutschen Streitkräfte 1955–1966, Dissertationsschrift, Heidelberg 2007, S. 146.
43 Dembinski, Matthias / Schuhmacher, Barbara: Wie Europa dem Rüstungsexport Schranken setzt. Von der Zusammenarbeit europäischer Regierungen zum europäischen Regieren, Hessische Stiftung Friedens- und Konfliktforschung, HSFK-Report Nr. 9 / 2005, S. 7.
44 Schreiber, Wolfgang: Kriege und bewaffnete Konflikte 2011. Ein erster Überblick, AKUF Analyse Nr. 10, Dezember 2011, S. 1.
45 Perlo-Freeman, Sam / Olawale, Ismail / Solmirano, Carina: Militärausgaben, in: Sipri Yearbook 2010. Armaments, Disarmament and International Security. Kurzfassung auf Deutsch, Friedrich Ebert Stiftung, 2010, S. 11.
46 Lorscheid, Helmut: Waffenhändler am Kabinettstisch, Lamuv Verlag, Göttingen 1988, S. 9.

47 Zumach, Andreas: Kein Krieg ohne uns, in: taz, 30. Mai 2008, S. 3.

48 Das Parlament: Parlament für bessere Rüstungskontrolle, Nr. 25, 21. Juni 2002, S. 5.

49 John, Mathias: Goldene Regel: Keine Waffen für Gräueltaten, in: Amnesty Journal, Nr. 4, 5/2012, S. 23.

50 Deutscher Bundestag: Antwort der Bundesregierung auf die Kleine Anfrage der Abgeordneten Jan van Aken, Annette Groth, Andrej Hunko, weiterer Abgeordneter und der Fraktion Die Linke: Kontrolle der Waffenexporte des Oberndorfer Unternehmens Heckler & Koch GmbH durch die Bundesregierung, Drucksache 17/6432, 05. 07. 2011

51 Deutscher Bundestag: Antwort der Bundesregierung auf die Kleine Anfrage der Abgeordneten Jan van Aken, Annette Groth, Andrej Hunko, weiterer Abgeordneter und der Fraktion Die Linke: Kontrolle der Waffenexporte des Oberndorfer Unternehmens Heckler & Koch GmbH durch die Bundesregierung, Drucksache 17/6432, 05. 07. 2011.

52 Defence Global, August 2011, S. 64.

53 Bitzinger, Richard: Introduction: Challenges Facing the Global Arms Industry in the 21st Century, in: Ders. (Hrsg): The Modern Defence Industry, ABC Clio, Santa Barbara, Denver, Oxford 2009, S. 5.

54 SZ: Schlappe für EADS, 1. Februar 2012, S. 17.

55 The DSEi Daily, Nr. 2, 14. September 2011, S. 4.

56 Hardewig, Gerd: MBDA Deutschland reagiert auf Bundeswehrreform, in: Politik & Sicherheit, November 2011, S. 11.

57 Deutsches Heer: Unterstützungshubschrauber Tiger, auf: www.deutschesheer.de; NDR Info: Streitkräfte und Strategien, 1. Juli 2006.

58 SZ: Grüne wollen „Meads" verhindern, 9. März 2005, S. 5.

59 The DSEi Daily, Nr. 2, 14. September 2011, S. 2.

60 BBC-News: £1bn upgrade for British army's Warrior vehicles, 25. Oktober 2011.

61 Rheinmetall: Geschäftsbericht 2011, S. 11.

62 Klos, Dietmar: Einsatzfahrzeuge des Heeres, in Europäische Sicherheit, Nr. 11, 1. November 2008, S. 47ff.

63 Klos, Dietmar: Einsatzfahrzeuge des Heeres, in Europäische Sicherheit, Nr. 11, 1. November 2008, S. 47ff.; BMVg: Minister de Maizière billigt Umrüstung, Berlin, 21. Oktober 2011.

64 www.rheinmetall-defence.com.

65 Bundesregierung: Bericht der Bundesregierung über ihre Exportpolitik für konventionelle Rüstungsgüter im Jahre 2003, Berlin 2004, Anlage 4, S. 98.

66 http://www.bdsv.eu/de/Gruppe_Wehrtechnische_Messen.htm

67 Combat Arms, 7. December 2010, S. 20.

68 DWJ, Nr. 2 / 2011

69 Kommando, Nr. 4 / 2010, S. 42.

70 Bitzinger, Richard: Introduction: Challenges Facing the Global Arms Industry in the 21st Century, in: Ders. (Hrsg): The Modern Defence Industry, ABC Clio, Santa Barbara, Denver, Oxford 2009, S. 1ff.; ZEIT: Scharpings Luftnummer, N. 10, 28. Februar 2002, S. 19.

71 The DSEi Daily, Nr. 2, 14. September 2011, S. 4.

72 Buch, Detlef / Dickow, Marcel: Europäische Rüstungsindustrie: Kein Heil im Export, SWP-Aktuell 13, März 2012, S. 2.

73 dpa-Meldung: Interesse an „Eurofighter", abgedruckt in: SZ, Nr. 140, 20. Juni 2012, S. 6.

74 Lake, Jon: Eurofighter survives Libyan baptism of fire, in: Advance, September – November 2011, S. 46.

75 Anzeige für den Eurofighter in Advance, September – November 2011, S. 49.

76 Zekri, Sonja: Kampfhubschrauber über Tripolis, SZ, 6. Juni 2011, S. 8.

77 Deutsches Heer: Unterstützungshubschrauber Tiger, www.deutschesheer.de.

78 Schmid, Fidelius: Deutschlands dunkles Geheimnis, in: Handelsblatt, 16. März 2011; Grässlin, Jürgen: Die Libyen-Connection der EADS, in: Friedens Forum, Nr. 3 / 2011: www.friedenskooperative.de/ff/ff11/3-52.htm. EADS: LFK erfolgreich in MBDA integriert, 1. März 2006.

79 MBDA: Ergebnis 2011 bestätigt die Position als europäischer Marktführer und Global Player, 20. März 2012.

80 BICC: Länderporträt Libyen, Dezember 2011, S. 3.

81 Kritische Aktionäre Daimler: Gegenantrag zur Daimler-Hauptversammlung 2011, S. 1.

82 Grässlin, Jürgen: Die Libyen-Connection der EADS, in: Friedens Forum, Nr. 3 / 2011. www.friedenskooperative.de/ff/ff11/3-52.htm.

83 BICC: Länderporträt Libyen, Dezember 2011, S. 3.

84 Tagesspiegel: Frankreich bestätigt Rüstungsdeal, 3. August 2007.

85 MBDA: Industrieerprobung für Milan ADT-ER erfolgreich abgeschlossen, Presseerklärung, 09. April 2008.

86 BICC: Länderporträt Libyen, Dezember 2011, S. 3.

87 Fried, Nico / Winter, Martin: Deutsche Munition für den Libyen-Krieg, in: SZ, 29. Juni 2011, S. 1.

88 Augen Geradeaus: http://augengeradeaus.net/2011/06/ bundeswehr-raketen-fur-libyen-einsatz.

89 Spiegel: „Dramatische Wende", Nr. 45/2000, S. 56.

90 Bundesministerium des Innern: Verfassungsschutzbericht 2000, Berlin 2001, S. 243.

91 BICC: Länderporträt Libyen, Dezember 2011, S. 3.

92 Thörner, Marc: Die Arabische Revolution und ihre Feinde, Nautilus Flugschrift, Verlag Lutz Schulenburg, Hamburg 2012, S. 17.

93 HWR: Libyen: Streubomben treffen Misrata, 15. April 2011.

94 Ausführliche Informationen zu den G36-Funden in Tripolis in Kapitel 7.

95 Thörner, Marc: Die Arabische Revolution und ihre Feinde. Nautilus Flugschrift, Verlag Lutz Schulenburg, Hamburg 2012, S. 21.

96 John, Mathias: Waffen für Arabien, in: Amnesty Journal, August 2011.

97 http://www.geopowers.com/ungemachte-hausaufgaben-1321. html.

98 Böhm, Andrea: Unser Türsteher, in: Die ZEIT, Nr. 48, 25.11.2010, S. 3.

99 BICC: Länderporträt Libyen, Dezember 2011, S. 3.

100 Kritische Aktionäre Daimler: Gegenantrag zur Daimler-Hauptversammlung 2011, S. 2.

101 Russmann, Paul : Gegenantrag zur Daimler-Hauptversammlung 2012, 14. März 2012.

102 Hardthöhenkurier: Im Trend: Munition mit flexibel anpassbarer Wirkung 2011.

103 Wehrtechnik (wt), Nr. 2 / 2012, S. 8.

104 BICC: Länderporträt Vereinigte Arabische Emirate, Juni 2011, S. 11.

105 Krell, Gert: Grass und die Bombe, in: Blätter für deutsche und internationale Politik, Nr. 5 / 2012, S. 39ff.

106 Nassauer, Otfried: Das sechste U-Boot, http://www.bits.de/ public/unv_a/orginal-220312.htm.

107 Wehrtechnik (wt), Nr. 2 / 2012, S. 8 / Der Spiegel: Geheim-Operation Samson. Wie Deutschland die Atommacht Israel aufrüstet, Nr. 23/2012.

108 Lediglich die Kanone des Leopard 1 wurde von Vickers in Großbritannien entwickelt. Brzoska, Michael / Guha, Anton-Andreas / Wellmann, Christian: Das Geschäft mit dem Tod, Eichborn Verlag, Frankfurt am Main 1982, S. 14.

109 Unter anderem stellt das Deutsche Panzermuseum in Munster den Leopard 1 aus: www.deutsches-panzermuseum.de.

110 Defence Industry Daily: http://www.defenseindustrydaily.
com/tanks-for-the-lesson-leopards-too-for-canada-03208;
Canadian American Strategic Review: http://www.casr.ca/
ft-leopard-2a5-denmark.htm, http://www.casr.ca/ft-leopard-
tank.htm.

111 Frei, Norbert et al.: Flick. Der Konzern, die Familie, die Macht,
Karl Blessing Verlag, München 2009, S. 358ff und 648ff.

112 Fischer, Hasko / Perdelwitz, Wolf: Waffenschmiede Deutschland, Stern-Buch, Hamburg 1984, S. 143ff.

113 Europäische Sicherheit, Nr. 6 / 2006

114 Haun, Frank: Nebelschleier der Zukunft, in: Infobrief Heer, Nr.
2/2012, S. 8.

115 BAFA: Bekanntmachung über Endverbleibsdokumente
nach § 17 Absatz 2 der Außenwirtschaftsverordnung (AWV),
12. Februar 2002.

116 Advance, September – November 2011, S. 86.

117 Zenith-Business Report: Mit Sicherheit ein gutes Geschäft.
Rüstungsexport an den Golf, Nr. 2 / 2011.

118 Kommando, Nr. 4/2010, S. 3.

119 Diehl: Diehl eröffnet Liaison Office India in Neu Delhi,
Pressemitteilung, 28. März 2012.

120 Neuer Kaiser Verlag: Kampfflugzeuge heute, Klagenfurt 1998,
S. 104f.

121 MBDA: Ergebnis 2011 bestätigt die Position als europäischer
Marktführer und Global Player, 20. März 2012.

122 Szandar, Alexander: Die intelligente Armee, in: Der Spiegel,
Nr. 37/1999, S. 42.

123 Pfeiffer, Hermannus: Deutsche Waffen sind Nischenprodukte,
in: taz, 12.07.2011.

124 Anweiler, Karl / Pahlkötter, Manfred: Radfahrzeuge der
Bundeswehr. Typenkompass. Motorbuch Verlag, Stuttgart
2009, S. 77ff.

125 Europäische Sicherheit & Technik, Nr. 4 / 2012, S. 97.

126 AFP: Milliardenschwere Aufträge für Thales und Rheinmetall,
12. Dezember 2011.

127 FAZ: Der Leopard-II-Kampfpanzer ist ein deutscher Exportschlager, 6. Juli 2011, S. 13.

128 Mützenich, Rolf: Der deutsche Beitrag zum
Arabischen Frühling, in: Zenith Online:
www.zenithonline.de/deutsch/politik/artikel/
der-deutsche-beitrag-zum-arabischen-fruehling.

129 Die Welt, 18. Juli 2011.
130 Klos, Dietmar: Einsatzfahrzeuge des Heeres, in: Europäische Sicherheit, Nr. 11, 1. November 2008, S. 47ff.
131 Rheinmetall: Rheinmetall und US-Unternehmen General Dynamics gründen Joint Venture bei Großkalibermunition, Pressemitteilung, 19. April 2012.
132 Rheinmetall: Rheinmetall und US-Unternehmen General Dynamics gründen Joint Venture bei Großkalibermunition, Pressemitteilung, 19. April 2012.
133 Spiegel: Eurofighter im Sturzflug, Nr. 50/2002, S. 20; FR: Der „Eurofighter" beschert Struck Probleme, 12. September 2003, S. 5.
134 Advance, September – November 2011, S. 86; Der Export vom Tornado-Kampfjet folgte bereits meist von Großbritannien aus. Lorscheid, Helmut: Waffenhändler am Kabinettstisch, Lamuv Verlag, Göttingen 1988, S. 11.
135 Politik & Sicherheit, November 2011, S. 7f.
136 Wehrtechnik, 43. Jahrgang, Nr. 1 / 2012, S. 62.
137 Bitzinger, Richard: Introduction: Challenges Facing the Global Arms Industry in the 21st Century, in: Ders. (Hrsg): The Modern Defence Industry, ABC Clio, Santa Barbara, Denver, Oxford 2009, S. 1.
138 BMVg: Minister de Maizière billigt Umrüstung, Berlin 21. Oktober 2011.
139 EADS: Chronik, S. 79ff., www.eads.com/dms/eads/germany/de/press/documents/Key-documents/About-EADS/EADS-Chronicle-d/EADS%20Chronicle_ge.pdf.
140 Deutsches Heer: Mehrzweckhubschrauber NH90, www.deutschesheer.de.
141 Deutscher Bundestag: Antwort der Bundesregierung auf die Kleine Anfrage der Abgeordneten Uwe Beckmeyer, Garrelt Duin, Hubertus Heil (Peine), weiterer Abgeordneter und der Fraktion der SPD: Zukunft des Marineschiffbaus in Deutschland, Drucksache 17/2686, 17. Wahlperiode, 30. Juli 2010, S. 4.
142 Pfeiffer, Hermannus: Seemacht Deutschland. Die Hanse, Kaiser Wilhelm II. und der neue Marine Komplex, Ch. Links Verlag, Berlin 2009, S. 177; EADS: Chronik, S. 69, http://www.eads.com/dms/eads/germany/de/press/documents/Key-documents/About-EADS/EADS-Chronicle-d/EADS%20Chronicle_ge.pdf.
143 Wehrtechnik, 43. Jahrgang, Nr. 1 / 2012, S. 75.
144 Albrecht, Ulrich / Lock, Peter / Wulf, Herbert: Mit Rüstung gegen Arbeitslosigkeit? Rowohlt Taschenbuchverlag, Reinbek

bei Hamburg 1982, S. 31ff.; Fischer, Hasko / Perdelwitz, Wolf: Waffenschmiede Deutschland, Stern-Buch, Hamburg 1984, S. 151.

145 Diehl: Geschäftsbericht 2010, S. 15.

146 Daimler: Daimler AG und Rolls-Royce planen Joint Venture und öffentliches Übernahmeangebot für die Tognum AG, 9. März 2011.

147 MAN: Renk: www.man.eu/MAN/de/Unternehmen/Produkte_und_Maerkte/Unternehmensbereiche/Renk/index.html

148 Renk: Ideen, Lösungen, Perspektiven, Imagebroschüre.

149 Autoflug: Produktpalette, http://www.autoflug.com/page.php?page_id=362&lang=ger&bereich=p.

150 Facing Finance: http://www.facing-finance.org/de/2011/07/das-%E2%80%9Eleopard-geschaeft

151 Facing Finance: Das „Leopard"-Geschäft. Wer profitiert, wer finanziert? Eine Stichprobe aus aktuellem Anlass, Berlin 2011

152 BMVg: Die Bundeswehr. 25 Jahre gesicherter Frieden, München 1980, S. 31.

153 Der Tagesspiegel: „Ohne die Hilfe der USA klarkommen", 7. April 2010, S. 4.

154 Bontrup, Heinz-J. / Zdrowomyslaw, Norbert: Die deutsche Rüstungsindustrie, Distel Verlag, Heilbronn 1988, S. 14ff.

155 BMVg: Die Bundeswehr. 25 Jahre gesicherter Frieden, München 1980, S. 9f.

156 Fischer, Hasko / Perdelwitz, Wolf: Waffenschmiede Deutschland, Stern-Buch, Hamburg 1984, S. 151.

157 BMVg: Die Bundeswehr. 25 Jahre gesicherter Frieden, München 1980, S. 34.

158 BMVg: Minister de Maizière billigt Umrüstung, Berlin 21. Oktober 2011; Szandar, Alexander: Die intelligente Armee, in: Der Spiegel, Nr. 37/1999, S. 42ff.; Seliger, Marco: Kolosse auf Ketten, in: Frankfurter Allgemeine Sonntagszeitung, Nr. 42, 19. Oktober 2008, S. 12; BMVg: Waffensysteme und Großgeräte, 2009, S. 7.

159 FTD: Rheinmetall provoziert Partner Krauss-Maffei, 16.06.2010, S. 5.

160 Seliger, Marco: Kolosse auf Ketten, in: Frankfurter Allgemeine Sonntagszeitung, Nr. 42, 19. Oktober 2008, S. 12.

161 Frankfurter Allgemeine Sonntagszeitung: Das Geheimnis vom Leoparden, Nr. 27, 10. Juli 2011, S. 3.

162 Der Spiegel, Nr. 27 / 2011, S. 14.

163 http://de.wikipedia.org/wiki/Tank_Man

164 Winfried Nachtwei: Persönliche Kurzmeldungen zur Friedens- und Sicherheitspolitik – Jahresrückblick 2011.

165 Wiegold, Thomas: Neue Regeln für den Rüstungsexport, www.augengeradeaus.net, 4. Juli 2011.

166 Das Bundesverfassungsgericht: Übersicht über die Verfahren, in denen das Bundesverfassungsgericht anstrebt, im Jahre 2012 unter anderem zu entscheiden, S. 4.

167 Friederichs, Hauke; Hildebrandt, Tina: Leo geht in die Wüste, in: Die Zeit, Nr. 50, 8. Dezember 2011.

168 Die Linke im Bundestag: 270 Kampfpanzer für Saudi-Arabien, Pressemitteilung von Jan van Aken, 8. Dezember 2012.

169 Handelsblatt: Deutschland und Saudi-Arabien für mehr Druck auf Syrien, 11. März 2012, mit Material von Reuters, www.handelsblatt.com.

170 Deutsche Botschaft in Riad: Enge Abstimmung mit einem Schlüsselakteur, http://www.riad.diplo.de/Vertretung/riad/de/03___20Au_C3_9Fen___20und___20EUPolitik/Bilaterale__Beziehungen/Westerwelle__Riad__S.html.

171 Uhl, Hans-Peter: Leopard-Panzer nach Saudi-Arabien?, in: Politik & Sicherheit, 13. Jahrgang, Juli 2011, S. 3.

172 Uhl, Hans-Peter: Leopard-Panzer nach Saudi-Arabien?, in: Politik & Sicherheit, 13. Jahrgang, Juli 2011, S. 3.

173 Schmid, Bernhard: Die arabische Revolution? Soziale Elemente und Jugendprotest in den nordafrikanischen Revolten, edition assemblage, Münster 2011, S. 62.

174 Heidelberger Institute for International Conflict Research: Conflict Barometer 2011, S. 97; Schmid, Bernhard: Die arabische Revolution? Soziale Elemente und Jugendprotest in den nordafrikanischen Revolten, edition assemblage, Münster 2011, S. 63.

175 Human Rights Watch: Deutschland/Saudi-Arabien: Kein Ausverkauf bei Menschenrechten. Vorgeschlagenes Panzergeschäft sendet falsches Signal, 8. Juli 2011.

176 Schiwon, Rudolf K.: Der Primat der Politik ist tot; es lebe der Primat der Ökonomie. Brief aus Bonn, in: Wehrtechnik, wt, 43. Jahrgang, IV/2011, S. 4.

177 Human Rights Watch: Deutschland/Saudi-Arabien: Kein Ausverkauf bei Menschenrechten. Vorgeschlagenes Panzergeschäft sendet falsches Signal, 8. Juli 2011.

178 Zenith, März/April 2012, S. 7.

179 Boemcken, Marc von: Länderportrait Saudi-Arabien 2011, Bonn International Center for Conversion, S. 4.

180 Neuer Kaiser Verlag: Kampfflugzeuge heute, Klagenfurt 1998, S. 23ff.; Joffe, Josef: Der Nervenkrieg eskaliert, in: Die ZEIT, Nr. 16, 12. April 2012, S. 3.

181 Antwort der Bundesregierung auf die Kleine Anfrage der Abgeordneten Katja Keul, Marieluise Beck (Bremen), Volker Beck (Köln), weiterer Abgeordneter und der Fraktion BÜNDNIS 90/ DIE GRÜNEN – Drucksache 17/5599 – Aktuelle Entwicklungen in der Rüstungsexportpolitik, 5. Mai 2011, S. 6.

182 FDP-Fraktion im deutschen Bundestag: Fakten Aktuell, 18. Juli 2011, S. 2.

183 Spiegel: Die Brutstätte des Terrors, Nr. 10/2002, S. 134.

184 Boemcken, Marc von: Länderportrait Saudi-Arabien 2011, Bonn International Center for Conversion, S. 4; Follath: Der neue Kalte Krieg, S. 16f.; GKKE: Rüstungsexportbericht 2001, S. 7.

185 Follath, Erich / Mascolo, Georg: Im Zweifel: schuldig, in: Der Spiegel, 3/2005, S. 54ff.

186 www.bundeswehr-monitoring.de/ruestung/bundeswehr-testet-kampfpanzer-in-den-arabischen-emiraten-12032.html?rss=759f145b.

187 Heckler & Koch: Historie. www.heckler-koch.com/unternehmen/historie.html.

188 Kussmann-Hochhalter, Andreas / Müller, Hans Peter / Rüth, Ingeborg: Die wirtschaftliche Entwicklung Oberndorfs bis 1945, in: Stadt Oberndorf (Hrsg.): Geschichte der Stadt Oberndorf am Neckar. Bd. 2, Vom Übergang an Württemberg bis heute, Oberndorf am Neckar 2006, S. 398f.

189 Widmann, Jörg: Die Mauser-Werke, in: Stadt Oberndorf (Hrsg.): Geschichte der Stadt Oberndorf am Neckar. Bd. 2, Vom Übergang an Württemberg bis heute, Oberndorf am Neckar 2006, S. 446f.

190 Müller: Oberndorf, S. 48.

191 DWJ, Nr. 2 / 2011, S. 80.

192 Kussmann-Hochhalter, Andreas / Müller, Hans Peter / Rüth, Ingeborg: Die wirtschaftliche Entwicklung Oberndorfs bis 1945, in: Stadt Oberndorf (Hrsg.): Geschichte der Stadt Oberndorf am Neckar. Bd. 2, Vom Übergang an Württemberg bis heute, Oberndorf am Neckar 2006, S. 400.

193 Widmann, Jörg: Die Mauser-Werke, in: Stadt Oberndorf (Hrsg.): Geschichte der Stadt Oberndorf am Neckar. Bd. 2, Vom Übergang an Württemberg bis heute, Oberndorf am Neckar 2006, S. 449f.

194 Schweikle, Johannes: In Deckung, Greenpeace Magazin, 1/2004.

195 DWJ, Nr. 2 / 2011, S. 81.
196 Kenntner, Otto: Die Anfänge in Oberndorf a. N. nach dem Krieg, Oberndorf 1997, S. 6.
197 Häffner, Michaela: Nationalsozialismus von 1933 bis 1945, in: Stadt Oberndorf (Hrsg.): Geschichte der Stadt Oberndorf am Neckar. Bd. 2, Vom Übergang an Württemberg bis heute, Oberndorf am Neckar 2006, S. 147.
198 Häffner, Nationalsozialismus, S. 153.
199 Jaacks, Heiderose: Besatzungszeit 1945 bis 1949, in: Stadt Oberndorf (Hrsg.): Geschichte der Stadt Oberndorf am Neckar. Bd. 2, Vom Übergang an Württemberg bis heute, Oberndorf am Neckar 2006, S. 310.
200 Kennter, Otto: Die Anfänge in Oberndorf a. N. nach dem Krieg, Oberndorf 1997, S. 11.
201 Kenntner, Otto: Die Anfänge in Oberndorf a. N. nach dem Krieg, Oberndorf 1997, S. 54.
202 Hoffmann, Andrea: Bauliche Entwicklung bis 1975, in: Stadt Oberndorf (Hrsg.): Geschichte der Stadt Oberndorf am Neckar. Bd. 2, Vom Übergang an Württemberg bis heute, Oberndorf am Neckar 2006, S. 361.
203 Jaacks, Heiderose: Die industrielle Entwicklung von 1945 bis 1975, in: Stadt Oberndorf (Hrsg.): Geschichte der Stadt Oberndorf am Neckar. Bd. 2, Vom Übergang an Württemberg bis heute, Oberndorf am Neckar 2006, S. 441.
204 Albrecht, Ulrich / Lock, Peter / Wulf, Herbert: Mit Rüstung gegen Arbeitslosigkeit? Rowohlt Taschenbuchverlag, Reinbek bei Hamburg 1982, S. 62.
205 Heckler & Koch: Historie. www.heckler-koch.com/ unternehmen/historie.html.
206 Jaacks, Heiderose: Die industrielle Entwicklung von 1945 bis 1975, in: Stadt Oberndorf (Hrsg.): Geschichte der Stadt Oberndorf am Neckar. Bd. 2, Vom Übergang an Württemberg bis heute, Oberndorf am Neckar 2006, S. 442.
207 Heckler & Koch: Historie. www.heckler-koch.com/ unternehmen/historie.html.
208 Bitzinger, Richard: Introduction: Challenges Facing the Global Arms Industry in the 21st Century, in: Ders. (Hrsg): The Modern Defence Industry, ABC Clio, Santa Barbara, Denver, Oxford 2009, S. 1.
209 Buddensiek, Martin: Die Rolle der globalen Kleinwaffendiffusion in Bezug auf innerstaatliche Konflikte. Erklärungsansätze und Herausforderungen, InIIS-Arbeitspapier Nr. 24/2002, S. 24.

210 Heckler & Koch: Historie, www.heckler-koch.com/
unternehmen/historie.html.

211 Schwarzwälder-Bote: Heckler & Koch will weiterhin Stadt-
kasse füllen, 8. Juli 2011.

212 Der Tagesspiegel am Sonntag: Weit ab vom Schuss, 17. Juli
2011.

213 Der Autor berichtete in einem Artikel in der ZEIT bereits über
die Razzia bei Heckler & Koch: Friederichs, Hauke: Optimal
im Nahkampf, in Die ZEIT, Nr. 7, 9. Februar 2012.

214 Schreiben der Heckler & Koch GmbH vom 16. September 2011.

215 Burghardt, Peter: „Die kommen und töten", in: SZ, Nr. 41,
18./19. Februar 2012, S. 8.

216 Burghardt, Peter: Staatsfeind Nummer eins, in: SZ, Nr. 47,
25./26. Februar 2012, S. 30.

217 Deutscher Bundestag: Antwort der Bundesregierung auf
die Kleine Anfrage der Abgeordneten Andrej Hunko, Heike
Hänsel, Wolfgang Gehrcke, weiterer Abgeordneter und der
Fraktion Die Linke: Sicherheits- und Rüstungskooperation
mit Mexiko, Drucksache 17/8275, 17. Wahlperiode, 28. Dezember 2011, S. 3.

218 Heckler & Koch: Klarstellende Stellungnahme zu den
Anschuldigungen der Bestechung im Zusammenhang mit
Exporten nach Mexiko, 10.03.2011.

219 Amnesty International Deutschland: Amnesty startet
Kampagne für effektive Kontrolle des internationalen
Waffenhandels, Pressemitteilung, 23. März 2012.

220 Deutscher Bundestag: Antwort der Bundesregierung auf die
Kleine Anfrage der Abgeordneten Winfried Nachtwei, Dr.
Wolfgang Strengmann-Kuhn, Alexander Bonde, weiterer
Abgeordneter und der Fraktion Bündnis90 / Die Grünen:
Umgehung deutscher Exportkontrollen und Einsatz deutscher
Rüstungsgüter in Georgien, Drucksache 16/10697 16, 22.
Oktober 2008.

221 Deutscher Bundestag: Antwort der Bundesregierung auf
die Kleine Anfrage der Abgeordneten Andrej Hunko, Heike
Hänsel, Wolfgang Gehrcke, weiterer Abgeordneter und der
Fraktion Die Linke: Sicherheits- und Rüstungskooperation
mit Mexiko, Drucksache 17/8275, 17. Wahlperiode, 28. Dezember 2011, S. 9.

222 Burghardt, Peter: „Die kommen und töten", in: SZ, Nr. 41,
18./19. Februar 2012, S. 8.

223 Heckler & Koch: Klarstellende Stellungnahme zu den
Anschuldigungen der Bestechung im Zusammenhang mit
Exporten nach Mexiko, 10.03.2011.

224 Deutscher Bundestag: Antwort der Bundesregierung auf die Kleine Anfrage der Abgeordneten Winfried Nachtwei, Dr. Wolfgang Strengmann-Kuhn, Alexander Bonde, weiterer Abgeordneter und der Fraktion Bündnis90/Die Grünen: Umgehung deutscher Exportkontrollen und Einsatz deutscher Rüstungsgüter in Georgien, Drucksache 16/10697 16, 22. Oktober 2008.

225 Heckler & Koch: G36, http://www.heckler-koch.com/de/produkte/sturmgewehre/g36/g36k/produktbeschreibung.html

226 Deutscher Bundestag: Antwort der Bundesregierung auf die Kleine Anfrage der Abgeordneten Jan van Aken, Annette Groth, Andrej Hunko, weiterer Abgeordneter und der Fraktion Die Linke: Kontrolle der Waffenexporte des Oberndorfer Unternehmens Heckler & Koch GmbH durch die Bundesregierung, Drucksache 17/6432, 05. Juli 2011.

227 http://www.sueddeutsche.de/politik/deutsche-waffen-in-georgien-immenser-politischer-sprengstoff-1.571722.

228 Heckler & Koch: Stellungnahme von Heckler & Koch zu Spekulationen über Waffenlieferungen nach Libyen, 10.03.2011.

229 Kontraste: G-36-Affäre – Deutsche Sturmgewehre für Gaddafi, 01. September 2011.

230 Heckler & Koch: Waffenfunde in Libyen, 31.08.2011.

231 Deutscher Bundestag: Antwort der Bundesregierung auf die Kleine Anfrage der Abgeordneten Winfried Nachtwei, Dr. Wolfgang Strengmann-Kuhn, Alexander Bonde, weiterer Abgeordneter und der Fraktion Bündnis90 / Die Grünen: Umgehung deutscher Exportkontrollen und Einsatz deutscher Rüstungsgüter in Georgien, Drucksache 16/10697 16, 22. Oktober 2008.

232 von Boemcken, Marc: Länderportrait Saudi-Arabien, Bonn International Center for Conversion 2010, S. 4.

233 GKKE: Rüstungsexportbericht 2001, S. 7.

234 Keul, Katja: Schriftliche Fragen an die Bundesregierung im Monat August 2011, Frage Nr. 257, Antwort Staatssekretär Jochen Homann, 31. August 2011.

235 Bundestag: Antwort der Bundesregierung auf die Kleine Anfrage der Abgeordneten Winfried Nachtwei, Dr. Wolfgang Strengmann-Kuhn, Alexander Bonde, weiterer Abgeordneter und der Fraktion Bündnis90 / Die Grünen: Umgehung deutscher Exportkontrollen und Einsatz deutscher Rüstungsgüter in Georgien, Drucksache 16/10697, 16. Wahlperiode, 22. Oktober 2008, S. 1.

236 Human Rights Watch: Angola: Arme profitieren nicht vom Ölreichtum, 13. April 2010.

237 Bundesregierung: Rüstungsexportbericht 2010, S. 2009, S. 99 und 2008, S. 104.

238 Unicef: Unicef-Report 2010, Fischer Taschenbuch Verlag, Frankfurt am Main 2010, S. 120.

239 Bundestag: Antwort der Bundesregierung auf die Kleine Anfrage der Abgeordneten Jan van Aken, Wolfgang Gehrcke, Christine Buchholz, weiterer Abgeordneter und der Fraktion Die Linke.: Auslandsreisen von Mitgliedern des Bundeskabinetts unter Begleitung von Rüstungslobbyisten, Drucksache 17/9459, 17. Wahlperiode, 31. Mai 2012, S. 4ff.

240 Bündnis90 / Die Grünen: Konsequenzen aus dem Panzer-Deal mit Saudi-Arabien ziehen. Transparenz und Kontrolle statt Geheimniskrämerei! Beschluss, 33. Ordentliche Bundesdelegiertenkonferenz Kiel, 25.–27. November 2011, S. 1.

241 Wulf, Herbert: Waffenexport aus Deutschland. Geschäfte mit dem fernen Tod, Rowohlt, Reinbek 1991, S. 8.

242 SZ: Schlappe für EADS, 1. Februar 2012, S. 17.

243 Boemcken, Marc von: Länderportrait Saudi-Arabien, Bonn International Center for Conversion 2011, S. 21.

244 Koalitionsvertrag zwischen CDU, CSU und FDP, 17. Legislaturperiode, 2009, S. 55f.

245 Siebert, Bernd: Rechenschaftsbericht für die 15. Wahlperiode. Wahlkreisdelegiertenversammlung am 25. Juni 2005 in Körle, S. 4.

246 EADS: Chronik, S. 51, http://www.eads.com/dms/eads/germany/de/press/documents/Key-documents/About-EADS/EADS-Chronicle-d/EADS%20Chronicle_ge.pdf.

247 http://www.25000-euro.de/fahndungsticker/97-mdb-florian-hahn

248 Lebenslauf von Florian Hahn auf http://www.florian-hahn.de – aufgerufen am 18. März 2011.

249 Frei, Norbert et al.: Flick. Der Konzern, die Familie, die Macht, Karl Blessing Verlag, München 2009, S. 661.

250 Fischer, Hasko / Perdelwitz, Wolf: Waffenschmiede Deutschland, Stern-Buch, Hamburg 1984, S. 157ff; Frei, Norbert et al.: Flick. Der Konzern, die Familie, die Macht, Karl Blessing Verlag, München 2009, S. 662.

251 Frei, Norbert et al.: Flick. Der Konzern, die Familie, die Macht, Karl Blessing Verlag, München 2009, S. 687ff.

252 Frei, Norbert et al.: Flick. Der Konzern, die Familie, die Macht, Karl Blessing Verlag, München 2009, S. 568ff.

253 Neuer Kaiser Verlag: Kampfflugzeuge heute, Klagenfurt 1998, S. 170ff.

254 Anweiler, Karl / Pahlkötter, Manfred: Panzer der Bundeswehr. Typenkompass. Motorbuch Verlag, 2. Auflage, Stuttgart 2009, S. 12.

255 Fleckenstein, Bernhard: 50 Jahre Bundeswehr, in: Aus Politik und Zeitgeschichte, Nr. 21 / 2005, S. 6.

256 Frei, Norbert et al.: Flick. Der Konzern, die Familie, die Macht, Karl Blessing Verlag, München 2009, S. 648.

257 Lobby Control: Mehr Transparenz und Schranken für den Lobbyismus, Dezember 2008

258 http://www.china-club-berlin.de/index1.html.

259 Bayerische Landesregierung: Parlamentarischer Abend der Diehl-Stiftung in der Bayerischen Vertretung in Berlin, 2010.

260 http://www.diehl.com/de/diehl-gruppe/unternehmen/ standorte/details/CDB/Company/show/diehl-stiftung-co-kg-buero-berlin.html.

261 Anweiler, Karl / Pahlkötter, Manfred: Radfahrzeuge der Bundeswehr. Typenkompass. Motorbuch Verlag, 2. Auflage, Stuttgart 2009, S. 16ff.

262 Tillack, Hans-Martin: Die korrupte Republik. Über die einträgliche Kungelei von Politik, Bürokratie und Wirtschaft, Hoffmann und Campe, Hamburg 2009, S. 15ff.

263 Anweiler, Karl / Pahlkötter, Manfred: Panzer der Bundeswehr. Typenkompass. Motorbuch Verlag, 2. Auflage, Stuttgart 2009, S. 14.

264 BDSV-Newsletter, Nr. 2, Dezember 2011, S. 1.

265 BDSV-Newsletter, Nr. 1, Februar 2012, S. 4.

266 EADS: Aero-notes, Nummer 29, April 2011, S. 7.

267 BDSV-Newsletter, Nr. 1, Februar 2012, S. 3f.

268 BDSV: Sicherheits- und Verteidigungsindustrie gut aufgestellt. Pressemitteilung, 23. Februar 2011.

269 Spiegel: Die Brutstätte des Terrors, Nr. 10/2002, S. 136.

270 Eigen, Peter: Das Netz der Korruption. Wie eine weltweite Bewegung gegen Bestechung kämpft, Campus Verlag, Frankfurt am Main / New York 2003, S. 291.

271 Eigen: Das Netz, S. 264f.

272 Eigen: Das Netz, S. 65f.

273 Eigen: Das Netz, S. 149.

274 Marc von Boemcken: Länderportrait Saudi-Arabien, Bonn International Center for Conversion 2010, S. 8.

275 Eigen: Das Netz, S. 150.

276 Bewertung durch den Untersuchungsausschuss „Parteispenden" der 14. Wahlperiode. Berichterstatter: Joachim Stünker (SPD), Gabriele Fograscher (SPD), Hans-Christian Ströbele (Bündnis 90/Die Grünen), Berlin, 11. Juni 2002, S. 35.

277 Tillack, Hans-Martin: Die korrupte Republik. Über die
  einträgliche Kungelei von Politik, Bürokratie und Wirtschaft,
  Hoffmann und Campe, Hamburg 2009, S. 203.
278 Leyendecker, Hans: Die Korruptionsfalle. Wie unser Land
  im Filz versinkt, Rowohlt Verlag, 2. Auflage, Reinbek bei
  Hamburg 2003, S. 113.
279 Leyendecker, Hans: Die Korruptionsfalle. Wie unser Land
  im Filz versinkt, Rowohlt Verlag, 2. Auflage, Reinbek bei
  Hamburg 2003, S. 111f.
280 FAZ: Struck will Fraktionsbeschluss zur Beibehaltung
  der Wehrpflicht, 23. Mai 2003, S. 4; SZ: Struck im Glück,
  25. November 2002, S. 6.
281 Die ZEIT: Scharpings Luftnummer, N. 10, 28. Februar 2002,
  S. 19.
282 Wehner, Markus: Das System Johannes Kahrs, in: FAZ,
  19. April 2009.
283 Tillack, Hans-Martin: Die korrupte Republik. Über die
  einträgliche Kungelei von Politik, Bürokratie und Wirtschaft,
  Hoffmann und Campe, Hamburg 2009, S. 54.
284 http://kahrswatch2009.wordpress.com.
285 http://www.bits.de/public/ndrinfo/20090725.htm.
286 http://www.bits.de/public/ndrinfo/20090725.htm.
287 Kommando, Nr. 4 / 2010, S. 44.
288 Anweiler, Karl / Pahlkötter, Manfred: Radfahrzeuge der
  Bundeswehr. Typenkompass. Motorbuch Verlag, Stuttgart
  2009, S. 106.
289 http://www.sueddeutsche.de/politik/2.220/bundestagsab-
  geordnete-nebentaetigkeiten-verheimlicht-1.154575; http://
  www.handelsblatt.com/politik/deutschland/gesellschaft-
  fuer-wehrtechnik-abgeordnete-verheimlichten-kontakte-zu-
  ruestungslobby/3233714.html.
290 Katzemich, Nina / Müller, Ulrich: Nebentätigkeiten der
  Bundestagsabgeordneten: Transparenz ungenügend, Studie
  für Lobby Control, September 2009, S. 12.
291 BMVg: Antwort der Bundesregierung auf die Kleine Anfrage
  der Abgeordneten Jan van Aken, Paul Schäfer u.a. und der
  Fraktion Die Linke vom 7. Februar 2012, BT-Drucksache
  17/8565: „Rüstungsexporte durch das Bundesministerium der
  Verteidigung", S. 7.
292 Klos, Dietmar: Einsatzfahrzeuge des Heeres, in: Europäische
  Sicherheit, Nr. 11, 1. November 2008.
293 Anweiler, Karl / Pahlkötter, Manfred: Panzer der Bundeswehr.
  Typenkompass. Motorbuch Verlag, 2. Auflage, Stuttgart 2009,
  S. 113.

294 BMVg: Antwort der Bundesregierung auf die Kleine Anfrage der Abgeordneten Jan van Aken, Paul Schäfer u.a. und der Fraktion Die Linke vom 7. Februar 2012, BT-Drucksache 17/8565: „Rüstungsexporte durch das Bundesministerium der Verteidigung", S. 12.

295 BMVg: Antwort der Bundesregierung auf die Kleine Anfrage der Abgeordneten Jan van Aken, Paul Schäfer u.a. und der Fraktion Die Linke vom 7. Februar 2012, BT-Drucksache 17/8565: „Rüstungsexporte durch das Bundesministerium der Verteidigung", S. 12.

296 Albrecht, Ulrich / Lock, Peter / Wulf, Herbert: Mit Rüstung gegen Arbeitslosigkeit? Rowohlt Taschenbuchverlag, Reinbek bei Hamburg 1982, S. 32ff.

297 Fischer, Hasko / Perdelwitz, Wolf: Waffenschmiede Deutschland, Stern-Buch, Hamburg 1984, S. 273.

298 Lorscheid, Helmut: Waffenhändler am Kabinettstisch, Lamuv Verlag, Göttingen 1988, S. 16.

299 Wulf, Herbert: Waffenexport aus Deutschland. Geschäfte mit dem fernen Tod, Rowohlt, Reinbek 1991, S. 45.

300 Der Spiegel: Waffenexport: „Wie die schwarze Reichswehr", Nr. 31/ 1987, S. 40ff.

301 Sipri: The SIPRI Top 100 arms-producing and military services companies in the world excluding China, 2010, in: Sipri Yearbook 2012.

Ulrich Ladurner

Küss die Hand, die du nicht brechen kannst

Geschichten aus Teheran

ISBN 978 3 7017 3284 5

Der Iran ist ein unberechenbares Land: undurchdringlich, verworren und geheimnisvoll. ZEIT-Journalist Ulrich Ladurner hat sich auf den Weg gemacht, um das Land und seine Menschen zu verstehen. Begleitet hat ihn sein Freund Amad, der in der Millionenstadt Teheran lebt, wo er aufgewachsen ist. In den vielen Jahren ihrer gemeinsamen Erkundungen hat Ladurner ihm aufmerksam zugehört – und Schicksale gesammelt, die von einem halben Jahrhundert iranischer Geschichte erzählen.

Der Iran zeigt viele Gesichter, manche schön, manche hässlich, alle aber auf ihre Weise berührend. Ulrich Ladurner verschränkt in seinen „Geschichten aus Teheran" historische Fakten und persönliche Schicksale, die durch den Alltag hindurch den Blick auf den Iran schärfen, Geschichte für Geschichte.

»Ladurner schlüpft in die Haut meist einfacher Iraner, erzählt deren Lebensgeschichten nach, um unser klischiertes Persienbild ein wenig zu korrigieren. Das gelingt ihm außerordentlich überzeugend, denn er transformiert große Geschichte in kleine Fabeln. Ein dichtes atmosphärisches Gewebe entsteht, das alle Aspekte der ebenso blutigen wie verzweifelten jüngeren Geschichte des Irans umfasst. … ein Leseerlebnis.«
Deutschlandradio, Florian Felix Weyh

residenzverlag.at

Ulrich Ladurner

Eine Nacht in Kabul

Unterwegs in eine fremde
Vergangenheit

ISBN 978 3 7017 3205 0

Ulrich Ladurner unternimmt eine Expedition in die komplexe,
aufregende Geschichte Afghanistans. Sein Buch ist getragen
von einem glasklaren analytischen Blick. Es handelt sich um ein
geschlossenes erzählerisches Werk, das uns wesentliche politische
Einsichten in die Gegenwart vermittelt. Wer wie der Autor des vor-
liegenden Buches dieses Land eingehend studiert, der lernt nicht
nur viel über Afghanistan, sondern auch über die Welt, in der wir
heute leben.
    Aus dem Vorwort von Helmut Schmidt

Ulrich Ladurners Reiseerzählungen in die afghanische Gegenwart
und Historie erzeugen bisweilen einen Erzählsog, der mitreißt,
sodass man Ort und Zeit vergisst. Ein Buch, das man verschlingt –
ein schöneres Kompliment lässt sich einem Autor kaum machen.
    Deutschlandfunk, Daniel Blum

Ein ebenso brillant geschriebenes wie klarsichtiges Buch, in dem
man alles Wichtige über Afghanistan und die Geostrategien der
Weltmächtigen erfährt. Absolut lesenswert!
    Profil

Dass Ladurner sich auf die übliche Chronistenpflicht nicht einlässt
(wiewohl er seinen Text immer wieder mit hervorragenden historischen Abhandlungen unterfüttert), macht die „Nacht in Kabul"
zu einem der eindringlichsten Beiträge in dieser hoffnungslosen
Angelegenheit.
    Cicero, Alexander Marguier

residenzverlag.at

Sibylle Hamann

Saubere Dienste
Ein Report

ISBN 978 3 7017 3258 6

Sie putzen das Klo, versorgen das Kind und wickeln die Oma
– niemanden lassen wir so umstandslos in unsere tabuisierte
Privatsphäre eindringen wie unsere Putzfrau, den Babysitter, die
Pflegerin. Aber wer sind diese „Dienstleisterinnen", denen wir
unsere Schlüssel anvertrauen, woher kommen sie, wie leben sie?

Die Journalistin Sibylle Hamann hat in ihrer brisanten Recherche
hinter verschlossene Türen geblickt und traf auf eine Welt voller
Lügen und Scham. Um sich noch besser einfühlen zu können,
startete sie einen Selbstversuch und ging unter falscher Identität
putzen. Was sie beschreibt, sind harte Fakten, spannend wie
ein Krimi.

„Die Wiener Autorin zeigt in einem Rundumschlag präzise auf,
dass es sich hier um ein gesamtgesellschaftliches Nichtwissen
handelt. (…) Ihre vier bestens durchdachten Buchkapitel geben
eine Menge Einblicke."
 Der Standard, Mia Eidlhuber

„Sibylle Hamann hat ein wichtiges Buch geschrieben. Sie wirft
einen genauen Blick auf einen Bereich, der kaum angesprochen
wird und der unser aller Leben doch prägt."
 Falter, Karin Chadlek

„Eine Reportage über die, die im Dunkeln arbeiten."
 Deutschlandradio, Michaela Reichart

residenzverlag.at